Entwurf

eines

Einführungsgesetzes

zum

Bürgerlichen Gesetzbuche

in der Fassung der dem Reichstag gemachten Vorlage.

Berlin SW.48.
Wilhelmstraße 119/120.
J. Guttentag, Verlagsbuchhandlung.
1896.

Inhalts-Verzeichniß.

Wir Wilhelm, von Gottes Gnaden Deutscher Kaiser, König von Preußen ꝛc.

verordnen im Namen des Reichs, nach erfolgter Zustimmung des Bundesraths und des Reichstags, was folgt:

Erster Abschnitt.

Allgemeine Vorschriften.

Artikel 1.

Das Bürgerliche Gesetzbuch tritt an einem durch Kaiserliche Verordnung mit Zustimmung des Bundesraths festzusetzenden Tage, spätestens am ...., gleichzeitig mit einem Gesetze, betreffend Aenderungen des Gerichtsverfassungsgesetzes, der Civilprozeßordnung und der Konkursordnung, einem Gesetz über die Zwangsversteigerung und die Zwangsverwaltung, einer Grundbuchordnung und einem Gesetz über die Angelegenheiten der freiwilligen Gerichtsbarkeit in Kraft.

Artikel 2.

Gesetz im Sinne des Bürgerlichen Gesetzbuchs und dieses Gesetzes ist jede Rechtsnorm.

Artikel 3.

Soweit in dem Bürgerlichen Gesetzbuch oder in diesem Gesetze die Regelung den Landesgesetzen vorbehalten oder bestimmt ist, daß landesgesetzliche Vorschriften unberührt bleiben oder erlassen werden können, bleiben die bestehenden landesgesetzlichen Vorschriften in Kraft und können neue landesgesetzliche Vorschriften erlassen werden.

Artikel 4.

Soweit in Reichsgesetzen oder in Landesgesetzen auf Vorschriften verwiesen ist, welche durch das Bürgerliche Gesetzbuch oder durch dieses Gesetz außer Kraft gesetzt werden, treten an deren Stelle die entsprechenden Vorschriften des Bürgerlichen Gesetzbuchs oder dieses Gesetzes.

Artikel 5.

Als Bundesstaat im Sinne des Bürgerlichen Gesetzbuchs und dieses Gesetzes gilt auch das Reichsland Elsaß-Lothringen.

Artikel 6.

Die Geschäftsfähigkeit einer Person wird nach den Gesetzen des Staates beurtheilt, dem die Person angehört.

Erwirbt ein Ausländer, der volljährig ist oder die rechtliche Stellung eines Volljährigen hat, die Reichsangehörigkeit, so behält er die rechtliche Stellung eines Volljährigen, auch wenn er nach den deutschen Gesetzen nicht volljährig ist.

Nimmt ein Ausländer im Inland ein Rechtsgeschäft vor, für das er geschäftsunfähig oder in der Geschäftsfähigkeit beschränkt ist, so gilt er für dieses Rechtsgeschäft insoweit als geschäftsfähig, als er nach den deutschen Gesetzen geschäftsfähig sein würde. Auf familienrechtliche und erbrechtliche Rechtsgeschäfte sowie auf Rechtsgeschäfte, durch die über ein ausländisches Grundstück verfügt wird, findet diese Vorschrift keine Anwendung.

Artikel 7.

Ein Ausländer kann im Inlande nach den deutschen Gesetzen entmündigt werden, wenn er seinen Wohnsitz oder, falls er keinen Wohnsitz hat, seinen Aufenthalt im Inlande hat.

Artikel 8.

Ein Verschollener kann im Inlande nach den deutschen Gesetzen für todt erklärt werden, wenn er bei dem Beginne der Verschollenheit ein Deutscher war.

Gehörte der Verschollene bei dem Beginne der Verschollenheit einem fremden Staate an, so kann er im Inlande nach den deutschen Gesetzen mit Wirkung für diejenigen Rechtsverhältnisse, welche sich nach den deutschen Gesetzen bestimmen, sowie mit Wirkung für das im Inlande befindliche Vermögen für todt erklärt werden; die Vorschriften des §. 2342 Abs. 2 des Bürgerlichen Gesetzbuchs finden entsprechende Anwendung.

Hatte ein verschollener ausländischer Ehemann seinen letzten Wohnsitz im Inland und ist die im Inlande zurückgebliebene oder dahin zurückgekehrte Ehefrau Deutsche oder bis zu ihrer Verheirathung mit dem Verschollenen Deutsche gewesen, so kann auf ihren Antrag der Verschollene im Inlande nach den deutschen Gesetzen ohne die im Abs. 2 bestimmte Beschränkung für todt erklärt werden.

Artikel 9.

Ein einem fremden Staate angehörender und nach dessen Gesetzen rechtsfähiger Verein, der die Rechtsfähigkeit im Inlande nur nach den Vorschriften des §. 21 des Bürgerlichen Gesetzbuchs erlangen könnte, gilt als rechtsfähig, wenn seine Rechtsfähigkeit durch Beschluß des Bundesraths anerkannt ist. Auf nicht anerkannte ausländische Vereine der bezeichneten Art finden die Vorschriften über die Gesellschaft sowie die Vorschrift des §. 51 Satz 2 des Bürgerlichen Gesetzbuchs Anwendung.

Artikel 10.

Die Form eines Rechtsgeschäfts bestimmt sich nach den Gesetzen, welche für das den Gegenstand des Rechtsgeschäfts bildende Rechtsverhältniß maßgebend sind. Es genügt jedoch die Beobachtung der Gesetze des Ortes, an dem das Rechtsgeschäft vorgenommen wird.

Die Vorschrift des Abs. 1 Satz 2 findet keine Anwendung auf ein Rechtsgeschäft, durch das ein Recht an einer Sache begründet oder über ein solches Recht verfügt wird.

Artikel 11.

Aus einer im Auslande begangenen unerlaubten Handlung können gegen einen Deutschen nicht weitergehende Ansprüche geltend gemacht werden, als nach den deutschen Gesetzen begründet sind.

Artikel 12.

Die Eingehung der Ehe wird, sofern auch nur einer der Verlobten ein Deutscher ist, in Ansehung eines jeden der Verlobten nach den Gesetzen des Staates beurtheilt, dem der Verlobte angehört. Das Gleiche gilt für Ausländer, die im Inland eine Ehe eingehen.

In Ansehung der Ehefrau eines nach Artikel 8 Abs. 3 für todt erklärten Ausländers wird die Eingehung der Ehe nach den deutschen Gesetzen beurtheilt.

Die Form einer Ehe, die im Inlande geschlossen wird, bestimmt sich ausschließlich nach den deutschen Gesetzen.

Artikel 13.

Die persönlichen Rechtsbeziehungen deutscher Ehegatten zu einander werden nach den deutschen Gesetzen beurtheilt, auch wenn die Ehegatten ihren Wohnsitz im Auslande haben.

Die deutschen Gesetze finden auch Anwendung, wenn der Mann die Reichsangehörigkeit verloren, die Frau sie aber behalten hat.

Artikel 14.

Das eheliche Güterrecht wird nach den deutschen Gesetzen beurtheilt, wenn der Ehemann zur Zeit der Eheschließung ein Deutscher war.

Erwirbt der Ehemann nach der Eingehung der Ehe die Reichsangehörigkeit oder haben ausländische Ehegatten ihren Wohnsitz im Inlande, so sind für das eheliche Güterrecht die Gesetze des Staates maßgebend, dem der Mann zur Zeit der Eingehung der Ehe angehörte; die Ehegatten können jedoch einen Ehevertrag schließen, auch wenn er nach diesen Gesetzen unzulässig sein würde.

Artikel 15.

Haben ausländische Ehegatten oder Ehegatten, die nach der Eingehung der Ehe die Reichsangehörigkeit erwerben, den Wohnsind im Inlande, so finden die Vorschriften des §. 1418 des Bürgerlichen Gesetzbuchs entsprechende Anwendung; der ausländische gesetzliche Güterstand steht einem vertragsmäßigen gleich.

Die Vorschriften der §§. 1340, 1345, 1388 des Bürgerlichen Gesetzbuchs finden Anwendung, soweit sie Dritten günstiger sind als die ausländischen Gesetze.

Artikel 16.

Für die Scheidung der Ehe sind die Gesetze des Staates maßgebend, dem der Ehemann zur Zeit der Erhebung der Klage angehört.

Eine Thatsache, die sich ereignet hat, während der Mann einem anderen Staate angehörte, kann als Scheidungsgrund nur geltend gemacht werden, wenn die Thatsache auch nach den Gesetzen dieses Staates ein Scheidungsgrund oder ein Trennungsgrund ist.

Ist zur Zeit der Erhebung der Klage die Reichsangehörigkeit des Mannes erloschen, die Frau aber Deutsche, so finden die deutschen Gesetze Anwendung.

Auf Scheidung kann auf Grund eines ausländischen Gesetzes im Inlande nur erkannt werden, wenn auch nach den deutschen Gesetzen die Scheidung zulässig sein würde.

Artikel 17.

Die eheliche Abstammung eines Kindes wird nach den deutschen Gesetzen beurtheilt, wenn der Ehemann der Mutter zur Zeit der Geburt des Kindes Deutscher ist oder, falls er vor der Geburt des Kindes gestorben ist, zuletzt Deutscher war.

Artikel 18.

Das Rechtsverhältniß zwischen den Eltern und einem ehelichen Kinde wird nach den deutschen Gesetzen beurtheilt, wenn der Vater und, falls der Vater gestorben ist, die Mutter die Reichsangehörigkeit besitzt. Das Gleiche gilt, wenn die Reichsangehörigkeit des Vaters oder der Mutter erloschen, die Reichsangehörigkeit des Kindes aber bestehen geblieben ist.

Artikel 19.

Das Rechtsverhältniß zwischen einem unehelichen Kinde und dessen Mutter wird nach den deutschen Gesetzen beurtheilt, wenn die Mutter eine Deutsche ist. Das Gleiche gilt, wenn die Reichsangehörigkeit der Muttter erloschen, die Reichsangehörigkeit des Kindes aber bestehen geblieben ist.

Artikel 20.

Die Unterhaltspflicht des Vaters gegenüber dem unehelichen Kinde und seine Verpflichtung, der Mutter die Kosten der Entbindung und des Unterhalts zu ersetzen, wird nach den Gesetzen des Staates beurtheilt, dem die Mutter zur Zeit der Geburt des Kindes angehört; es können jedoch nicht weitergehende Ansprüche geltend gemacht werden, als nach den deutschen Gesetzen begründet sind.

Artikel 21.

Die Legitimation eines unehelichen Kindes sowie die Annahme an Kindesstatt bestimmt sich, wenn der Vater zur Zeit der Legitimation oder der Annehmende zur Zeit der Annahme die Reichsangehörigkeit besitzt, nach den deutschen Gesetzen.

Gehört der Vater oder der Annehmende einem fremden Staate an, während das Kind die Reichsangehörigkeit besitzt, so sind die Legitimation und die Annahme unwirksam, wenn die nach den deutschen Gesetzen erforderliche Einwilligung des Kindes oder eines Dritten, zu dem das Kind in einem familienrechtlichen Verhältnisse steht, nicht erfolgt ist.

Artikel 22.

Eine Vormundschaft oder eine Pflegschaft kann im Inland auch über einen Ausländer, sofern der Staat, dem er angehört, die Fürsorge nicht übernimmt, angeordnet werden, wenn der Ausländer nach den Gesetzen dieses Staates der Fürsorge bedarf oder im Inland entmündigt ist.

Das deutsche Vormundschaftsgericht kann vorläufige Maßregeln treffen, so lange eine Vormundschaft oder Pflegschaft nicht angeordnet ist.

Artikel 23.

Ein Deutscher wird, auch wenn er seinen Wohnsitz im Auslande hatte, nach den deutschen Gesetzen beerbt.

Hat ein Deutscher zur Zeit seines Todes seinen Wohnsitz im Auslande gehabt, so können die Erben sich in Ansehung der Haftung für die Nachlaßverbindlichkeiten auch auf die an dem Wohnsitze des Erblassers geltenden Gesetze berufen.

Erwirbt ein Ausländer, der eine Verfügung von Todeswegen errichtet oder aufgehoben hat, die Reichsangehörigkeit, so wird die Gültigkeit der Errichtung oder der Aufhebung nach den Gesetzen des Staates beurtheilt, dem er zur Zeit der Errichtung oder der Aufhebung angehörte; auch behält er die Fähigkeit zur Errichtung einer Verfügung von Todeswegen, selbst wenn er das nach den deutschen Gesetzen dazu erforderliche Alter noch nicht erreicht hat. Die Vorschrift des Artikel 10 Abs. 1 Satz 2 bleibt unberührt.

Artikel 24.

Ein Ausländer, der zur Zeit seines Todes seinen Wohnsitz im Inlande hatte, wird nach den Gesetzen des Staates beerbt, dem er zur Zeit seines Todes angehörte. Ein Deutscher kann jedoch erbrechtliche Ansprüche auch dann geltend machen, wenn sie nur nach den deutschen Gesetzen begründet sind, es sei denn, daß nach dem Rechte des Staates, dem der Erblasser angehörte, für die Beerbung eines Deutschen, welcher seinen Wohnsitz in diesem Staate hatte, die deutschen Gesetze ausschließlich maßgebend sind.

Artikel 25.

Gelangt aus einem im Ausland eröffneten Nachlasse für die nach den dortigen Gesetzen berechtigten Erben oder Vermächtnißnehmer durch Vermittelung deutscher Behörden Vermögen ins Inland, so kann ein Anderer der Herausgabe nicht aus dem Grunde widersprechen, daß er als Erbe oder Vermächtnißnehmer einen Anspruch auf das Vermögen habe.

Artikel 26.

Sind nach dem Rechte eines fremden Staates, dessen Gesetze in dem Artikel 6 Abs. 1, dem Artikel 12 Abs. 1, dem Artikel 14 Abs. 2, dem Artikel 16 Abs. 1 und dem Artikel 24 für maßgebend erklärt sind, die deutschen Gesetze anzuwenden, so finden diese Gesetze Anwendung.

Artikel 27.

Die Vorschriften der Artikel 14, 18, des Artikel 23 Abs. 1 und der Artikel 24, 26 finden keine Anwendung auf Gegenstände, die sich nicht in dem Gebiete des Staates befinden, dessen Gesetze nach jenen Vorschriften maßgebend sind, und die nach den Gesetzen des Staates, in dessen Gebiete sie sich befinden, besonderen Vorschriften unterliegen.

Artikel 28.

Gehört eine Person keinem Staate an, so werden ihre Rechtsverhältnisse, soweit die Gesetze des Staates, dem eine Person angehört, für maßgebend erklärt sind, nach den Gesetzen des Staates beurtheilt, dem die Person zuletzt angehört hat, und, wenn sie auch früher einem Staate nicht angehört hat, nach den Gesetzen des Staates, in welchem sie ihren Wohnsitz und in Ermangelung eines Wohnsitzes ihren Aufenthalt hat oder zu der maßgebenden Zeit gehabt hat.

Artikel 29.

Die Anwendung eines ausländischen Gesetzes ist ausgeschlossen, wenn die Anwendung gegen die guten Sitten oder gegen den Zweck eines deutschen Gesetzes verstoßen würde.

Artikel 30.

Unter Zustimmung des Bundesraths kann durch Anordnung des Reichskanzlers bestimmt werden, daß gegen einen ausländischen Staat sowie dessen Angehörige und ihre Rechtsnachfolger ein Vergeltungsrecht zur Anwendung gebracht wird.

Zweiter Abschnitt.

Verhältniß des Bürgerlichen Gesetzbuchs zu den Reichsgesetzen.

Artikel 31.

Die Vorschriften der Reichsgesetze bleiben in Kraft. Sie treten jedoch insoweit außer Kraft, als aus dem Bürgerlichen Gesetzbuch oder aus diesem Gesetze die Aufhebung sich ergiebt.

Artikel 32.

Soweit in dem Gerichtsverfassungsgesetze, der Civilprozeßordnung, der Strafprozeßordnung, der Konkursordnung und in dem Gesetze, betreffend die Anfechtung von Rechtshandlungen eines Schuldners außerhalb des Konkursverfahrens, vom 21. Juli 1879 (Reichs-Gesetzbl. S. 277) an die Verwandtschaf oder die Schwägerschaft rechtliche Folgen geknüpft sind, finden die Vorschriften des Bürgerlichen Gesetzbuchs über Verwandtschaf oder Schwägerschaft Anwendung.

Artikel 33.

Das Strafgesetzbuch wird dahin geändert:

I. Im §. 34 Nr. 6 werden die Worte: „Vormund, Nebenvormund, Kurator, gerichtlicher Beistand oder Mitglied eines Familienraths" ersetzt durch die Worte:

„Vormund, Gegenvormund, Pfleger, Beistand der Mutter, Mitglied eines Familienraths oder Kurator".

II. Der §. 55 Abs. 2 fällt weg.

III. An die Stelle des §. 65 treten folgende Vorschriften:

Der Verletzte, welcher das achtzehnte Lebensjahr vollendet hat, ist selbständig zu dem Antrage auf Bestrafung berechtigt. Solange er minderjährig ist, hat unabhängig von seiner eigenen Befugniß auch sein gesetzlicher Vertreter das Recht, den Antrag zu stellen.

Ist der Verletzte geschäftsunfähig oder hat er das achtzehnte Lebensjahr noch nicht vollendet, so ist sein gesetzlicher Vertreter der zur Stellung des Antrages Berechtigte.

IV. Als §. 145a wird folgende Vorschrift eingestellt:

Wer im Inlande Schuldverschreibungen auf den Inhaber, in denen die Zahlung einer bestimmten Geldsumme versprochen wird, ohne die erforderliche staatliche Genehmigung ausstellt und in den Verkehr bringt, wird mit einer Geldstrafe bestraft, die dem fünften Theile des Nennwerths der ausgegebenen Schuldverschreibungen gleichkommen kann, mindestens aber dreihundert Mark beträgt.

V. Im §. 171 Abs. 1 und Abs. 3 werden die Worte: „aufgelöst, für ungültig oder nichtig erklärt worden ist", ersetzt durch die Worte:

„aufgelöst oder für nichtig erklärt worden ist".

VI. An die Stelle des §. 195 tritt folgende Vorschrift:

Ist eine Ehefrau beleidigt worden, so hat sowohl sie als ihr Ehemann das Recht, auf Bestrafung anzutragen.

VII. Im §. 235 werden die Worte: „ihren Eltern oder ihrem Vormunde" ersetzt durch die Worte:

„ihren Eltern, ihrem Vormunde oder ihrem Pfleger".

VIII. Im §. 237 werden die Worte: „ihrer Eltern oder ihres Vormundes" ersetzt durch die Worte:

„ihrer Eltern, ihres Vormundes oder ihres Pflegers".

IX. Im §. 238 werden die Worte: „für ungültig erklärt worden ist“ ersetzt durch die Worte:
„für nichtig erklärt worden ist“.

Artikel 34.

Die Strafprozeßordnung wird dahin geändert:

I. Der §. 11 Abs. 1 erhält folgenden Zusatz:
Gehört ein Deutscher einem Bundesstaate nicht an, so gilt als sein Wohnsitz ein durch allgemeine Anordnung des Reichskanzlers zu bestimmender Gerichtsbezirk der Stadt Berlin.

II. An die Stelle des §. 149 Abs. 2 tritt folgende Vorschrift:
Dasselbe gilt von dem gesetzlichen Vertreter eines Angeklagten.

Artikel 35.

Die Gewerbeordnung wird dahin geändert:

I. Der §. 11 Abs. 2 fällt weg; als §. 11a werden folgende Vorschriften eingestellt:

Betreibt eine Ehefrau, für deren güterrechtliche Verhältnisse ausländische Gesetze maßgebend sind, im Inlande selbständig ein Gewerbe, so ist es auf ihre Geschäftsfähigkeit in Angelegenheiten des Gewerbes ohne Einfluß, daß sie Ehefrau ist.

Soweit die Frau in Folge des Güterstandes in der Verfügung über ihr Vermögen beschränkt ist, finden die Vorschriften des §. 1388 des Bürgerlichen Gesetzbuchs Anwendung. Hat die Frau ihren Wohnsitz nicht im Inlande, so ist der Einspruch des Mannes gegen den Betrieb des Gewerbes und der Widerruf der ertheilten Einwilligung in das Güterrechtsregister des Bezirks einzutragen, in welchem das Gewerbe betrieben wird.

Betreibt die Frau das Gewerbe mit Einwilligung des Mannes oder gilt die Einwilligung nach §. 1388 Abs. 2 des Bürgerlichen Gesetzbuchs als ertheilt, so haftet für die Verbindlichkeiten der Frau aus dem Gewerbebetriebe ihr Vermögen ohne Rücksicht auf die dem Manne kraft des Güterstandes zustehenden Rechte; im Falle des Bestehens einer ehelichen Gütergemeinschaft haftet auch das gemeinschaftliche Vermögen.

II. Im §. 107 Abs. 1 werden
1. im Satz 4 die Worte: „an den Vater oder Vormund, sofern diese es verlangen", ersetzt durch die Worte:
„an den gesetzlichen Vertreter, sofern dieser es verlangt",
2. im Satz 5 die Worte: „an die Mutter" ersetzt durch die Worte:
„an die zur gesetzlichen Vertretung nicht berechtigte Mutter".

III. Im §. 108 treten an die Stelle des Satz 2 folgende Vorschriften:
Die Ausstellung erfolgt auf Antrag oder mit Zustimmung des gesetzlichen Vertreters. Steht die gesetzliche Vertretung kraft elterlicher Gewalt dem Vater oder der Mutter zu und ist die Erklärung des Vertreters nicht zu beschaffen oder verweigert dieser die Zustimmung ohne genügenden Grund und zum Nachtheile des Arbeiters, so kann die Gemeindebehörde die Zustimmung ergänzen.

IV. Im §. 110 Abs. 1 werden die Worte: „seines Vaters oder Vormunds" ersetzt durch die Worte:
„seines gesetzlichen Vertreters".

V. Im §. 113 tritt an die Stelle des Abs. 4 folgende Vorschrift:
Ist der Arbeiter minderjährig, so kann das Zeugniß von dem gesetzlichen Vertreter gefordert werden. Dieser kann verlangen, daß das Zeugniß an ihn, nicht an den Minderjährigen ausgehändigt werde. Mit Genehmigung der Gemeindebehörde des im §. 108 bezeichneten Ortes kann auch gegen den Willen des gesetzlichen Vertreters die Aushändigung unmittelbar an den Arbeiter erfolgen.

VI. Im §. 131 Abs. 1 Satz 1 werden die Worte: „von dem Vater oder Vormunde" ersetzt durch die Worte:
„von dem gesetzlichen Vertreter".

VII. Im §. 133 Abs. 2 Satz 1 werden die Worte: „der Vater des Lehrlings" ersetzt durch die Worte:
„der Vater des Lehrlings, sofern er die Sorge für die Person des Lehrlings hat,".

Artikel 36.

Der §. 2 des Gesetzes über die Freizügigkeit vom 1. November 1867 (Bundes-Gesetzbl. S. 55) wird dahin geändert:

Wer die aus der Reichsangehörigkeit folgenden Befugnisse in Anspruch nimmt, hat auf Verlangen den Nachweis seiner Reichsangehörigkeit und, sofern er unter elterlicher Gewalt oder unter Vormundschaft steht, den Nachweis der Genehmigung des gesetzlichen Vertreters zu erbringen.

Eine Ehefrau bedarf der Genehmigung des Ehemanns.

Artikel 37.

Das Gesetz, betreffend die Organisation der Bundeskonsulate, sowie die Amtsrechte und Pflichten der Bundeskonsuln, vom 8. November 1867 (Bundes-Gesetzbl. S. 137) wird dahin ergänzt:

I. Der §. 16 erhält folgenden Abs. 2:

Einem Wahlkonsul steht in Ansehung der Errichtung einer Verfügung von Todeswegen das im Abs. 1 bezeichnete Recht der Notare nur dann zu, wenn das Recht ihm von dem Reichskanzler besonders beigelegt ist.

II. Als §. 17a wird folgende Vorschrift eingestellt:

Auf die Errichtung einer Verfügung von Todeswegen finden nicht die Vorschriften des §. 17, sondern die Vorschriften des Bürgerlichen Gesetzbuchs Anwendung.

Artikel 38.

Das Gesetz, betreffend die vertragsmäßigen Zinsen, vom 14. November 1867 (Bundes-Gesetzbl. S. 159) wird aufgehoben.

Artikel 39.

Das Gesetz, betreffend die Eheschließung und die Beurkundung des Personenstandes von Bundesangehörigen im Auslande, vom 4. Mai 1870 (Bundes-Gesetzbl. S. 599) wird dahin geändert:

I. In dem §. 3 Abs. 1 Satz 1, dem §. 9, dem §. 11 Abs. 2 und dem §. 12 Abs. 1 Satz 2 wird das Wort „muß" ersetzt durch das Wort:

„soll".

II. An die Stelle der §§. 7, 8 treten folgende Vorschriften:

§. 7.

Die Ehe wird dadurch geschlossen, daß die Verlobten vor dem Beamten persönlich und bei gleichzeitiger Anwesenheit erklären, die Ehe mit einander eingehen zu wollen, und daß hierauf der Beamte die Ehe für geschlossen erklärt.

Die Erklärungen können nicht unter einer Bedingung oder einer Zeitbestimmung abgegeben werden.

§. 7a.

Der Beamte soll bei der Eheschließung in Gegenwart von zwei Zeugen an die Verlobten einzeln und nach einander die Frage richten, ob sie die Ehe mit einander eingehen wollen, und, nachdem die Verlobten die Frage bejaht haben, aussprechen, daß er kraft Gesetzes sie für rechtmäßig verbundene Eheleute erkläre.

Als Zeugen sollen Personen, die der bürgerlichen Ehrenrechte für verlustig erklärt sind, während der Zeit, für welche die Aberkennung der Ehrenrechte erfolgt ist, sowie Minderjährige nicht zugezogen werden. Personen, die mit einem der Verlobten, mit dem Beamten oder mit einander verwandt oder verschwägert sind, dürfen als Zeugen zugezogen werden.

§. 8

Als zur Eheschließung ermächtigter Beamte (§. 1) gilt auch derjenige, welcher, ohne ein solcher Beamter zu sein, das Amt eines solchen öffentlich ausübt, es sei denn, daß die Verlobten den Mangel der amtlichen Befugniß bei der Eheschließung kennen.

§. 8a.

Eine Ehe, die vor einem zur Eheschließung ermächtigten Beamten (§. 1) oder vor einer im §. 8 einem solchen Beamten gleichgestellten Person geschlossen wird, ist wegen Formmangels nur dann nichtig, wenn bei der Eheschließung die im §. 7 vorgeschriebene Form nicht beobachtet worden ist.

Ist die Ehe in das Heirathsregister eingetragen worden und haben die Ehegatten nach der Eheschließung zehn Jahre als Ehegatten mit einander gelebt, so ist die Ehe als von Anfang an gültig anzusehen.

Artikel 40.

Das Gesetz über die Erwerbung und den Verlust der Bundes- und Staatsangehörigkeit vom 1. Juni 1870 (Bundes-Gesetzbl. S. 355) wird dahin geändert:

I. An die Stelle des §. 11 treten folgende Vorschriften:

Die Verleihung der Staatsangehörigkeit erstreckt sich, insofern nicht dabei eine Ausnahme gemacht wird, zugleich auf die Ehefrau und auf diejenigen minderjährigen Kinder, deren gesetzliche Vertretung dem Aufgenommenen oder Naturalisirten kraft elterlicher Gewalt zusteht. Ausgenommen sind Töchter, die verheirathet sind oder verheirathet gewesen sind.

II. Als §. 14a werden folgende Vorschriften eingestellt:

Die Entlassung eines Staatsangehörigen, der unter elterlicher Gewalt oder Vormundschaft steht, kann von dem gesetzlichen Vertreter nur mit Genehmigung des Vormundschaftsgerichts beantragt werden.

Die Genehmigung des Vormundschaftsgerichts ist nicht erforderlich, wenn der Vater oder die Mutter die Entlassung für sich und zugleich kraft elterlicher Gewalt für ein Kind beantragt. Erstreckt sich der Wirkungskreis eines der Mutter bestellten Beistandes auf die Sorge für die Person des Kindes, so bedarf die Mutter in einem solchen Falle der Genehmigung des Beistandes zu dem Antrag auf Entlassung des Kindes.

III. An die Stelle des §. 19 treten folgende Vorschriften:

Die Entlassung erstreckt sich, insofern nicht dabei eine Ausnahme gemacht wird, zugleich auf die Ehefrau und auf diejenigen Kinder, deren gesetzliche Vertretung dem Entlassenen kraft elterlicher Gewalt zusteht.

Diese Vorschrift findet keine Anwendung auf Töchter, die verheirathet sind oder verheirathet gewesen sind, sowie auf Kinder, die unter der elterlichen Gewalt der Mutter stehen, falls die Mutter zu dem Antrage auf Entlassung der Kinder nach §. 14a Abs. 2 Satz 2 der Genehmigung des Beistandes bedarf.

IV. An die Stelle des §. 21 Abs. 2 treten folgende Vorschriften:

Der hiernach eingetretene Verlust der Staatsangehörigkeit erstreckt sich zugleich auf die Ehefrau und auf diejenigen Kinder, deren gesetzliche Vertretung dem Ausgetretenen kraft elterlicher Gewalt zusteht, soweit sich die Ehefrau oder die Kinder bei dem Ausgetretenen befinden. Ausgenommen sind Töchter, die verheirathet sind oder verheirathet gewesen sind.

Artikel 41.

Das Gesetz, betreffend die Verbindlichkeit zum Schadenersatze für die bei dem Betriebe von Eisenbahnen, Bergwerken u. s. w. herbeigeführten Tödtungen und Körperverletzungen, vom 7. Juni 1871 (Reichs-Gesetzbl. S. 207) wird dahin geändert:

I. An die Stelle des §. 3 treten folgende Vorschriften:

§ 3.

Im Falle der Tödtung ist der Schadenersatz (§§. 1 und 2) durch Ersatz der Kosten einer versuchten Heilung sowie des Vermögensnachtheils zu leisten, den der Getödtete dadurch erlitten hat, daß während der Krankheit seine Erwerbsfähigkeit aufgehoben oder gemindert oder eine Vermehrung seiner Bedürfnisse eingetreten war. Der Ersatzpflichtige hat außerdem die Kosten der Beerdigung demjenigen zu ersetzen, dem die Verpflichtung obliegt, diese Kosten zu tragen.

Stand der Getödtete zur Zeit der Verletzung zu einem Dritten in einem Verhältnisse, vermöge dessen er diesem gegenüber kraft Gesetzes unterhaltspflichtig war oder unterhaltspflichtig werden konnte, und ist dem Dritten in Folge der Tödtung das Recht auf den Unterhalt entzogen, so hat der Ersatzpflichtige dem Dritten insoweit Schadenersatz zu leisten, als der Getödtete während der muthmaßlichen Dauer seines Lebens zur Gewährung des Unterhalts verpflichtet gewesen sein würde. Die Ersatzpflicht tritt auch dann ein, wenn der Dritte zur Zeit der Verletzung erzeugt, aber noch nicht geboren war.

§. 3a.

Im Falle einer Körperverletzung ist der Schadenersatz (§§. 1 und 2) durch Ersatz der Kosten der Heilung sowie des Vermögensnachtheils zu leisten, den der Verletzte dadurch erleidet, daß in Folge der Verletzung zeitweise oder dauernd seine Erwerbsfähigkeit aufgehoben oder gemindert oder eine Vermehrung seiner Bedürfnisse eingetreten ist.

II. Im §. 5 werden die Worte: „der in den §§. 1 bis 3 enthaltenen Bestimmungen“ ersetzt durch die Worte:
„der in den §§. 1 bis 3a enthaltenen Bestimmungen“.

III. An die Stelle der §§. 7, 8, 9 treten folgende Vorschriften:

§. 7.

Der Schadenersatz wegen Aufhebung oder Minderung der Erwerbsfähigkeit und wegen Vermehrung der Bedürfnisse des Verletzten sowie der nach §. 3 Abs. 2 einem Dritten zu gewährende Schadenersatz ist für die Zukunft durch Entrichtung einer Geldrente zu leisten.

Die Vorschriften des §. 827 Abs. 2 bis 4 des Bürgerlichen Gesetzbuchs und des §. 648 Nr. 6 der Civilprozeßordnung finden entsprechende Anwendung. Das Gleiche gilt für die dem Verletzten zu entrichtende Geldrente von der Vorschrift des §. 749 Abs. 3 und für die dem Dritten zu entrichtende Geldrente von der Vorschrift des §. 749 Abs. 1 Nr. 2 der Civilprozeßordnung.

Ist bei der Verurtheilung des Verpflichteten zur Entrichtung einer Geldrente nicht auf Sicherheitsleistung erkannt worden, so kann der Berechtigte gleichwohl Sicherheitsleistung verlangen, wenn die Vermögensverhältnisse des Verpflichteten sich erheblich verschlechtert haben; unter der gleichen Voraussetzung kann er eine Erhöhung der in dem Urtheile bestimmten Sicherheit verlangen.

§. 8.

Die Forderungen auf Schadenersatz (§§. 1 bis 3a) verjähren in zwei Jahren von dem Unfall an. Gegen denjenigen, welchem der Getödtete Unterhalt zu gewähren hatte (§. 3 Abs. 2), beginnt die Verjährung mit dem Tode. Im Uebrigen finden die Vorschriften des Bürgerlichen Gesetzbuchs über die Verjährung Anwendung.

§. 9.

Die gesetzlichen Vorschriften, nach welchen außer den in diesem Gesetze vorgesehenen Fällen der Unternehmer einer in den §§. 1, 2 bezeichneten Anlage oder eine andere Person, insbesondere wegen eines eigenen Verschuldens, für den bei dem Betriebe der Anlage durch Tödtung oder Körperverletzung eines Menschen entstandenen Schaden haftet, bleiben unberührt.

Artikel 42.

Der §. 6 Abs. 2 des Gesetzes, betreffend die Rechtsverhältnisse der Reichsbeamten, vom 31. März 1873 (Reichs-Gesetzbl. S. 61) wird aufgehoben.

Artikel 43.

Die Vorschriften des §. 44 des Reichsmilitärgesetzes vom 2. Mai 1874 (Reichs-Gesetzbl. S. 45) finden entsprechende Anwendung auf Personen, die zur Besatzung eines in Dienst gestellten Schiffes der Kaiserlichen Marine gehören, solange das

Schiff sich außerhalb eines inländischen Hafens befindet oder die Personen als Kriegsgefangene oder Geißeln in der Gewalt des Feindes sind, ingleichen auf andere an Bord eines solchen Schiffes genommene Personen, solange das Schiff sich außerhalb eines inländischen Hafens befindet und die Personen an Bord sind. Die Frist, mit deren Ablaufe die letztwillige Verfügung ihre Gültigkeit verliert, beginnt mit dem Zeitpunkt, in welchem das Schiff in einen inländischen Hafen zurückkehrt oder der Verfügende aufhört, zu dem Schiffe zu gehören, oder als Kriegsgefangener oder Geißel aus der Gewalt des Feindes entlassen wird. Den Schiffen stehen die sonstigen Fahrzeuge der Kaiserlichen Marine gleich.

Artikel 44.

Der §. 45 Abs. 2 Satz 2 des Reichsmilitärgesetzes vom 2. Mai 1874 (Reichs-Gesetzbl. S. 45) wird aufgehoben.

Artikel 45.

Das Gesetz über die Beurkundung des Personenstandes und die Eheschließung vom 6. Februar 1875 (Reichs-Gesetzbl. S. 23) wird dahin geändert:

I. Die §§. 28 bis 40, 42, 43, 51 bis 53 werden aufgehoben.

II. An die Stelle der §§. 41, 44, 50, 55 treten folgende Vorschriften:

§. 41.

Für die Eheschließung sind die Vorschriften des Bürgerlichen Gesetzbuchs maßgebend.

§. 44.

Für die Anordnung des vor der Eheschließung zu erlassenden Aufgebots ist jeder Standesbeamte zuständig, vor dem nach §. 1303 des Bürgerlichen Gesetzbuchs die Ehe geschlossen werden kann.

§. 50.

Der Standesbeamte soll ohne Aufgebot die Eheschließung nur vornehmen, wenn ihm ärztlich bescheinigt wird, daß die lebensgefährliche Erkrankung eines der Verlobten den Aufschub der Eheschließung nicht gestattet.

§. 55.

Ist eine Ehe für nichtig erklärt oder ist in einem Rechtsstreite, der die Feststellung des Bestehens oder des

Nichtbestehens einer Ehe zwischen den Parteien zum Gegenstande hat, das Nichtbestehen der Ehe festgestellt oder ist eine Ehe vor dem Tode eines der Ehegatten aufgelöst, so ist dies am Rande der über die Eheschließung bewirkten Eintragung zu vermerken.

III. Im §. 69 werden die Worte: „in diesem Gesetze" ersetzt durch die Worte:

„in diesem Gesetze und in dem Bürgerlichen Gesetzbuche".

IV. Im §. 75 Abs. 1 werden die Worte: „nach den Vorschriften dieses Gesetzes" ersetzt durch die Worte:

„nach den Vorschriften des Bürgerlichen Gesetzbuchs".

V. Im §. 82 werden die Worte: „durch dieses Gesetz" ersetzt durch die Worte:

„durch die Vorschriften dieses Gesetzes und des Bürgerlichen Gesetzbuchs".

Artikel 46.

Der §. 16 Abs. 2 des Gesetzes, betreffend die Fürsorge für die Wittwen und Waisen der Reichsbeamten der Civilverwaltung, vom 20. April 1881 (Reichs-Gesetzbl. S. 85) wird aufgehoben.

Artikel 47.

Der §. 18 Abs. 2 des Gesetzes, betreffend die Fürsorge für die Wittwen und Waisen von Angehörigen des Reichsheeres und der Kaiserlichen Marine, vom 17. Juni 1887 (Reichs-Gesetzbl. S. 237) wird aufgehoben.

Artikel 48.

Der §. 9 des Gesetzes, betreffend das Reichsschuldbuch, vom 31. Mai 1891 (Reichs-Gesetzbl. S. 321) wird dahin geändert:

Eine Ehefrau wird zu Anträgen ohne Zustimmung des Ehemanns zugelassen.

Die Ehefrau bedarf der Zustimmung des Ehemanns, wenn ein Vermerk zu dessen Gunsten eingetragen ist. ist. Ein solcher Vermerk ist einzutragen, wenn die Ehefrau oder mit ihrer Zustimmung der Ehemann die Eintragung beantragt. Die Ehefrau ist dem Ehemanne gegenüber zur Ertheilung der Zustimmung verpflichtet, wenn sie nach dem unter ihnen bestehenden Güterstand über die Buchforderung nur mit Zustimmung des Ehemanns verfügen kann.

Artikel 49.

Der §. 8 Abs. 2 des Gesetzes, betreffend die Fürsorge für

die Wittwen und Waisen der Personen des Soldatenstandes des Reichsheeres und der Kaiserlichen Marine vom Feldwebel abwärts, vom 13. Juni 1895 (Reichs-Gesetzbl. S. 261) wird aufgehoben.

Artikel 50.

Ist auf Grund eines Reichsgesetzes dem Eigenthümer einer Sache wegen der im öffentlichen Interesse erfolgenden Entziehung, Beschädigung oder Benutzung der Sache oder wegen Beschränkung des Eigenthums eine Entschädigung zu gewähren und steht einem Dritten ein Recht an der Sache zu, für welches nicht eine besondere Entschädigung gewährt wird, so hat der Dritte, soweit sein Recht beeinträchtigt wird, an dem Entschädigungsanspruche dieselben Rechte, die ihm im Falle des Erlöschens seines Rechtes durch Zwangsversteigerung an dem Erlöse zustehen.

Artikel 51.

Ist in einem Falle des Artikel 50 die Entschädigung dem Eigenthümer eines Grundstücks zu gewähren, so finden auf den Entschädigungsanspruch die Vorschriften des §. 1111 des Bürgerlichen Gesetzbuchs entsprechende Anwendung. Erhebt ein Berechtigter innerhalb der im §. 1111 bestimmten Frist Widerspruch gegen die Zahlung der Entschädigung an den Eigenthümer, so kann der Eigenthümer und jeder Berechtigte die Eröffnung eines Vertheilungsverfahrens nach den für die Vertheilung des Erlöses im Falle der Zwangsversteigerung geltenden Vorschriften beantragen. Die Zahlung hat in diesem Falle an das für das Vertheilungsverfahren zuständige Gericht zu erfolgen.

Ist das Recht des Dritten eine Reallast, eine Hypothek, eine Grundschuld oder eine Rentenschuld, so erlischt die Haftung des Entschädigungsanspruchs, wenn der beschädigte Gegenstand wiederhergestellt oder für die entzogene bewegliche Sache Ersatz beschafft ist. Ist die Entschädigung wegen Benutzung des Grundstücks oder wegen Entziehung oder Beschädigung von Früchten oder von Zubehörstücken zu gewähren, so finden die Vorschriften des §. 1106 Abs. 2 Satz 1 und des §. 1107 Abs. 1, 3 des Bürgerlichen Gesetzbuchs entsprechende Anwendung.

Artikel 52.

Die Vorschrift des §. 36 Abs. 4 des Gesetzes, betreffend die Beschränkungen des Grundeigenthums in der Umgebung von Festungen, vom 21. Dezember 1871 (Reichs-Gesetzbl. S. 459) wird durch die Vorschriften der Artikel 50, 51 nicht berührt.

Findet nach diesen Vorschriften ein Vertheilungsverfahren statt, so ist die Entschädigung auf Ersuchen des für das Verfahren zuständigen Gerichts an dieses zu leisten, soweit sie zur Zeit der Stellung des Ersuchens noch aussteht.

Die Vorschrift des §. 37 desselben Gesetzes wird dahin geändert:

> Ist das Grundstück mit einem Rechte belastet, welches durch die Beschränkung des Eigenthums beeinträchtigt wird, so kann der Berechtigte bis zum Ablauf eines Monats, nachdem ihm der Eigenthümer die Beschränkung des Eigenthums mitgetheilt hat, die Eröffnung des Vertheilungsverfahrens beantragen.

Dritter Abschnitt.

Verhältniß des Bürgerlichen Gesetzbuchs zu den Landesgesetzen.

Artikel 53.

Die privatrechtlichen Vorschriften der Landesgesetze treten außer Kraft, soweit nicht in dem Bürgerlichen Gesetzbuch oder in diesem Gesetz ein Anderes bestimmt ist.

Artikel 54.

Unberührt bleiben die Bestimmungen der Staatsverträge, die ein Bundesstaat mit einem ausländischen Staate vor dem Inkrafttreten des Bürgerlichen Gesetzbuchs geschlossen hat.

Artikel 55.

In Ansehung der Landesherren und der Mitglieder der landesherrlichen Familien sowie der Mitglieder der Fürstlichen Familie Hohenzollern finden die Vorschriften des Bürgerlichen Gesetzbuches nur insoweit Anwendung, als nicht besondere Vorschriften der Hausverfassungen oder der Landesgesetze abweichende Bestimmungen enthalten.

Artikel 56.

In Ansehung der Familienverhältnisse und der Güter derjenigen Häuser, welche vormals reichsständig gewesen und seit 1806 mittelbar geworden sind oder welche diesen Häusern bezüglich der Familienverhältnisse und der Güter durch Beschluß der vormaligen deutschen Bundesversammlung oder vor dem Inkrafttreten des Bürgerlichen Gesetzbuchs durch Landesgesetz gleichgestellt worden sind, bleiben die Vorschriften der Landesgesetze und nach Maßgabe der Landesgesetze die Vorschriften der Hausverfassungen unberührt.

Das Gleiche gilt zu Gunsten des vormaligen Reichsadels und derjenigen Familien des landsässigen Adels, welche vor dem Inkrafttreten des Bürgerlichen Gesetzbuchs dem vormaligen Reichsadel durch Landesgesetz gleichgestellt worden sind.

Artikel 57.

Unberührt bleiben die landesgesetzlichen Vorschriften über Familienfideikommisse und Lehen, mit Einschluß der allodifizirten Lehen, sowie über Stammgüter.

Artikel 58.

Unberührt bleiben die landesgesetzlichen Vorschriften, welche die Bestellung einer Hypothek, Grundschuld oder Rentenschuld an einem Grundstücke, dessen Belastung nach den in den Artikeln 55 bis 57 bezeichneten Vorschriften nur beschränkt zulässig ist, dahin gestatten, daß der Gläubiger Befriedigung aus dem Grundstücke lediglich im Wege der Zwangsverwaltung suchen kann.

Artikel 59.

Ist die Veräußerung oder Belastung eines Gegenstandes nach den in den Artikeln 55 bis 57 bezeichneten Vorschriften unzulässig oder nur beschränkt zulässig, so finden auf einen Erwerb, dem diese Vorschriften entgegenstehen, die Vorschriften des Bürgerlichen Gesetzbuchs zu Gunsten derjenigen, welche Rechte von einem Nichtberechtigten herleiten, entsprechende Anwendung.

Artikel 60.

Unberührt bleiben die landesgesetzlichen Vorschriften über Rentengüter und über die dem preußischen Gesetze, betreffend die Beförderung deutscher Ansiedelungen, vom 26. April 1886 unterliegenden sonstigen Güter.

Artikel 61.

Unberührt bleiben die landesgesetzlichen Vorschriften über das Erbpachtrecht, mit Einschluß des Büdnerrechts und des Häuslerrechts, in denjenigen Bundesstaaten, in welchen solche Rechte bestehen. Die Vorschriften des §. 1001 des Bürgerlichen Gesetzbuchs finden auf diese Rechte entsprechende Anwendung.

Artikel 62.

Unberührt bleiben die landesgesetzlichen Vorschriften über das Anerbenrecht in Ansehung landwirthschaftlicher und forstwirthschaftlicher Grundstücke nebst deren Zubehör.

Die Landesgesetze können das Recht des Erblassers, über das dem Anerbenrecht unterliegende Grundstück von Todes wegen zu verfügen, nicht beschränken.

Artikel 63.

Unberührt bleiben die landesgesetzlichen Vorschriften, welche dem Wasserrecht angehören, mit Einschluß des Mühlenrechts, des Flötzrechts und des Flößereirechts sowie der Vorschriften zur Beförderung der Bewässerung und Entwässerung der Grundstücke und der Vorschriften über Anlandungen, entstehende Inseln und verlassene Flußbetten.

Artikel 64.

Unberührt bleiben die landesgesetzlichen Vorschriften, welche dem Deich- und Sielrecht angehören.

Artikel 65.

Unberührt bleiben die landesgesetzlichen Vorschriften, welche dem Bergrecht angehören.

Ist nach landesgesetzlicher Vorschrift wegen Beschädigung eines Grundstücks durch Bergbau eine Entschädigung zu gewähren, so finden die Vorschriften der Artikel 50, 51 Anwendung, soweit nicht die Landesgesetze ein Anderes bestimmen.

Artikel 66.

Unberührt bleiben die landesgesetzlichen Vorschriften, welche die Belastung eines Grundstücks mit dem vererblichen und veräußerlichen Rechte zur Gewinnung eines den bergrechtlichen Vorschriften nicht unterliegenden Minerals gestatten und den Inhalt dieses Rechtes näher bestimmen. Die Vorschriften der §§. 858, 859, 860, 999, 1001 des Bürgerlichen Gesetzbuchs finden entsprechende Anwendung.

Artikel 67.

Unberührt bleiben die landesgesetzlichen Vorschriften über Jagd und Fischerei, unbeschadet der Vorschrift des §. 942 Abs. 2 des Bürgerlichen Gesetzbuchs und der Vorschriften des Bürgerlichen Gesetzbuchs über den Ersatz des Wildschadens.

Artikel 68.

Unberührt bleiben die landesgesetzlichen Vorschriften über die Grundsätze, nach welchen der Wildschaden festzustellen ist, sowie die landesgesetzlichen Vorschriften, nach welchen der Anspruch auf Ersatz des Wildschadens innerhalb einer bestimmten Frist bei der zuständigen Behörde geltend gemacht werden muß.

Artikel 69.

Unberührt bleiben die landesgesetzlichen Vorschriften, nach welchen

1. die Verpflichtung zum Ersatze des Wildschadens auch dann eintritt, wenn der Schaden durch jagdbare Thiere anderer als der im §. 819 des Bürgerlichen Gesetzbuchs bezeichneten Gattungen angerichtet wird;
2. für den Wildschaden, der durch ein aus einem Gehege ausgetretenes jagdbares Thier angerichtet wird, der Eigenthümer oder der Besitzer des Geheges verantwortlich ist;
3. der Eigenthümer eines Grundstücks, wenn das Jagdrecht auf einem anderen Grundstücke nur gemeinschaftlich mit dem Jagdrecht auf seinem Grundstück ausgeübt werden darf, für den auf dem anderen Grundstück angerichteten Wildschaden auch dann haftet, wenn er die ihm angebotene Pachtung der Jagd abgelehnt hat;
4. der Wildschaden, der an Gärten, Obstgärten, Weinbergen, Baumschulen und einzelstehenden Bäumen angerichtet wird, dann nicht zu ersetzen ist, wenn die Herstellung von Schutzvorrichtungen unterblieben ist, die unter gewöhnlichen Umständen zur Abwendung des Schadens ausreichen;
5. die Verpflichtung zum Schadensersatz im Falle des §. 819 Abs. 3 des Bürgerlichen Gesetzbuchs abweichend bestimmt wird;
6. die Gemeinde an Stelle der Eigenthümer der zu einem Jagdbezirke vereinigten Grundstücke zum Ersatze des Wildschadens verpflichtet und zum Rückgriff auf die Eigenthümer berechtigt ist oder an Stelle der Eigenthümer oder des Verbandes der Eigenthümer oder der Gemeinde oder neben ihnen der Jagdpächter zum Ersatze des Schadens verpflichtet ist;
7. der zum Ersatze des Wildschadens Verpflichtete Erstattung des geleisteten Ersatzes von demjenigen verlangen kann, welcher in einem anderen Bezirke zur Ausübung der Jagd berechtigt ist.

Artikel 70.

Besteht in Ansehung eines Grundstücks ein zeitlich nicht begrenztes Nutzungsrecht, so finden die Vorschriften des §. 819

des Bürgerlichen Gesetzbuchs über die Verpflichtung zum Ersatze des Wildschadens mit der Maßgabe Anwendung, daß an die Stelle des Eigenthümers der Nutzungsberechtigte tritt.

Artikel 71.

Unberührt bleiben die landesgesetzlichen Vorschriften über Regalien.

Artikel 72.

Unberührt bleiben die landesgesetzlichen Vorschriften über Zwangsrechte, Bannrechte und Realgewerbeberechtigungen.

Artikel 73.

Unberührt bleiben die landesgesetzlichen Vorschriften, welche dem Versicherungsrecht angehören, soweit nicht in dem Bürgerlichen Gesetzbuche besondere Bestimmungen getroffen sind.

Artikel 74.

Unberührt bleiben die landesgesetzlichen Vorschriften, welche dem Verlagsrecht angehören.

Artikel 75.

Unberührt bleiben die landesgesetzlichen Vorschriften über die Haftung des Staates, der Gemeinden und anderer Kommunalverbände (Provinzial-, Kreis-, Amtsverbände) für den von ihren Beamten in Ausübung der diesen anvertrauten öffentlichen Gewalt zugefügten Schaden sowie die landesgesetzlichen Vorschriften, welche das Recht des Beschädigten, von dem Beamten den Ersatz eines solchen Schadens zu verlangen, insoweit ausschließen, als der Staat oder der Kommunalverband haftet.

Artikel 76.

Unberührt bleiben die landesgesetzlichen Vorschriften über die Haftung der Beamten für die von ihnen angenommenen Stellvertreter und Gehülfen.

Artikel 77.

Unberührt bleiben die landesgesetzlichen Vorschriften über die Haftung der zur amtlichen Feststellung des Werthes von Grundstücken bestellten Sachverständigen für den aus einer Verletzung ihrer Berufspflicht entstehenden Schaden.

Artikel 78.

Unberührt bleiben, soweit nicht in dem Bürgerlichen Gesetzbuch eine besondere Bestimmung getroffen ist, die landesgesetzlichen Vorschriften über die vermögensrechtlichen Ansprüche und Verbindlichkeiten der Beamten, der Geistlichen und der Lehrer an öffentlichen Unterrichtsanstalten aus dem Amts- oder Dienstverhältnisse, mit Einschluß der Ansprüche der Hinterbliebenen.

Unberührt bleiben die landesgesetzlichen Vorschriften über das Pfründenrecht.

Artikel 79.

Unberührt bleiben die landesgesetzlichen Vorschriften, welche die Uebertragbarkeit der Ansprüche der im Artikel 78 Abs. 1 bezeichneten Personen auf Besoldung, Wartegeld, Ruhegehalt, Wittwen- und Waisengeld beschränken, sowie die landesgesetzlichen Vorschriften, welche die Aufrechnung gegen solche Ansprüche abweichend von der Vorschrift des §. 388 des Bürgerlichen Gesetzbuchs zulassen.

Artikel 80.

Unberührt bleiben die landesgesetzlichen Vorschriften über die Beaufsichtigung juristischer Personen.

Artikel 81.

Unberührt bleiben die Vorschriften der Landesgesetze über die Verfassung solcher Vereine, deren Rechtsfähigkeit auf staatlicher Verleihung beruht.

Artikel 82.

Unberührt bleiben die landesgesetzlichen Vorschriften über Waldgenossenschaften.

Artikel 83.

Unberührt bleiben die landesgesetzlichen Vorschriften, nach welchen eine Religionsgesellschaft oder eine geistliche Gesellschaft Rechtsfähigkeit nur im Wege der Gesetzgebung erlangen kann.

Artikel 84.

Unberührt bleiben die landesgesetzlichen Vorschriften, nach welchen im Falle des §. 42 Abs. 3 des Bürgerlichen Gesetzbuchs das Vermögen des aufgelösten Vereins an Stelle des Fiskus einer Körperschaft, Stiftung oder Anstalt des öffentlichen Rechtes anfällt.

Artikel 85.

Unberührt bleiben die landesgesetzlichen Vorschriften über das Erlöschen oder die Umwandlung von Stiftungen.

Artikel 86.

Unberührt bleiben die landesgesetzlichen Vorschriften, welche den Erwerb von Rechten durch juristische Personen beschränken oder von staatlicher Genehmigung abhängig machen. Wird die nach dem Landesgesetze zu einem Erwerbe von Todeswegen erforderliche Genehmigung ertheilt, so gilt sie als vor dem Erbfall ertheilt; wird sie verweigert, so gilt die juristische Person in Ansehung des Anfalls als nicht vorhanden; die Vorschrift des §. 2018 des Bürgerlichen Gesetzbuchs findet entsprechende Anwendung.

Artikel 87.

Unberührt bleiben die landesgesetzlichen Vorschriften, welche die Wirksamkeit von Schenkungen an Mitglieder religiöser Orden oder ordensähnlicher Kongregationen von staatlicher Genehmigung abhängig machen.

Unberührt bleiben die landesgesetzlichen Vorschriften, nach welchen Mitglieder religiöser Orden oder ordensähnlicher Kongregationen nur mit staatlicher Genehmigung von Todeswegen erwerben können. Die Vorschriften des Artikel 86 Satz 2 finden entsprechende Anwendung.

Artikel 88.

Unberührt bleiben die landesgesetzlichen Vorschriften, welche den Erwerb von Grundstücken durch Ausländer von staatlicher Genehmigung abhängig machen.

Artikel 89.

Unberührt bleiben die landesgesetzlichen Vorschriften über die zum Schutze der Grundstücke und der Erzeugnisse von Grundstücken gestattete Pfändung von Sachen, mit Einschluß der Vorschriften über die Entrichtung von Pfandgeld oder Ersatzgeld.

Artikel 90.

Unberührt bleiben die landesgesetzlichen Vorschriften über die Rechtsverhältnisse, welche sich aus einer auf Grund des öffentlichen Rechtes wegen der Führung eines Amtes oder wegen eines Gewerbebetriebs erfolgten Sicherheitsleistung ergeben.

Artikel 91.

Unberührt bleiben die landesgesetzlichen Vorschriften, nach welchen der Fiskus, eine Körperschaft, Stiftung oder Anstalt des öffentlichen Rechtes oder eine unter der Verwaltung einer öffentlichen Behörde stehende Stiftung berechtigt ist, zur Sicherung gewisser Forderungen die Eintragung einer Hypothek an Grundstücken des Schuldners zu verlangen, und nach welchen die Eintragung der Hypothek auf Ersuchen einer bestimmten Behörde zu erfolgen hat. Die Hypothek kann nur als Sicherungshypothek eingetragen werden; sie entsteht mit der Eintragung.

Artikel 92.

Unberührt bleiben die landesgesetzlichen Vorschriften, nach welchen Zahlungen aus öffentlichen Kassen an der Kasse in Empfang zu nehmen sind.

Artikel 93.

Unberührt bleiben die landesgesetzlichen Vorschriften über die Fristen, bis zu deren Ablaufe gemiethete Räume bei Beendigung des Miethverhältnisses zu räumen sind.

Artikel 94.

Unberührt bleiben die landesgesetzlichen Vorschriften, welche den Geschäftsbetrieb der gewerblichen Pfandleiher und der Pfandleihanstalten betreffen.

Unberührt bleiben die landesgesetzlichen Vorschriften, nach welchen öffentlichen Pfandleihanstalten das Recht zusteht, die ihnen verpfändeten Sachen dem Berechtigten nur gegen Bezahlung des auf die Sache gewährten Darlehns herauszugeben.

Artikel 95.

Unberührt bleiben die landesgesetzlichen Vorschriften, welche dem Gesinderecht angehören, unbeschadet der Vorschriften der §§ 100 bis 111, 127, 272, 610, 615, 815, des § 825 Abs. 2 und des § 1341 des Bürgerlichen Gesetzbuchs. Dies gilt insbesondere auch von den Vorschriften über die Schadensersatzpflicht desjenigen, welcher Gesinde zum widerrechtlichen Verlassen des Dienstes verleitet oder in Kenntniß eines noch bestehenden Gesindeverhältnisses in Dienst nimmt oder ein unrichtiges Dienstzeugniß ertheilt.

Artikel 96.

Unberührt bleiben die landesgesetzlichen Vorschriften über einen mit der Ueberlassung eines Grundstücks in Verbindung stehenden Leibgedings-, Leibzuchts-, Altentheils- oder Auszugsvertrag, soweit sie das sich aus dem Vertrag ergebende Schuldverhältniß für den Fall regeln, daß nicht besondere Vereinbarungen getroffen werden.

Artikel 97.

Unberührt bleiben die landesgesetzlichen Vorschriften, welche die Eintragung von Gläubigern des Bundesstaats in ein Staatsschuldbuch und die aus der Eintragung sich ergebenden Rechtsverhältnisse, insbesondere die Uebertragung und Belastung einer Buchforderung, regeln.

Soweit nach diesen Vorschriften eine Ehefrau berechtigt ist, selbständig Anträge zu stellen, ist dieses Recht ausgeschlossen, wenn ein Vermerk zu Gunsten des Ehemanns im Schuldbuch eingetragen ist. Ein solcher Vermerk ist einzutragen, wenn die Ehefrau oder mit ihrer Zustimmung der Ehemann die Eintragung beantragt. Die Ehefrau ist dem Ehemanne gegenüber zur Ertheilung der Zustimmung verpflichtet, wenn sie nach dem unter ihnen bestehenden Güterstand über die Buchforderung nur mit Zustimmung des Ehemanns verfügen kann.

Artikel 98.

Unberührt bleiben die landesgesetzlichen Vorschriften über die öffentlichen Sparkassen, unbeschadet der Vorschriften des §. 792 des Bürgerlichen Gesetzbuchs und der Vorschriften des Bürgerlichen Gesetzbuchs über die Anlegung von Mündelgeld.

Artikel 99.

Unberührt bleiben die landesgesetzlichen Vorschriften, nach welchen bei Schuldverschreibungen auf den Inhaber, die der Bundesstaat oder eine ihm angehörende Körperschaft, Stiftung oder Anstalt des öffentlichen Rechtes ausstellt:

1. die Gültigkeit der Unterzeichnung von der Beobachtung einer besonderen Form abhängt, auch wenn eine solche Bestimmung in die Urkunde nicht aufgenommen ist;
2. der im §. 788 Abs. 1 des Bürgerlichen Gesetzbuchs bezeichnete Anspruch ausgeschlossen ist, auch wenn die Ausschließung in dem Zins- oder Rentenscheine nicht bestimmt ist.

Artikel 100.

Unberührt bleiben die landesgesetzlichen Vorschriften, welche den Bundesstaat oder ihm angehörende Körperschaften, Stiftungen und Anstalten des öffentlichen Rechtes abweichend von der Vorschrift des §. 790 Satz 2 des Bürgerlichen Gesetzbuchs verpflichten, die von ihnen ausgestellten, auf den Inhaber lautenden Schuldverschreibungen auf den Namen eines bestimmten Berechtigten umzuschreiben, sowie die landesgesetzlichen Vorschriften, welche die sich aus der Umschreibung einer solchen Schuldverschreibung ergebenden Rechtsverhältnisse, mit Einschluß der Kraftloserklärung, regeln.

Artikel 101.

Unberührt bleiben die landesgesetzlichen Vorschriften über die Kraftloserklärung und die Zahlungssperre in Ansehung der im §. 791 des Bürgerlichen Gesetzbuchs bezeichneten Urkunden.

Unberührt bleiben die landesgesetzlichen Vorschriften, welche für die Kraftloserklärung der im § 792 des Bürgerlichen Gesetzbuchs bezeichneten Urkunden ein anderes Verfahren als das Aufgebotsverfahren bestimmen.

Artikel 102.

Unberührt bleiben die landesgesetzlichen Vorschriften, nach welchen der Staat sowie Verbände und Anstalten, die auf Grund des öffentlichen Rechtes zur Gewährung von Unterhalt verpflichtet sind, Ersatz der für den Unterhalt gemachten Aufwendungen von der Person, welcher sie den Unterhalt gewährt haben, sowie von denjenigen verlangen können, welche nach den Vorschriften des Bürgerlichen Gesetzbuchs unterhaltspflichtig waren.

Artikel 103.

Unberührt bleiben die landesgesetzlichen Vorschriften über den Anspruch auf Rückerstattung mit Unrecht erhobener öffentlicher Abgaben oder Kosten eines Verfahrens.

Artikel 104.

Unberührt bleiben die landesgesetzlichen Vorschriften, nach welchen der Unternehmer eines Eisenbahnbetriebes oder eines anderen mit gemeiner Gefahr verbundenen Betriebs für den aus dem Betrieb entstehenden Schaden in weiterem Umfang als nach den Vorschriften des Bürgerlichen Gesetzbuchs verantwortlich ist.

Artikel 105.

Unberührt bleiben die landesgesetzlichen Vorschriften, nach welchen, wenn ein dem öffentlichen Gebrauche dienendes Grundstück zu einer Anlage oder zu einem Betriebe benutzt werden darf, der Unternehmer der Anlage oder des Betriebs für den Schaden verantwortlich ist, der bei dem öffentlichen Gebrauche des Grundstücks durch die Anlage oder den Betrieb verursacht wird.

Artikel 106.

Unberührt bleiben die landesgesetzlichen Vorschriften über die Verpflichtung zum Ersatze des Schadens, der durch das Zuwiderhandeln gegen ein zum Schutze von Grundstücken erlassenes Strafgesetz verursacht wird.

Artikel 107.

Unberührt bleiben die landesgesetzlichen Vorschriften über die Verpflichtung zum Ersatze des Schadens, der bei einer Zusammenrottung, einem Auflauf oder einem Aufruhr entsteht.

Artikel 108.

Unberührt bleiben die landesgesetzlichen Vorschriften über die im öffentlichen Interesse erfolgende Entziehung, Beschädigung oder Benutzung einer Sache, Beschränkung des Eigenthums und Entziehung oder Beschränkung von Rechten. Auf die nach landesgesetzlicher Vorschrift wegen eines solchen Eingriffs zu gewährende Entschädigung finden die Vorschriften der Artikel 50, 51 Anwendung, soweit nicht die Landesgesetze ein Anderes bestimmen.

Artikel 109.

Unberührt bleiben die landesgesetzlichen Vorschriften, welche für den Fall, daß zerstörte Gebäude in anderer Lage wiederhergestellt werden, die Rechte an den betheiligten Grundstücken regeln.

Artikel 110.

Unberührt bleiben die landesgesetzlichen Vorschriften, welche im öffentlichen Interesse das Eigenthum in Ansehung thatsächlicher Verfügungen beschränken.

Artikel 111.

Unberührt bleiben die landesgesetzlichen Vorschriften über die Behandlung der einem Eisenbahn- oder Kleinbahnunternehmen gewidmeten Grundstücke und sonstiger Vermögensgegenstände als Einheit (Bahneinheit), über die Veräußerung und Belastung einer solchen Bahneinheit oder ihrer Bestandtheile, insbesondere die Belastung im Falle der Ausstellung von Theilschuldverschreibungen auf den Inhaber, und die sich dabei ergebenden Rechtsverhältnisse sowie über die Liquidation zum Zwecke der Befriedigung der Gläubiger, denen ein Recht auf abgesonderte Befriedigung aus den Bestandtheilen der Bahneinheit zusteht.

Artikel 112.

Unberührt bleiben die landesgesetzlichen Vorschriften über die Zusammenlegung von Grundstücken, über die Gemeinheitstheilung, die Regulirung der Wege, die Ordnung der gutsherrlich-bäuerlichen Verhältnisse sowie über die Ablösung, Umwandlung oder Einschränkung von Dienstbarkeiten und Reallasten. Dies gilt insbesondere auch von den Vorschriften, welche die durch ein Verfahren dieser Art begründeten gemeinschaftlichen Angelegenheiten zum Gegenstande haben oder welche sich auf den Erwerb des Eigenthums, auf die Begründung, Aenderung und Aufhebung von anderen Rechten an Grundstücken und auf die Berichtigung des Grundbuchs beziehen.

Artikel 113.

Unberührt bleiben die landesgesetzlichen Vorschriften, nach welchen die dem Staate oder einer öffentlichen Anstalt in Folge der Ordnung der gutsherrlich-bäuerlichen Verhältnisse oder der Ablösung von Dienstbarkeiten, Reallasten oder der Oberlehnsherrlichkeit zustehenden Ablösungsrenten und sonstigen Reallasten zu ihrer Begründung und zur Wirksamkeit gegenüber dem öffentlichen Glauben des Grundbuchs nicht der Eintragung bedürfen.

Artikel 114.

Unberührt bleiben die landesgesetzlichen Vorschriften, welche die Belastung eines Grundstücks mit gewissen Grunddienstbarkeiten oder beschränkten persönlichen Dienstbarkeiten oder mit Reallasten untersagen oder beschränken, sowie die landesgesetzlichen Vorschriften, welche den Inhalt und das Maß solcher Rechte näher bestimmen.

Artikel 115.

Die in den Artikeln 112 bis 114 bezeichneten landesgesetzlichen Vorschriften finden keine Anwendung auf die nach den §§. 896, 900, 901 des Bürgerlichen Gesetzbuchs zu entrichtenden Geldrenten und auf die in den §§. 1005, 1006 des Bürgerlichen Gesetzbuchs bestimmten Unterhaltungspflichten.

Artikel 116.

Unberührt bleiben die landesgesetzlichen Vorschriften, welche die Belastung eines Grundstücks über eine bestimmte Werthgrenze hinaus untersagen.

Unberührt bleiben die landesgesetzlichen Vorschriften, welche die Belastung eines Grundstücks mit einer unkündbaren Hypothek oder Grundschuld untersagen oder die Ausschließung des Kündigungsrechts des Eigenthümers bei Hypothekenforderungen und Grundschulden zeitlich beschränken und bei Rentenschulden nur für eine kürzere als die im §. 1185 Abs. 2 des Bürgerlichen Gesetzbuchs bestimmte Zeit zulassen.

Artikel 117.

Unberührt bleiben die landesgesetzlichen Vorschriften, welche einer Geldrente, Hypothek, Grundschuld oder Rentenschuld, die dem Staate oder einer öffentlichen Anstalt wegen eines zur Verbesserung des belasteten Grundstücks gewährten Darlehns zusteht, den Vorrang vor anderen Belastungen des Grundstücks einräumen. Zu Gunsten eines Dritten finden die Vorschriften der §§. 876, 877 des Bürgerlichen Gesetzbuchs Anwendung.

Artikel 118.

Unberührt bleiben die landesgesetzlichen Vorschriften, welche

1. die Veräußerung eines Grundstücks beschränken;
2. die Theilung eines Grundstücks oder die getrennte Veräußerung von Grundstücken, die bisher zusammen bewirthschaftet worden sind, untersagen oder beschränken;
3. die nach §. 874 Abs. 1 des Bürgerlichen Gesetzbuchs zulässige Vereinigung mehrerer Grundstücke oder die nach §. 874 Abs. 2 des Bürgerlichen Gesetzbuchs zulässige Zuschreibung eines Grundstücks zu einem anderen Grundstück untersagen oder beschränken.

Artikel 119.

Unberührt bleiben die landesgesetzlichen Vorschriften, nach welchen im Falle der Veräußerung eines Theiles eines Grundstücks dieser Theil von den Belastungen des Grundstücks befreit wird, wenn von der zuständigen Behörde festgestellt wird, daß die Rechtsänderung für die Berechtigten unschädlich ist.

Unberührt bleiben die landesgesetzlichen Vorschriften, nach welchen unter der gleichen Voraussetzung:

1. Im Falle der Theilung eines mit einer Reallast belasteten Grundstücks die Reallast auf die einzelnen Theile des Grundstücks vertheilt wird;
2. im Falle der Aufhebung eines dem jeweiligen Eigenthümer eines Grundstücks an einem anderen Grundstücke zustehenden Rechtes die Zustimmung derjenigen nicht erforderlich ist, zu deren Gunsten das Grundstück des Berechtigten belastet ist;
3. im Falle des Artikel 50 der dem Eigenthümer zustehende Entschädigungsanspruch von dem einem Dritten an dem Anspruche zustehenden Rechte befreit wird.

Artikel 120.

Unberührt bleiben die landesgesetzlichen Vorschriften, nach

welchen im Falle der Theilung eines für den Staat oder eine öffentliche Anstalt mit einer Reallast belasteten Grundstücks nur ein Theil des Grundstücks mit der Reallast belastet bleibt und dafür zu Gunsten des jeweiligen Eigenthümers dieses Theiles die übrigen Theile mit gleichartigen Reallasten belastet werden.

Artikel 121.

Unberührt bleiben die landesgesetzlichen Vorschriften, welche die Rechte des Eigenthümers eines Grundstücks in Ansehung der auf der Grenze oder auf dem Nachbargrundstücke stehenden Bäume und Sträucher für den Fall, daß das Nachbargrundstück ein Waldgrundstück ist, abweichend von den Vorschriften des §. 894 und des §. 907 Abs. 2, 3 des Bürgerlichen Gesetzbuchs bestimmen.

Unberührt bleiben die landesgesetzlichen Vorschriften, welche die Rechte des Eigenthümers eines Grundstücks in Ansehung der auf der Grenze oder auf dem Nachbargrundstücke stehenden Obstbäume abweichend von den Vorschriften des §. 894 des Bürgerlichen Gesetzbuchs bestimmen.

Artikel 122.

Unberührt bleiben die landesgesetzlichen Vorschriften, welche das Recht des Nothwegs zum Zwecke der Verbindung eines Grundstücks mit einer Wasserstraße oder einer Eisenbahn gewähren.

Artikel 123.

Unberührt bleiben die landesgesetzlichen Vorschriften, welche das Eigenthum an Grundstücken zu Gunsten der Nachbarn noch anderen als den im Bürgerlichen Gesetzbuche bestimmten Beschränkungen unterwerfen.

Artikel 124.

Unberührt bleiben die landesgesetzlichen Vorschriften, welche die Vorschrift des §. 26 der Gewerbeordnung auf Eisenbahn-, Dampfschiffahrts- und ähnliche Verkehrsunternehmungen erstrecken.

Artikel 125.

Durch Landesgesetz kann das dem Staate an einem Grundstücke zustehende Eigenthum auf einen Kommunalverband und das einem Kommunalverband an einem Grundstücke zustehende Eigenthum auf einen anderen Kommunalverband oder auf den Staat übertragen werden.

Artikel 126.

Unberührt bleiben die landesgesetzlichen Vorschriften über die Uebertragung des Eigenthums an einem Grundstücke, das im Grundbuche nicht eingetragen ist und nach den Vorschriften der Grundbuchordnung auch nach der Uebertragung nicht eingetragen zu werden braucht.

Artikel 127.

Unberührt bleiben die landesgesetzlichen Vorschriften über die Begründung und Aufhebung einer Dienstbarkeit an einem Grundstücke, das im Grundbuche nicht eingetragen ist und nach den Vorschriften der Grundbuchordnung nicht eingetragen zu werden braucht.

Artikel 128.

Unberührt bleiben die landesgesetzlichen Vorschriften, nach welchen das Recht zur Aneignung eines nach §. 912 des Bürgerlichen Gesetzbuchs aufgegebenen Grundstücks an Stelle des Fiskus einer bestimmten anderen Person zusteht.

Artikel 129.

Unberührt bleiben die landesgesetzlichen Vorschriften über das Recht zur Aneignung der einem Anderen gehörenden, im Freien betroffenen Tauben.

Artikel 130.

Unberührt bleiben die landesgesetzlichen Vorschriften, welche für den Fall, daß jedem der Miteigenthümer eines mit einem Gebäude versehenen Grundstücks die ausschließliche Benutzung eines Theiles des Gebäudes eingeräumt ist, das Gemeinschaftsverhältniß näher bestimmen, die Anwendung der §§. 736 bis 738 des Bürgerlichen Gesetzbuchs ausschließen und für den Fall des Konkurses über das Vermögen eines Miteigenthümers dem Konkursverwalter das Recht, die Aufhebung der Gemeinschaft zu verlangen, versagen.

Artikel 131.

Unberührt bleiben die landesgesetzlichen Vorschriften über die Kirchenbaulast und die Schulbaulast.

Artikel 132.

Unberührt bleiben die landesgesetzlichen Vorschriften über das Recht zur Benutzung eines Platzes in einem dem öffentlichen Gottesdienste gewidmeten Gebäude oder auf einer öffentlichen Begräbnißstätte.

Artikel 133.

Unberührt bleiben die landesgesetzlichen Vorschriften über die religiöse Erziehung der Kinder.

Artikel 134.

Unberührt bleiben die landesgesetzlichen Vorschriften über die Zwangserziehung Minderjähriger. Die Zwangserziehung ist jedoch, unbeschadet der Vorschriften des §. 56 des Strafgesetzbuchs, nur zulässig, wenn sie von dem Vormundschaftsgericht auf Grund des §. 1643 oder des §. 1814 des Bürgerlichen Gesetzbuchs angeordnet wird.

Die Landesgesetze können die Entscheidung darüber, ob der Minderjährige in einer Familie oder in einer Erziehungs- oder Besserungsanstalt unterzubringen sei, einer Verwaltungsbehörde übertragen, wenn die Unterbringung auf öffentliche Kosten zu erfolgen hat.

Artikel 135.

Unberührt bleiben die landesgesetzlichen Vorschriften, nach welchen

1. der Vorstand einer unter staatlicher Verwaltung oder Aufsicht stehenden Erziehungs- oder Verpflegungsanstalt oder ein Beamter alle oder einzelne Rechte und Pflichten eines Vormundes für diejenigen Minderjährigen hat, welche in der Anstalt oder unter der Aufsicht des Vorstandes oder des Beamten in einer von ihm ausgewählten Familie oder Anstalt erzogen oder verpflegt werden, und der Vorstand der Anstalt oder der Beamte auch nach der Beendigung der Erziehung oder der Verpflegung bis zur Volljährigkeit des Mündels diese Rechte und Pflichten behält, unbeschadet der Befugniß des Vormundschaftsgerichts, einen anderen Vormund zu bestellen;
2. die Vorschriften der Nr. 1 bei unehelichen Minderjährigen auch dann gelten, wenn diese unter der Aufsicht des Vorstandes oder des Beamten in der mütterlichen Familie erzogen oder verpflegt werden;
3. der Vorstand einer unter staatlicher Verwaltung oder Aufsicht stehenden Erziehungs- oder Verpflegungsanstalt oder ein von ihm bezeichneter Angestellter der Anstalt oder ein Beamter vor den nach §. 1752 des Bürgerlichen Gesetzbuchs als Vormünder berufenen Personen zum Vormunde der in Nr. 1, 2 bezeichneten Minderjährigen bestellt werden kann;

4. im Falle einer nach den Vorschriften der Nr. 1 bis 3 stattfindenden Bevormundung ein Gegenvormund nicht zu bestellen ist und dem Vormunde die nach §. 1828 des Bürgerlichen Gesetzbuchs zulässigen Befreiungen zustehen.

Artikel 136.

Unberührt bleiben die landesgesetzlichen Vorschriften über die Grundsätze, nach denen in den Fällen des §. 1498 Abs. 2, 3 und der §§. 2024, 2285 des Bürgerlichen Gesetzbuchs der Ertragswerth eines Landguts festzustellen ist.

Artikel 137.

Unberührt bleiben die landesgesetzlichen Vorschriften, nach welchen im Falle des §. 1912 des Bürgerlichen Gesetzbuchs an Stelle des Fiskus eine Körperschaft, Stiftung oder Anstalt des öffentlichen Rechtes gesetzlicher Erbe ist.

Artikel 138.

Unberührt bleiben die landesgesetzlichen Vorschriften, nach welchen dem Fiskus oder einer anderen juristischen Person in Ansehung des Nachlasses einer verpflegten oder unterstützten Person ein Erbrecht, ein Pflichttheilsanspruch oder ein Recht auf bestimmte Sachen zusteht.

Artikel 139.

Unberührt bleiben die landesgesetzlichen Vorschriften, nach welchen das Nachlaßgericht auch unter anderen als den im §. 1936 Abs. 1 des Bürgerlichen Gesetzbuchs bezeichneten Voraussetzungen die Anfertigung eines Nachlaßverzeichnisses sowie bis zu dessen Vollendung die erforderlichen Sicherungsmaßregeln, insbesondere die Anlegung von Siegeln, von Amtswegen anordnen kann.

Artikel 140.

Die Landesgesetze können bestimmen, daß die Vorschriften des §. 2223 des Bürgerlichen Gesetzbuchs auf Testamente der Gesandten des Bundesstaats und der zu der Gesandtschaft gehörenden, im Dienste des Bundesstaats stehenden Personen Anwendung finden. An die Stelle des Reichskanzlers tritt die landesgesetzlich bestimmte Behörde.

Artikel 141.

Die Landesgesetze können bestimmen, daß für die Beurkundung von Rechtsgeschäften, die nach den Vorschriften des

Bürgerlichen Gesetzbuchs gerichtlicher oder notarieller Beurkundung bedürfen, entweder nur die Gerichte oder nur die Notare zuständig sind.

Artikel 142.

Unberührt bleiben die landesgesetzlichen Vorschriften, welche in Ansehung in der dem Gebiete des Bundesstaats liegenden Grundstücke bestimmen, daß für die Beurkundung des im §. 307 des Bürgerlichen Gesetzbuchs bezeichneten Vertrags sowie für die nach §. 857 Abs. 2 des Bürgerlichen Gesetzbuchs zur Bindung der Betheiligten erforderliche Beurkundung der Erklärungen außer den Gerichten und Notaren auch andere Behörden und Beamte zuständig sind.

Artikel 143.

Unberührt bleiben die landesgesetzlichen Vorschriften, welche in Ansehung der in dem Gebiete des Bundesstaats liegenden Grundstücke bestimmen, daß die Einigung der Parteien in den Fällen der §§. 909, 999 des Bürgerlichen Gesetzbuchs außer vor dem Grundbuchamt auch vor Gericht, vor einem Notar, vor einer anderen Behörde oder vor einem anderen Beamten erklärt werden kann.

Unberührt bleiben die landesgesetzlichen Vorschriften, nach welchen es bei der Auflassung eines Grundstücks der gleichzeitigen Anwesenheit beider Theile nicht bedarf, wenn das Grundstück durch ein Gericht oder einen Notar versteigert worden ist und die Auflassung noch in dem Versteigerungstermine stattfindet.

Artikel 144.

Unberührt bleiben die landesgesetzlichen Vorschriften über die sachliche und örtliche Zuständigkeit der Hinterlegungsstellen. Die Landesgesetze können bestimmen, daß die Anlegung von Mündelgeld nach §. 1784 des Bürgerlichen Gesetzbuchs bei den Hinterlegungsstellen des Buudesstaats nicht stattfindet.

Artikel 145.

Die Landesgesetze können über die Hinterlegung nähere Bestimmungen treffen, insbesondere den Nachweis der Empfangsberechtigung regeln und vorschreiben, daß die hinterlegten Gelder und Werthpapiere gegen die Verpflichtung zur Rückerstattung in das Eigenthum des Fiskus oder der als Hinterlegungsstelle bestimmten Anstalt übergehen, daß der Verkauf der hinterlegten Sachen von Amtswegen angeordnet werden kann sowie daß der Anspruch auf Rückerstattung mit dem Ablauf einer gewissen Zeit oder unter sonstigen Voraussetzungen zu Gunsten des Fiskus oder der Hinterlegungsanstalt erlischt. In den Fällen des §. 376, des §. 1154 Abs. 3 und des §. 1252 Satz 3 des Bürgerlichen Gesetzbuchs muß dem Hinterleger die Rücknahme des hinterlegten Betrags mindestens während eines Jahres von dem Zeitpunkt an gestattet werden, mit welchem das Recht des Gläubigers auf den hinterlegten Betrag erlischt.

Von einer gerichtlichen Anordnung kann die Hinterlegung nicht abhängig gemacht werden.

Artikel 146.

Ist durch Landesgesetz bestimmt, daß die Hinterlegungsstellen auch andere Sachen als Geld, Werthpapiere und sonstige Urkunden sowie Kostbarkeiten anzunehmen haben, so finden auf Schuldverhältnisse, die auf Leistung derartiger Sachen gerichtet sind, die Vorschriften der §§. 366 bis 376 des Bürgerlichen Gesetzbuchs Anwendung.

Artikel 147.

Unberührt bleiben die landesgesetzlichen Vorschriften, nach welchen für die dem Vormundschaftsgericht oder dem Nachlaßgericht obliegenden Verrichtungen andere als gerichtliche Behörden zuständig sind.

Sind durch Landesgesetz die Verrichtungen des Nachlaßgerichts einer anderen Behörde als einem Gericht übertragen, so ist für die Abnahme des im §. 1981 des Bürgerlichen Gesetzbuchs vorgeschriebenen Offenbarungseids das Amtsgericht zuständig, in dessen Bezirke die Nachlaßbehörde ihren Sitz hat.

Artikel 148.

Die Landesgesetze können die Zuständigkeit des Nachlaßgerichts zur Aufnahme des Inventars ausschließen.

Artikel 149.

Unberührt bleiben die landesgesetzlichen Vorschriften, nach welchen bei der Errichtung einer Verfügung von Todeswegen der Richter an Stelle des Gerichtsschreibers oder der zwei Zeugen eine besonders dazu bestellte Urkundsperson, der Notar an Stelle der zwei Zeugen einen zweiten Notar zuziehen kann.

Auf die Urkundsperson und den zweiten Notar finden die Vorschriften der §§. 2206 bis 2208 des Bürgerlichen Gesetzbuchs Anwendung.

Artikel 150.

Unberührt bleiben die landesgesetzlichen Vorschriften, nach welchen im Falle des §. 2219 des Bürgerlichen Gesetzbuchs an Stelle des Vorstehers oder neben dem Vorsteher eine andere amtlich bestellte Person zuständig ist.

Artikel 151.

Durch die Vorschriften der §§. 2206 bis 2217, 2249 des Bürgerlichen Gesetzbuchs und des Artikel 149 dieses Gesetzes werden die allgemeinen Vorschriften der Landesgesetze über die Errichtung gerichtlicher oder notarieller Urkunden nicht berührt. Ein Verstoß gegen eine solche Vorschrift ist, unbeschadet der Vorschriften über die Folgen des Mangels der sachlichen Zuständigkeit, ohne Einfluß auf die Gültigkeit der Verfügung von Todeswegen.

Artikel 152.

Unberührt bleiben die landesgesetzlichen Vorschriften, welche für die nicht nach den Vorschriften der Civilprozeßordnung zu erledigenden Rechtsstreitigkeiten die Vorgänge bestimmen, mit denen die nach den Vorschriften des Bürgerlichen Gesetzbuchs an die Klageerhebung und an die Rechtshängigkeit geknüpften Wirkungen eintreten. Soweit solche Vorschriften fehlen, finden die Vorschriften der Civilprozeßordnung entsprechende Anwendung.

Vierter Abschnitt.

Uebergangsvorschriften.

Artikel 153.

Wer zur Zeit des Inkrafttretens des Bürgerlichen Gesetzbuchs das einundzwanzigste Lebensjahr noch nicht vollendet hat, aber für volljährig erklärt ist oder sonst die rechtliche Stellung eines Volljährigen erlangt hat, steht von dieser Zeit an einem Volljährigen gleich.

Artikel 154.

Wer nach den französischen oder den badischen Gesetzen emanzipirt oder aus der Gewalt entlassen ist, steht von dem Inkrafttreten des Bürgerlichen Gesetzbuchs an, wenn er zu dieser Zeit das achtzehnte Lebensjahr vollendet hat, einem Volljährigen, anderenfalls einem Minderjährigen gleich.

Artikel 155.

Wer zur Zeit des Inkrafttretens des Bürgerlichen Gesetzbuchs wegen Geisteskrankheit entmündigt ist, steht von dieser Zeit an einem nach den Vorschriften des Bürgerlichen Gesetzbuchs wegen Geisteskrankheit Entmündigten gleich.

Artikel 156.

Wer zur Zeit des Inkrafttretens des Bürgerlichen Gesetzbuchs wegen Verschwendung entmündigt ist, steht von dieser Zeit an einem nach den Vorschriften des Bürgerlichen Gesetzbuchs wegen Verschwendung Entmündigten gleich.

Dasselbe gilt von demjenigen, für welchen nach den französischen oder den badischen Gesetzen wegen Verschwendung die Bestellung eines Beistandes angeordnet ist.

Artikel 157.

Die Vorschriften der französischen und der badischen Gesetze über den erwählten Wohnsitz bleiben für Rechtsverhältnisse, die sich nach diesen Gesetzen bestimmen, in Kraft, sofern der Wohnsitz vor dem Inkrafttreten des Bürgerlichen Gesetzbuchs erwählt worden ist.

Artikel 158.

Die Wirkungen einer vor dem Inkrafttreten des Bürgerlichen Gesetzbuchs erfolgten Todeserklärung bestimmen sich nach den bisherigen Gesetzen, soweit sich nicht aus den Artikeln 159, 160 ein Anderes ergiebt.

Artikel 159.

Der Ehegatte einer vor dem Inkrafttreten des Bürgerlichen Gesetzbuchs für todt erklärten Person kann nach dem Inkrafttreten des Bürgerlichen Gesetzbuchs eine neue Ehe eingehen, auch wenn die Wiederverheirathung nach den bisherigen Gesetzen nicht zulässig sein würde. Die Vorschriften der §§. 1331 bis 1335 des Bürgerlichen Gesetzbuchs finden entsprechende Anwendung.

Artikel 160.

Soweit nach den Vorschriften des Bürgerlichen Gesetzbuchs in Folge einer Todeserklärung die elterliche Gewalt des Verschollenen, die Vormundschaft, die Pflegschaft sowie das Amt als Vormund, Gegenvormund, Pfleger, Beistand oder Mitglied eines Familienraths endigt, gelten diese Vorschriften von dem Inkrafttreten des Bürgerlichen Gesetzbuchs an auch für eine vorher erfolgte Todeserklärung.

Artikel 161.

Ein zur Zeit des Inkrafttretens des Bürgerlichen Gesetzbuchs anhängiges Verfahren, das eine Todeserklärung, eine Verschollenheitserklärung oder die Einweisung des muthmaßlichen Erben in den Besitz oder Genuß des Vermögens eines Verschollenen zum Gegenstande hat, ist nach den bisherigen Gesetzen zu erledigen.

Ist vor dem Inkrafttreten des Bürgerlichen Gesetzbuchs eine Verschollenheitserklärung oder die vorläufige Einweisung des muthmaßlichen Erben in den Besitz oder Genuß des Vermögens eines Verschollenen erfolgt, so sind die bisherigen Gesetze auch für die Todeserklärung sowie für die endgültige Einweisung maßgebend.

Nach den bisherigen Gesetzen bestimmen sich auch die Wirkungen der nach Abs. 1, 2 ergehenden Entscheidungen. Im Falle der Todeserklärung finden die Vorschriften der Artikel 159, 160 Anwendung.

Artikel 162.

Soweit eine nach den bisherigen Gesetzen erfolgte oder nach Artikel 161 Abs. 2 zulässige endgültige Einweisung des muthmaßlichen Erben in den Besitz oder Genuß des Vermögens des Verschollenen ohne Einfluß auf Rechtsverhältnisse ist, auf die sich die Wirkungen der Todeserklärung nach dem Bürgerlichen Gesetzbuch erstrecken, ist nach dem Inkrafttreten des Bürgerlichen Gesetzbuchs eine Todeserklärung nach dessen Vorschriften zulässig; die Wirkungen beschränken sich auf diese Rechtsverhältnisse.

Artikel 163.

Auf die zur Zeit des Inkrafttretens des Bürgerlichen Gesetzbuchs bestehenden juristischen Personen finden von dieser Zeit an die Vorschriften der §§. 22 bis 50, 82 bis 85 des Bürgerlichen Gesetzbuchs Anwendung, soweit sich nicht aus den Artikeln 164 bis 166 ein Anderes ergiebt.

Artikel 164.

In Kraft bleiben die landesgesetzlichen Vorschriften über die zur Zeit des Inkrafttretens des Bürgerlichen Gesetzbuchs bestehenden Realgemeinden und ähnlichen Verbände, deren Mitglieder als solche zu Nutzungen an land- und forstwirthschaftlichen Grundstücken, an Mühlen, Brauhäusern und ähnlichen Anlagen berechtigt sind. Es macht keinen Unterschied, ob die Realgemeinden oder sonstigen Verbände juristische Personen sind oder nicht und ob die Berechtigung der Mitglieder an Grundbesitz geknüpft ist oder nicht.

Artikel 165.

In Kraft bleiben die Vorschriften der bayerischen Gesetze, betreffend die privatrechtliche Stellung der Vereine sowie der Erwerbs- und Wirthschaftsgesellschaften, vom 29. April 1869 in Ansehung derjenigen Vereine und registrirten Gesellschaften, welche auf Grund dieser Gesetze zur Zeit des Inkrafttretens des Bürgerlichen Gesetzbuchs bestehen.

Artikel 166.

In Kraft bleiben die Vorschriften des sächsischen Gesetzes vom 15. Juni 1868, betreffend die juristischen Personen in Ansehung derjenigen Personenvereine, welche zur Zeit des Inkrafttretens des Bürgerlichen Gesetzbuchs die Rechtsfähigkeit durch Eintragung in das Genossenschaftsregister erlangt haben.

Artikel 167.

In Kraft bleiben die landesgesetzlichen Vorschriften, welche die zur Zeit des Inkrafttretens des Bürgerlichen Gesetzbuchs bestehenden landschaftlichen oder ritterschaftlichen Kreditanstalten betreffen.

Artikel 168.

Eine zur Zeit des Inkrafttretens des Bürgerlichen Gesetzbuchs bestehende Verfügungsbeschränkung bleibt wirksam, unbeschadet der Vorschriften des Bürgerlichen Gesetzbuchs zu Gunsten derjenigen, welche Rechte von einem Nichtberechtigten herleiten.

Artikel 169.

Die Vorschriften des Bürgerlichen Gesetzbuchs über die Verjährung finden auf die vor dem Inkrafttreten des Bürgerlichen Gesetzbuchs entstandenen, noch nicht verjährten Ansprüche Anwendung. Der Beginn sowie die Hemmung und Unterbrechung der Verjährung bestimmen sich jedoch für die Zeit vor dem Inkrafttreten des Bürgerlichen Gesetzbuchs nach den bisherigen Gesetzen.

Ist die Verjährungsfrist nach dem Bürgerlichen Gesetzbuche kürzer als nach den bisherigen Gesetzen, so wird die kürzere Frist von dem Inkrafttreten des Bürgerlichen Gesetzbuchs an berechnet. Läuft jedoch die in den bisherigen Gesetzen bestimmte längere Frist früher als die im Bürgerlichen Gesetzbuche bestimmte kürzere Frist ab, so ist die Verjährung mit dem Ablaufe der längeren Frist vollendet.

Artikel 170.

Für ein Schuldverhältniß, das vor dem Inkrafttreten des Bürgerlichen Gesetzbuchs entstanden ist, bleiben die bisherigen Gesetze maßgebend.

Artikel 171.

Ein zur Zeit des Inkrafttretens des Bürgerlichen Gesetzbuchs bestehendes Mieth-, Pacht oder Dienstverhältniß bestimmt sich, wenn nicht die Kündigung nach dem Inkrafttreten des Bürgerlichen Gesetzbuchs für den ersten Termin erfolgt, für den sie nach den bisherigen Gesetzen zulässig ist, von diesem Termin an nach den Vorschriften des Bürgerlichen Gesetzbuchs.

Artikel 172.

Wird eine Sache, die zur Zeit des Inkrafttretens des Bürgerlichen Gesetzbuchs vermiethet oder verpachtet war, nach dieser Zeit veräußert oder mit einem Rechte belastet, so hat der Miether oder Pächter dem Erwerber der Sache oder des Rechtes gegenüber die im Bürgerlichen Gesetzbuche bestimmten Rechte. Weitergehende Rechte des Miethers oder Pächters, die sich aus den bisherigen Gesetzen ergeben, bleiben unberührt, unbeschadet der Vorschrift des Artikel 171.

Artikel 173.

Auf eine zur Zeit des Inkrafttretens des Bürgerlichen Gesetzbuchs bestehende Gemeinschaft nach Bruchtheilen finden von dieser Zeit an die Vorschriften des Bürgerlichen Gesetzbuchs Anwendung.

Artikel 174.

Von dem Inkrafttreten des Bürgerlichen Gesetzbuchs an gelten für die vorher ausgestellten Schuldverschreibungen auf den Inhaber die Vorschriften der §§. 782 bis 784, 786, 788 und des §. 790 Satz 1 des Bürgerlichen Gesetzbuchs. Bei den auf Sicht zahlbaren unverzinslichen Schuldverschreibungen sowie bei Zins-, Renten- und Gewinnantheilscheinen bleiben jedoch für die Kraftloserklärung und die Zahlungssperre die bisherigen Gesetze maßgebend.

Die Verjährung der Ansprüche aus den vor dem Inkrafttreten des Bürgerlichen Gesetzbuchs ausgestellten Schuldverschreibungen auf den Inhaber bestimmt sich, unbeschadet der Vorschriften des §. 786 des Bürgerlichen Gesetzbuchs, nach den bisherigen Gesetzen.

Artikel 175.

Für Zins-, Renten- und Gewinnantheilscheine, die nach dem Inkrafttreten des Bürgerlichen Gesetzbuchs für ein vor dieser Zeit ausgestelltes Inhaberpapier ausgegeben werden, sind die Gesetze maßgebend, welche für die vor dem Inkrafttreten des Bürgerlichen Gesetzbuchs ausgegebenen Scheine gleicher Art gelten.

Artikel 176.

Die Außerkurssetzung von Schuldverschreibungen auf den Inhaber findet nach dem Inkraftreten des Bürgerlichen Gesetzbuchs nicht mehr statt. Eine vorher erfolgte Außerkurssetzung verliert mit dem Inkrafttreten des Bürgerlichen Gesetzbuchs ihre Wirkung.

Artikel 177.

Von dem Inkrafttreten des Bürgerlichen Gesetzbuchs an gelten für vorher ausgegebene Urkunden der im §. 792 des Bürgerlichen Gesetzbuchs bezeichneten Art, sofern der Schuldner nur gegen Aushändigung der Urkunde zur Leistung verpflichtet ist, die Vorschriften des §. 792 Abs. 2 Satz 2, 3 des Bürgerlichen Gesetzbuchs und des Artikel 101 Abs. 2 dieses Gesetzes.

Artikel 178.

Ein zur Zeit des Inkrafttretens des Bürgerlichen Gesetzbuchs anhängiges Verfahren, das die Kraftloserklärung einer Schuldverschreibung auf den Inhaber oder einer Urkunde der im §. 792 des Bürgerlichen Gesetzbuchs bezeichneten Art oder die Zahlungssperre für ein solches Papier zum Gegenstande hat, ist nach den bisherigen Gesetzen zu erledigen. Nach diesen Gesetzen bestimmen sich auch die Wirkungen des Verfahrens und der Entscheidung.

Artikel 179.

Hat ein Anspruch aus einem Schuldverhältnisse nach den bisherigen Gesetzen durch Eintragung in ein öffentliches Buch Wirksamkeit gegen Dritte erlangt, so behält er diese Wirsamkeit auch nach dem Inkrafttreten des Bürgerlichen Gesetzbuchs.

Artikel 180.

Auf ein zur Zeit des Inkrafttretens des Bürgerlichen Gesetzbuchs bestehendes Besitzverhältniß finden von dieser Zeit an, unbeschadet des Artikel 190, die Vorschriften des Bürgerlichen Gesetzbuchs Anwendung.

Artikel 181.

Auf das zur Zeit des Inkrafttretens des Bürgerlichen Gesetzbuchs bestehende Eigenthum finden von dieser Zeit an die Vorschriften des Bürgerlichen Gesetzbuchs Anwendung.

Steht zur Zeit des Inkrafttretens des Bürgerlichen Gesetzbuchs das Eigenthum an einer Sache Mehreren nicht nach Bruchtheilen zu oder ist zu dieser Zeit ein Sondereigenthum an stehenden Erzeugnissen eines Grundstücks, insbesondere an Bäumen, begründet, so bleiben diese Rechte bestehen.

Artikel 182.

Das zur Zeit des Inkrafttretens des Bürgerlichen Gesetzbuchs bestehende Stockwerkseigenthum bleibt bestehen. Das Rechtsverhältniß der Betheiligten unter einander bestimmt sich nach den bisherigen Gesetzen.

Artikel 183.

Rechte, mit denen eine Sache oder ein Recht zur Zeit des Inkrafttretens des Bürgerlichen Gesetzbuchs belastet ist, bleiben mit dem sich aus den bisherigen Gesetzen ergebenden Inhalt und Range bestehen, soweit sich nicht aus den Artikeln 191 bis 194 ein Anderes ergiebt. Von dem Inkrafttreten des Bürgerlichen Gesetzbuchs an gelten jedoch für ein Erbbaurecht die Vorschriften des §. 1001, für eine Grunddienstbarkeit die Vorschriften der §§. 1004 bis 1011 des Bürgerlichen Gesetzbuchs.

Artikel 184.

Ist zur Zeit des Inkrafttretens des Bürgerlichen Gesetzbuchs die Ersitzung des Eigenthums oder Nießbrauchs an einer beweglichen Sache noch nicht vollendet, so finden auf die Ersitzung die Vorschriften des Artikel 169 entsprechende Anwendung.

Artikel 185.

Das Verfahren, in welchem die Anlegung der Grundbücher erfolgt, sowie der Zeitpunkt, in welchem das Grundbuch für einen Bezirk als angelegt anzusehen ist, werden für jeden Bundesstaat durch landesherrliche Verordnung bestimmt.

Ist das Grundbuch für einen Bezirk als angelegt anzusehen, so ist die Anlegung auch für solche zu dem Bezirke gehörende Grundstücke, die noch kein Blatt im Grundbuche haben, als erfolgt anzusehen, soweit nicht bestimmte Grundstücke durch besondere Anordnung ausgenommen sind.

Artikel 186.

Eine Grunddienstbarkeit, die zu der Zeit besteht, zu welcher das Grundbuch als angelegt anzusehen ist, bedarf zur Erhaltung der Wirksamkeit gegenüber dem öffentlichen Glauben des Grundbuchs nicht der Eintragung. Die Eintragung hat jedoch zu erfolgen, wenn sie von dem Berechtigten oder von dem Eigenthümer des belasteten Grundstücks verlangt wird; die Kosten sind von demjenigen zu tragen und vorzuschießen, welcher die Eintragung verlangt.

Durch Landesgesetz kann bestimmt werden, daß die bestehenden Grunddienstbarkeiten oder einzelne Arten zur Erhaltung der Wirksamkeit gegenüber dem öffentlichen Glauben des Grundbuchs bei der Anlegung des Grundbuchs oder später in das Grundbuch eingetragen werden müssen. Die Bestimmung kann auf einzelne Grundbuchbezirke beschränkt werden.

Artikel 187.

Durch landesherrliche Verordnung kann bestimmt werden, daß gesetzliche Pfandrechte, die zu der Zeit bestehen, zu welcher das Grundbuch als angelegt anzusehen ist, zur Erhaltung der Wirksamkeit gegenüber dem öffentlichen Glauben des Grundbuchs während einer zehn Jahre nicht übersteigenden, von dem Inkrafttreten des Bürgerlichen Gesetzbuchs an zu berechnenden Frist nicht der Eintragung bedürfen.

Durch landesherrliche Verordnung kann bestimmt werden, daß Miethrechte und Pachtrechte, welche zu der in Abs. 1 bezeichneten Zeit als Rechte an einem Grundstücke bestehen, zur Erhaltung der Wirksamkeit gegenüber dem öffentlichen Glauben des Grundbuchs nicht der Eintragung bedürfen.

Artikel 188.

Der Erwerb und Verlust des Eigenthums sowie die Begründung, Uebertragung, Belastung und Aufhebung eines anderen Rechtes an einem Grundstück oder eines Rechtes an einem solchen Rechte erfolgen auch nach dem Inkrafttreten des Bürgerlichen Gesetzbuchs nach den bisherigen Gesetzen, bis das Grundbuch als angelegt anzusehen ist. Das Gleiche gilt von der Aenderung des Inhalts und des Ranges der Rechte. Ein nach den Vorschriften des Bürgerlichen Gesetzbuchs unzulässiges Recht kann nach dem Inkrafttreten des Bürgerlichen Gesetzbuchs nicht mehr begründet werden.

Ist zu der Zeit, zu welcher das Grundbuch als angelegt

anzusehen ist, der Besitzer als der Berechtigte im Grundbuch eingetragen, so finden auf eine zu dieser Zeit noch nicht vollendete, nach §. 884 des Bürgerlichen Gesetzbuchs zulässige Ersitzung die Vorschriften des Artikel 169 entsprechende Anwendung.

Die Aufhebung eines Rechtes, mit dem ein Grundstück oder ein Recht an einem Grundstücke zu der Zeit belastet ist, zu welcher das Grundbuch als angelegt anzusehen ist, erfolgt auch nach dieser Zeit nach den bisherigen Gesetzen, bis das Recht in das Grundbuch eingetragen wird.

Artikel 189.

Das nach §. 912 Abs. 2 des Bürgerlichen Gesetzbuchs dem Fiskus zustehende Aneignungsrecht erstreckt sich auf alle Grundstücke, die zu der Zeit herrenlos sind, zu welcher das Grundbuch als angelegt anzusehen ist. Die Vorschrift des Artikel 128 findet entsprechende Anwendung.

Artikel 190.

Die bisherigen Gesetze über den Schutz im Besitz einer Grunddienstbarkeit oder einer beschränkten persönlichen Dienstbarkeit finden auch nach dem Inkrafttreten des Bürgerlichen Gesetzbuchs Anwendung, bis das Grundbuch für das belastete Grundstück als angelegt anzusehen ist.

Von der Zeit an, zu welcher das Grundbuch als angelegt anzusehen ist, finden zum Schutze der Ausübung einer Grunddienstbarkeit, mit welcher das Halten einer dauernden Anlage verbunden ist, die für den Besitzschutz geltenden Vorschriften des Bürgerlichen Gesetzbuchs entsprechende Anwendung, solange Dienstbarkeiten dieser Art nach Artikel 127 oder Artikel 186 zur Erhaltung der Wirksamkeit gegenüber dem öffentlichen Glauben des Grundbuchs nicht der Eintragung bedürfen. Das Gleiche gilt für Grunddienstbarkeiten anderer Art mit der Maßgabe, daß der Besitzschutz nur gewährt wird, wenn die Dienstbarkeit in jedem der drei letzten Jahre vor der Störung mindestens einmal ausgeübt worden ist.

Artikel 191.

Ein zu der Zeit, zu welcher das Grundbuch als angelegt anzusehen ist, an einem Grundstücke bestehendes Pfandrecht gilt von dieser Zeit an als eine Hypothek, für welche die Ertheilung des Hypothekenbriefs ausgeschlossen ist. Ist der Betrag der Forderung, für die das Pfandrecht besteht, nicht bestimmt, so gilt das Pfandrecht als Sicherungshypothek.

Ist das Pfandrecht dahin beschränkt, daß der Gläubiger Befriedigung aus dem Grundstücke nur im Wege der Zwangsverwaltung suchen kann, so bleibt diese Beschränkung bestehen.

Artikel 192.

Durch Landesgesetz kann bestimmt werden, daß ein Pfandrecht, welches nach Artikel 191 nicht als Sicherungshypothek gilt, als Sicherungshypothek oder als eine Hypothek gelten soll, für welche die Ertheilung des Hypothekenbriefs nicht ausgeschlossen ist, und daß eine über das Pfandrecht ertheilte Urkunde als Hypothekenbrief gelten soll.

Artikel 193.

Durch Landesgesetz kann bestimmt werden, daß ein Gläubiger, dessen Pfandrecht zu der im Artikel 191 bezeichneten Zeit besteht, die Löschung eines im Range vorgehenden oder gleichstehenden Pfandrechts, falls dieses sich mit dem Eigenthum in einer Person vereinigt, in gleicher Weise zu verlangen berechtigt ist, wie wenn zur Sicherung des Rechtes auf Löschung eine Vormerkung im Grundbuch eingetragen wäre.

Artikel 194.

Eine zu der Zeit, zu welcher das Grundbuch als angelegt anzusehen ist, bestehende Grundschuld gilt von dieser Zeit an als Grundschuld im Sinne des Bürgerlichen Gesetzbuchs und eine über die Grundschuld ertheilte Urkunde als Grundschuldbrief. Die Vorschrift des Artikel 191 Abs. 2 findet entsprechende Anwendung.

Durch Landesgesetz kann bestimmt werden, daß eine zu der im Abs. 1 bezeichneten Zeit bestehende Grundschuld als eine Hypothek, für welche die Ertheilung des Hypothekenbriefs nicht ausgeschlossen ist, oder als Sicherungshypothek gelten soll und daß eine über die Grundschuld ertheilte Urkunde als Hypothekenbrief gelten soll.

Artikel 195.

Durch Landesgesetz kann bestimmt werden, daß auf ein an einem Grundstücke bestehendes vererbliches und übertragbares Nutzungsrecht die sich auf Grundstücke beziehenden Vorschriften und auf den Erwerb eines solchen Rechtes die für den Erwerb des Eigenthums an einem Grundstücke geltenden Vorschriften des Bürgerlichen Gesetzbuchs Anwendung finden.

Artikel 196.

In Kraft bleiben die landesgesetzlichen Vorschriften, nach welchen in Ansehung solcher Grundstücke, bezüglich deren zur Zeit des Inkrafttretens des Bürgerlichen Gesetzbuchs ein nicht unter den Artikel 61 fallendes bäuerliches Nutzungsrecht besteht, nach der Beendigung des Nutzungsrechts ein Recht gleicher Art neu begründet werden kann und der Gutsherr zu der Begründung verpflichtet ist.

Artikel 197.

Die Gültigkeit einer vor dem Inkrafttreten des Bürgerlichen Gesetzbuchs geschlossenen Ehe bestimmt sich nach den bisherigen Gesetzen.

Eine nach den bisherigen Gesetzen nichtige oder ungültige Ehe ist als von Anfang an gültig anzusehen, wenn die Ehegatten zur Zeit des Inkrafttretens des Bürgerlichen Gesetzbuchs noch als Ehegatten mit einander leben und der Grund, auf dem die Nichtigkeit oder die Ungültigkeit beruht, nach den Vorschriften des Bürgerlichen Gesetzbuchs die Nichtigkeit oder die Anfechtbarkeit der Ehe nicht zur Folge haben oder diese Wirkung verloren haben würde. Die für die Anfechtung im Bürgerlichen Gesetzbuche bestimmte Frist beginnt nicht vor dem Inkrafttreten des Bürgerlichen Gesetzbuchs.

Die nach den bisherigen Gesetzen erfolgte Ungültigkeitserklärung einer Ehe steht der Nichtigkeitserklärung nach dem Bürgerlichen Gesetzbuche gleich.

Artikel 198.

Die persönlichen Rechtsbeziehungen der Ehegatten zu einander, insbesondere die gegenseitige Unterhaltspflicht, bestimmen sich auch für die zur Zeit des Inkrafttretens des Bürgerlichen Gesetzbuchs bestehenden Ehen nach dessen Vorschriften.

Artikel 199.

Für den Güterstand einer zur Zeit des Inkrafttretens des Bürgerlichen Gesetzbuchs bestehenden Ehe bleiben die bisherigen Gesetze maßgebend. Dies gilt insbesondere auch von den Vorschriften über die erbrechtlichen Wirkungen des Güterstandes und von den Vorschriften der französischen und der badischen Gesetze über das Verfahren bei Vermögensabsonderung unter Ehegatten.

Eine nach den Vorschriften des Bürgerlichen Gesetzbuchs zulässige Regelung des Güterstandes kann durch Ehevertrag auch dann getroffen werden, wenn nach den bisherigen Gesetzen ein Ehevertrag unzulässig sein würde.

Soweit die Ehefrau nach den für den bisherigen Güterstand maßgebenden Gesetzen in Folge des Güterstandes oder der Ehe in der Geschäftsfähigkeit beschränkt ist, bleibt diese Beschränkung in Kraft, solange der bisherige Güterstand besteht.

Artikel 200.

Die Scheidung erfolgt von dem Inkrafttreten des Bürgerlichen Gesetzbuchs an nach dessen Vorschriften.

Hat sich ein Ehegatte vor dem Inkrafttreten des Bürgerlichen Gesetzbuchs einer Verfehlung der in den §§. 1548 bis 1551 des Bürgerlichen Gesetzbuchs bezeichneten Art schuldig gemacht, so kann auf Scheidung nur erkannt werden, wenn die Verfehlung auch nach den bisherigen Gesetzen ein Scheidungsgrund oder ein Trennungsgrund war.

Artikel 201.

Für die Wirkungen einer beständigen oder zeitweiligen Trennung von Tisch und Bett, auf welche vor dem Inkrafttreten des Bürgerlichen Gesetzbuchs erkannt worden ist, bleiben die bisherigen Gesetze maßgebend. Dies gilt insbesondere auch von den Vorschriften, nach denen eine bis zu dem Tode eines der Ehegatten fortbestehende Trennung in allen oder einzelnen Beziehungen der Auflösung der Ehe gleichsteht.

Artikel 202.

Das Rechtsverhältniß zwischen den Eltern und einem vor dem Inkrafttreten des Bürgerlichen Gesetzbuchs geborenen ehelichen Kinde bestimmt sich von dem Inkrafttreten des Bürgerlichen Gesetzbuchs an nach dessen Vorschriften. Dies gilt insbesondere auch in Ansehung des Vermögens, welches das Kind vorher erworben hat.

Artikel 203.

Ist der Vater oder die Mutter zur Zeit des Inkrafttretens des Bürgerlichen Gesetzbuchs in der Sorge für die Person oder für das Vermögen des Kindes durch eine Anordnung der zuständigen Behörde beschränkt, so bleibt die Beschränkung in Kraft. Das Vormundschaftsgericht kann die Anordnung nach §. 1648 des Bürgerlichen Gesetzbuchs aufheben.

Ist dem Vater oder der Mutter die Nutznießung an dem Vermögen des Kindes durch Anordnung der zuständigen Behörde entzogen, so hat das Vormundschaftsgericht die Anorduung auf Antrag aufzuheben, es sei denn, daß die Entziehung der Nutznießung nach §. 1643 Abs. 3 des Bürgerlichen Gesetzbuchs gerechtfertigt ist.

Artikel 204.

Hat der Vater vor dem Inkrafttreten des Bürgerlichen Gesetzbuchs auf Grund der bisherigen Gesetze die Mutter von der Vormundschaft über das Kind ausgeschlossen oder der Mutter einen Beistand zugeordnet, so gilt die Anordnung des Vaters von dem Inkrafttreten des Bürgerlichen Gesetzbuchs an als Anordnung der Bestellung eines Beistandes für die Mutter im Sinne des Bürgerlichen Gesetzbuchs.

Artikel 205.

Ist auf Grund der bisherigen Gesetze eine Ehe geschieden oder in Folge der Todeserklärung eines der Ehegatten aufgelöst oder ist auf Trennung der Ehegatten von Tisch und Bett erkannt worden, so bestimmen sich das Recht und die Pflicht der Eltern, für die Person der gemeinschaftlichen Kinder zu sorgen, nach den bisherigen Gesetzen; die Vorschriften des §. 1613 Abs. 1 Satz 2, Abs. 2 und des §. 1614 des Bürgerlichen Gesetzbuchs finden jedoch Anwendung.

Artikel 206.

Inwieweit die Kinder aus einer vor dem Inkraftreten des Bürgerlichen Gesetzbuchs geschlossenen nichtigen oder ungültigen Ehe als eheliche Kinder anzusehen sind und inwieweit der Vater und die Mutter die Pflichten und Rechte ehelicher Eltern haben, bestimmt sich nach den bisherigen Gesetzen.

Artikel 207.

Die rechtliche Stellung eines vor dem Inkrafttreten des Bürgerlichen Gesetzbuchs geborenen unehelichen Kindes bestimmt sich von dem Inkrafttreten des Bürgerlichen Gesetzbuchs an nach dessen Vorschriften; für die Erforschung der Vaterschaft, für das Recht des Kindes, den Familiennamen des Vaters zu führen, sowie für die Unterhaltspflicht des Vaters bleiben jedoch die bisherigen Gesetze maßgebend.

Inwieweit einem vor dem Inkrafttreten des Bürgerlichen Gesetzbuchs außerehelich erzeugten Kinde aus einem besonderen Grunde, insbesondere wegen Erzeugung im Brautstande, die rechtliche Stellung eines ehelichen Kindes zukommt und inwieweit der Vater und die Mutter eines solchen Kindes die Pflichten und Rechte ehelicher Eltern haben, bestimmt sich nach den bisherigen Gesetzen.

Die Vorschriften des Abs. 1 gelten auch für ein nach den französischen oder den badischen Gesetzen anerkanntes Kind.

Artikel 208.

Inwieweit ein vor dem Inkrafttreten des Bürgerlichen Gesetzbuchs legitimirtes oder an Kindesstatt angenommenes Kind die rechtliche Stellung eines ehelichen Kindes hat und inwieweit der Vater und die Mutter die Pflichten und Rechte ehelicher Eltern haben, bestimmt sich nach den bisherigen Gesetzen.

Artikel 209.

Auf eine zur Zeit des Inkrafttretens des Bürgerlichen Gesetzbuchs bestehende Vormundschaft oder Pflegschaft finden von dieser Zeit an die Vorschriften des Bürgerlichen Gesetzbuchs Anwendung. Ist die Vormundschaft wegen eines körperlichen Gebrechens angeordnet, so gilt sie als eine nach §. 1886 Abs. 1 des Bürgerlichen Gesetzbuchs angeordnete Pflegschaft. Ist die Vormundschaft wegen Geistesschwäche angeordnet, ohne daß eine Entmündigung erfolgt ist, so gilt sie als eine nach §. 1886 Abs. 2 des Bürgerlichen Gesetzbuchs für die Vermögensangelegenheiten des Geistesschwachen angeordnete Pflegschaft.

Die bisherigen Vormünder und Pfleger bleiben im Amte. Das Gleiche gilt im Geltungsbereiche der preußischen Vormundschaftsordnung vom 5. Juli 1875 für den Familienrath und dessen Mitglieder. Ein Gegenvormund ist zu entlassen, wenn nach den Vorschriften des Bürgerlichen Gesetzbuchs ein Gegenvormund nicht zu bestellen sein würde.

Artikel 210.

Die nach den französischen oder den badischen Gesetzen für einen Geistesschwachen angeordnete Bestellung eines Beistandes verliert mit dem Ablaufe von sechs Monaten nach dem Inkrafttreten des Bürgerlichen Gesetzbuchs ihre Wirkung.

Artikel 211.

In Kraft bleiben die landesgesetzlichen Vorschriften, nach welchen gewisse Werthpapiere zur Anlegung von Mündelgeld für geeignet erklärt sind.

Artikel 212.

Für die erbrechtlichen Verhältnisse bleiben, wenn der Erblasser vor dem Inkrafttreten des Bürgerlichen Gesetzbuchs gestorben ist, die bisherigen Gesetze maßgebend. Dies gilt insbesondere auch von den Vorschriften über das erbschaftliche Liquidationsverfahren.

Artikel 213.

Die vor dem Inkrafttreten des Bürgerlichen Gesetzbuchs erfolgte Errichtung oder Aufhebung einer Verfügung von Todeswegen wird nach den bisherigen Gesetzen beurtheilt, auch wenn der Erblasser nach dem Inkrafttreten des Bürgerlichen Gesetzbuchs stirbt.

Das Gleiche gilt für die Bindung des Erblassers bei einem Erbvertrag oder einem gemeinschaftlichen Testamente, sofern der Erbvertrag oder das Testament vor dem Inkrafttreten des Bürgerlichen Gesetzbuchs errichtet worden ist.

Artikel 214.

Wer vor dem Inkrafttreten des Bürgerlichen Gesetzbuchs die Fähigkeit zur Errichtung einer Verfügung von Todeswegen erlangt und eine solche Verfügung errichtet hat, behält die Fähigkeit, auch wenn er das nach dem Bürgerlichen Gesetzbuch erforderliche Alter noch nicht erreicht hat.

Die Vorschriften des §. 2204 des Bürgerlichen Gesetzbuchs finden auf ein Testament Anwendung, das ein nach dem Inkrafttreten des Bürgerlichen Gesetzbuchs gestorbener Erblasser vor diesem Zeitpunkt errichtet hat.

Artikel 215.

Die landesgesetzlichen Vorschriften, nach welchen Mitglieder gewisser ritterschaftlicher Familien bei der Ordnung der Erbfolge in ihren Nachlaß durch das Pflichttheilsrecht nicht beschränkt sind, bleiben in Ansehung derjenigen Familien in Kraft, welchen dieses Recht zur Zeit des Inkrafttretens des Bürgerlichen Gesetzbuchs zusteht.

Artikel 216.

Die vor dem Inkrafttreten des Bürgerlichen Gesetzbuchs erfolgte Errichtung eines Erbverzichtsvertrags sowie die Wirkungen eines solchen Vertrags bestimmen sich nach den bisherigen Gesetzen.

Das Gleiche gilt von einem vor dem Inkrafttreten des Bürgerlichen Gesetzbuchs geschlossenen Vertrage, durch den ein Erbverzichtsvertrag aufgehoben worden ist.

Artikel 217.

Soweit nach den Vorschriften dieses Abschnitts die bisherigen Landesgesetze maßgebend bleiben, können sie nach dem Inkrafttreten des Bürgerlichen Gesetzbuchs durch Landesgesetz auch geändert werden.

Urkundlich ꝛc.

Gegeben ꝛc.

Druck von A. W. Hayn's Erben, Potsdam.

Materialien

zu dem

dritten Abschnitte

des

Entwurfes eines Einführungsgesetzes

zum

Bürgerlichen Gesetzbuche.

(Verhältniß des Bürgerlichen Gesetzbuchs zu den Landesgesetzen.)

Auszüge aus den Motiven des Entwurfes erster Lesung und aus den Protokollen zweiter Lesung.

Berlin SW.48.
Wilhelmstraße 119/120.
J. Guttentag, Verlagsbuchhandlung.
1896.

Zu Artikel 53.

Der Art. 53 stimmt mit dem Art. 32 des Entwurfes erster Lesung überein.

Aus den Motiven (S. 146 ff.):

Gegenüber dem Landesrechte hat das Bürgerliche Gesetzbuch den Karakter einer Kodifikation, welche den ihr angehörigen Rechtsstoff ausschließlich, d. h. dergestalt regelt, daß neben ihr keine anderweiten Rechtsnormen Geltung haben oder künftig Geltung erlangen. Das Landesprivatrecht wird in seiner Gesammtheit aufgehoben und ausgeschlossen, mag es mit dem im Bürgerlichen Gesetzbuch enthaltenen Rechte inhaltlich übereinstimmen, diesem Rechte widerstreiten oder Lücken seiner Satzungen ergänzen. Jede privatrechtliche Bestimmung des Landesrechts muß, wenn sie ausnahmsweise in Geltung bleiben soll, durch einen Vorbehalt geschützt, jedes Institut, welches ausnahmsweise partikularrechtlicher Regelung überlassen bleiben soll, als solches bezeichnet sein. Die Reichsprozeßgesetze sind gegenüber dem Landesprozeßrecht in gleicher Weise vorgegangen — Einführungsgesetze zur Civilprozeßordnung § 14, zur Konkursordnung § 4, zur Strafprozeßordnung § 6.

Gegenstand der Kodifikation ist das bürgerliche Recht. Rechtstheile, welche dem bürgerlichen Rechte nicht angehören, werden grundsätzlich nicht berührt. Wenn das Bürgerliche Gesetzbuch, aus besonderen Gründen über den ihm gezogenen Kreis hinausgreifend, Vorschriften aufgenommen hat, welche einem fremden Rechtszweig angehören, so beschränkt die Wirkung solchen Eingreifens sich darauf, daß die für den fremden Rechtszweig geltenden Normen ihre Geltung in soweit verlieren, als sie von den übergreifenden Vorschriften verdrängt werden. Enthalten Landesgesetze, welche ihrem Hauptgegenstande nach Materien betreffen, die dem bürgerlichen Rechte nicht angehören, zugleich privatrechliche Bestimmungen, so unterstehen die letzteren dem Kodifikationsprinzipe. Die Kodifikation erstreckt sich auch auf Vorschriften, die zwar insofern einen öffentlich-rechtlichen Karakter aufweisen, als sie, aus Bedürfnissen des inneren Staatsrechts hervorgegangen, ihrem Grunde und Zwecke nach darauf gerichtet sind, Institutionen des öffentlichen Rechtes vor Verfall zu schützen, zu pflegen und zu fördern, die aber ihrem Inhalte nach gleichwohl einen Teil der Regelung des bürgerlichen Verkehrs ausmachen und deshalb den Normen des bürgerlichen Rechtes zugezählt werden müssen.

Eine Begriffsbestimmung des bürgerlichen Rechtes ist nicht gegeben. So unentbehrlich eine feste Umgrenzung dieses die Tragweite der Kodifikation bedingenden und beherrschenden Begriffs bei dem gegenüber dem Landesprivatrecht eingenommenen Standpunkte zu sein scheint, so muß doch angesichts der Schwierigkeiten, welche einer nach allen Seiten zutreffenden, erschöpfenden Lösung sich entgegenstellen, auf einen in dieser Richtung sich bewegenden Versuch verzichtet werden. Die Schwierigkeiten liegen namentlich auf dem Gebiete der Abgrenzung gegenüber dem öffentlichen Rechte. Die Grenze gegenüber diesem läßt sich nicht aprioristisch, sondern nur an der Hand der Rechtsentwickelung, die in den einzelnen Bundesstaaten zum Theile sich verschieden gestaltet hat, in befriedigender Weise bestimmen. Es erübrigt nichts, als der Jurisprudenz die Aufgabe zuzuweisen, da, wo es fraglich sein mag, ob eine Vorschrift dem bürgerlichen oder öffentlichen Rechte angehört, die der Sachlage entsprechende Entscheidung im Einklange mit der Verfassung und den öffentlichen Einrichtungen der einzelnen Bundesstaaten zu treffen. Die in der Sache liegenden Bedenken mindern sich übrigens durch die aufgestellten Einzelvorschriften. Diese überweisen nicht nur verschiedene dem Grenzgebiete angehörende Materien ausdrücklich der landesgesetzlichen Regelung, sondern bezwecken zum Theile auch unmittelbar, die Abgrenzung erkennbar zu machen, soweit dies in einer die Rechtssicherheit fördernden Weise geschehen kann.

Die Vorschrift des Artikel erstreckt und beschränkt sich auf das materielle Landesprivatrecht. Getroffen werden von der Außerkraftsetzung auch diejenigen landesgesetzlichen Bestimmungen, welche von bereits erlassenen Reichsgesetzen in Bezug genommen sind. Der Umstand, daß die Absicht des verweisenden Reichsgesetzes möglicherweise dahin gegangen ist, der partikularrechtlichen Vorschrift Geltung kraft Reichsrechtes zu sichern, kann nicht entscheiden. Die betreffenden Vorbehalte sind ohne Rücksicht auf das dem Bürgerlichen Gesetzbuche zu Grunde liegende Kodifikationsprinzip gemacht; den einschlagenden Reichsgesetzen hat die Entscheidung darüber, ob die in Bezug genommenen partikularrechtlichen Vorschriften neben dem Bürgerlichen Gesetzbuche Geltung haben sollen, fern gelegen. Ausnahmen treten nur insoweit ein, als landesgesetzlichen Vorschriften reichsgesetzliche Kraft besonders beigelegt ist (vergl. z. B. § 75 Abs. 2 des Gesetzes vom 6. Februar 1875, Reichs-Gesetzbl. S. 23); solchenfalls handelt es sich überhaupt nicht mehr um eine landesgesetzliche, sondern um eine reichsgesetzliche Vorschrift.

Die Vorbehalte, durch welche im dritten Abschnitte dem bestehenden Landesrechte beziehungsweise fernerer landesgesetzlicher Regelung Raum gelassen wird, beruhen, soweit sie nicht lediglich dazu dienen, für besonders zweifelhafte Fälle die Kompetenzgrenzen festzustellen, auf der Erwägung, daß einer Materie oder einem einzelnen Verhältnisse Besonderheiten eigen sind, welche der gemeinsamen reichsrechtlichen Regelung widerstreben, sei es, weil örtliche Beziehungen eine verschiedene gesetzgeberische Behandlung erheischen, oder weil der Zusammenhang, in welchem die Materie beziehungsweise das Verhältniß mit staatlichen und politischen Einrichtungen steht, das fernere Walten der bundesstaatlichen Gesetzgebung wünschenswerth macht.

Die einzelnen Vorbehalte zu Gunsten der Landesgesetze sind theils allgemeiner, theils spezieller Natur. Ist dem Landesrechte generell eine Materie zugewiesen, so werden durch den Vorbehalt alle Normen getroffen, welche die Regelung der Materie zum Gegenstande haben. Zu einer Durchbrechung der allgemeinen Vorschriften des Bürgerlichen Gesetzbuchs wird durch die Beschaffenheit der betreffenden Materie bei einem künftigen Eingreifen der Landesgesetzgebung begründeter Anlaß nicht häufig gegeben sein. An und für sich sind auch in Ansehung der allgemeinen Vorschriften des Bürgerlichen Gesetzbuchs auf dem vorbehaltenen Gebiete Abweichungen statthaft; es steht nichts entgegen, daß die Landesgesetzgebung Sonderbestimmungen trifft über die Formerfordernisse eines Rechtsgeschäfts, über die Statthaftigkeit oder Unstatthaftigkeit von Bedingungen oder Zeitbestimmungen, über die Verjährung, über die Wirksamkeit des rechtskräftigen Urtheils gegen Dritte, über die das Grundbuchrecht betreffenden Fragen u. s. w. Ebenso schließt die Beseitigung der Institute der unvordenklichen Verjährung und der Wiedereinsetzung in den vorigen Stand durch das Bürgerliche Gesetzbuch nicht aus, daß landesgesetzliche Vorschriften über unvordenkliche Verjährung und Wiedereinsetzung in den vorigen Stand für eine vorbehaltene Materie getroffen werden können beziehungsweise bereits getroffene derartige Vorschriften ihre Kraft behalten. In Kraft bleiben nicht minder diejenigen bestehenden Vorschriften, welche zwar inhaltlich von dem bisherigen gemeinen Privatrechte nicht abweichen, nach der Absicht des betreffenden Gesetzes aber nicht lediglich die Bedeutung einer erläuternden Wiederholung des gemeinen Rechts haben, sondern einen Bestandtheil des Spezialrechts bilden sollen.

Wie weit andere weniger allgemein gefaßte Vorbehalte tragen, muß der Fassung derselben entnommen werden.

Zu Artikel 54.

Die Vorschrift ist bei der zweiten Lesung neu aufgenommen worden.

Aus den Protokollen (S. 8780 ff.):

Der Entwurf erster Lesung habe nach dem Vorgange der Einführungsgesetze zum Gerichtsverfassungsgesetz und zur Civilprozeßordnung von einer besonderen Stellungnahme zu den privatrechtlichen Bestimmungen, die in den von den einzelnen Bundesstaaten mit ausländischen Staaten abgeschlossenen Staatsverträgen enthalten seien, abgesehen, weil es als selbstverständlich anzusehen sei, daß Staatsverträge, welche von einzelnen Bundesstaaten mit ausländischen Staaten abgeschlossen seien, durch die Reichsgesetzgebung nicht berührt würden. Diese Auffassung könne jedoch als zutreffend nicht anerkannt werden. An sich komme den in den Landesstaatsverträgen enthaltenen Rechtssätzen gegenüber einem Reichsgesetze keine größere Kraft zu als den landesgesetzlichen Vorschriften. Die Rücksicht auf die Beziehungen der Bundesstaaten zum Ausland erfordere indessen die Aufrechterhaltung der bestehenden Staatsverträge. Der Rechtseinheit auf dem Gebiete des Privatrechts geschehe dadurch nicht in nennenswerther Weise Abbruch.

Zu Artikel 55.

Der Art. 55 stimmt mit dem Art. 33 des Entwurfes erster Lesung überein.

Aus den Motiven (S. 154):

Die Vorschrift, welche in den Motiven zum Entwurf eines Bürgerlichen Gesetzbuchs Bd. 1 S. 10, 11[1]) des Näheren begründet worden ist, hat in dem dritten, nicht in dem ersten Abschnitt Aufnahme gefunden, weil das betreffende Sonderrecht dem Gebiete des

[1] An der bezeichneten Stelle ist ausgeführt:

Die Autonomie der souveränen Häuser muß, wie sie bisher bestanden hat, auch ferner bestehen. Die Aufrechterhaltung des Sonderrechts dieser Häuser ist ebensowohl durch deren besondere staatsrechtliche Stellung als durch den engen Zusammenhang geboten, in welchem das Sonderrecht mit dem geltenden Staatsrechte steht. Die Normen, betreffend die Volljährigkeit, das Vormundschaftswesen, die Unveräußerlichkeit des Familienguts, die in dasselbe stattfindende Individualsukzession u. s. w., gehören in Ansehung der regierenden Familien nach der einen Seite dem Privatrechte, nach der anderen Seite dem Staatsrecht an und bilden in letzterer Hinsicht in wichtigen Beziehungen die Grundlage bestehender staatsrechtlicher Verhältnisse. Das Bürgerliche Gesetzbuch kann insoweit nur subsidiäre Geltung haben; es gehen ihm vor sowohl die zur Zeit der Einführung bestehenden als auch die künftig erlassenen Haus- oder landesgesetzlichen Vorschriften.

Landesrechts angehört, der Vorbehalt mithin systematisch unter den landesgesetzlichen Vorbehalten seine Stelle zu finden hat. Die Fassung schließt sich den entsprechenden Bestimmungen der Einführungsgesetze zum Gerichtsverfassungsgesetze (§ 5), zur Civilprozeßordnung (§ 5), zur Konkursordnung (§ 7), zur Strafprozeßordnung (§ 4) an. Die einzelne Hausverfassung entscheidet auch darüber, inwieweit einseitige Bestimmungen des Hauptes des Hauses oder auf Observanzen beruhende Vorschriften wirksam sind.

Aus den Protokollen (S. 8782 und Prot. der 455. Sitzung):

Der Art. 33 wurde bei der zweiten Lesung nicht beanstandet. Man war einverstanden, daß, wenn in den nach den Art. 33, 34 (jetzt 55, 56) aufrecht erhaltenen besonderen Vorschriften der Hausverfassungen oder der Landesgesetze subsidiär auf das allgemeine bürgerliche Recht verwiesen werde, es nach Maßgabe des Art. 4 Auslegungsfrage sei, ob sich die Verweisung auf das bisherige oder auf das jeweilig geltende allgemeine bürgerliche Recht beziehe. Im ersteren Falle blieben in den Grenzen der Vorbehalte auch die bisherigen Vorschriften des allgemeinen bürgerlichen Rechtes in Kraft. Als subsidiäre Quelle der durch die bezeichneten Artikel aufrechterhaltenen Sonderrechte komme auch das gemeine deutsche Privatrecht in Betracht (vergl. Entscheidungen des Reichsgerichts in Civilsachen II Nr. 39 S. 149, XXVI Nr. 26 S. 149 ff.).

Zu Artikel 56.

Der dem Art. 56 entsprechende Art. 34 des Entwurfes erster Lesung lautet:

> In Ansehung der Familienverhältnisse und der Güter der ehemals reichsständischen seit 1806 mittelbar gewordenen Häuser sowie des ehemaligen Reichsadels bleiben die Vorschriften der Landesgesetze sowie nach Maßgabe der Landesgesetze die Vorschriften der Hausverfassungen unberührt.

Aus den Motiven (S. 155 ff.):

Der in den Motiven zum Entwurf eines Bürgerlichen Gesetzbuchs Bd. 1 S. 11 bis 14[1]) enthaltenen Darlegung ist nur noch

---

[1]) An der bezeichneten Stelle ist ausgeführt:

Die Autonomie der mediatisirten, vormals reichsständischen Häuser ist zur Anerkennung gelangt in dem Art. XIV der Bundesakte vom 8. Juni 1815. Der Artikel lautet auszugsweise in seinen hier erheblichen Bestimmungen:

> Um den im Jahre 1806 und seitdem mittelbar gewordenen ehemaligen Reichsständen und Reichsangehörigen, in Gemäßheit der gegenwärtigen Verhältnisse, in allen Bundesstaaten einen gleichförmigbleiben-

Folgendes hinzuzufügen. Die autonomischen Satzungen der ehemals reichsständischen, seit 1806 mittelbar gewordenen Familien sind, hingesehen auf ihren unmittelbaren Ursprung, keine landesgesetzlichen Normen; sie beruhen auf einer besonderen Quelle, aber auf einer nach den heutigen Verhältnissen der Landesgesetzgebung untergeordneten Quelle. Die Landesgesetzgebung kann die autonomische Verfügungsgewalt beseitigen, die auf derselben beruhenden Normen aufheben oder durch anderweite Bestimmungen ersetzen.

---

den Rechtszustand zu verschaffen, so vereinigen die Bundesstaaten sich dahin:

a) daß diese fürstlichen und gräflichen Häuser fortan nichtsdestoweniger zu dem hohen Adel in Deutschland gerechnet werden und ihnen das Recht der Ebenbürtigkeit, in dem bisher damit verbundenen Begriff, verbleibt;

b) 2c.

c) es sollen ihnen überhaupt in Rücksicht ihrer Personen, Familien und Besitzungen alle diejenigen Rechte und Vorzüge zugesichert werden oder bleiben, welche aus ihrem Eigenthum und dessen ungestörtem Genusse herrühren und nicht zu der Staatsgewalt und den höheren Regierungsrechten gehören.

Unter vorerwähnten Rechten sind insbesondere und namentlich begriffen:

1. 2c.
2. werden nach den Grundsätzen der früheren deutschen Verfassung die noch bestehenden Familienverträge aufrecht erhalten und ihnen die Befugniß zugesichert, über ihre Güter und Familienverhältnisse verbindliche Verfügungen zu treffen, welche jedoch dem Souverän vorgelegt und bei den höchsten Landesstellen zur allgemeinen Kenntniß und Nachachtung gebracht werden müssen. Alle bisher dagegen erlassenen Verordnungen sollen für künftige Fälle nicht weiter anwendbar sein;
3. 2c.
4. 2c.

Bei der näheren Bestimmung der angeführten Befugnisse sowohl, wie überhaupt und in allen übrigen Punkten wird zur weiteren Begründung und Feststellung eines in allen deutschen Bundesstaaten übereinstimmenden Rechtszustandes der mittelbar gewordenen Fürsten, Grafen und Herren, die in dem Betreff erlassene Königlich bayrische Verordnung vom Jahre 1807 als Basis und Norm unterlegt werden.

In den Staaten, in deren Gebieten Besitzungen ehemaliger Reichsstände sich befinden, sind zum Zwecke der Ausführung der bundesrechtlichen Zusicherungen fast durchgängig Vorschriften erlassen worden, welche im Ganzen und Großen den der Nr. 2 des Art. XIV der Bundesakte entsprechenden Rechtszustand landesgesetzlich verwirklicht haben. Von dem sächsischen Gesetzbuch §. 29 ist der Autonomie des mittelbaren hohen Adels durch die Bestimmung

Es ist auch das Güter- und Familienrecht der mediatisirten Häuser in seinem dermaligen Bestande nicht ausschließlich durch autonomische Vorschriften und Familienobservanzen geregelt. Neben den Rechtssätzen dieses Ursprunges bestehen in verschiedenen Staaten namentlich in Ansehung des Familien-Stammguts und auf dem Gebiete des Vormundschaftsrechts landesgesetzliche Vorschriften, deren Verhältniß zu den statutarischen Normen sich nach Landesrecht bestimmt. Bei der Zuständigkeit und Ausübung der Autonomie seitens der mediatisirten Häuser nach Maßgabe der Landesgesetze hat es auch

---

Rechnung getragen, daß Statuten, Hausgesetze und Familienverträge, welche dem öffentlichen Rechte gemäß errichtet sind, den allgemeinen bürgerlichen Gesetzen vorgehen.

Die Reichsgesetzgebung hat bei der Gerichtsorganisation Veranlassung gehabt, zu den Sonderrechten des mittelbaren hohen Adels in Ansehung der Gerichtsbarkeit Stellung zu nehmen. Die Entscheidung ist gegen den Fortbestand dieses Sonderrechts ausgefallen (Gerichtsverfassungsgesetz § 15; Mot. zu § 4 des Entw. dieses Gesetzes Ziff. I, 2). Der gleiche Standpunkt kann in Ansehung der Autonomie in Frage kommen. Die Autonomie der mediatisirten Häuser hat mit der Aufhebung des Deutschen Bundes ihre außerhalb des Landesrechts liegende staatsrechtliche Grundlage verloren. Weggefallen ist die bundesgrundgesetzliche Gewähr; weggefallen die Verpflichtung der Einzelstaaten, den bundesrechtlich geordneten Rechtszustand unangetastet zu lassen, -- eine Verpflichtung, welche den Bundesstaaten unter einander, nicht gegenüber den Mediatisirten oblag. Die Reichsgesetzgebung steht der Autonomie des mittelbaren hohen Adels mit derselben Machtvollkommenheit gegenüber wie dem Gesetzgebungsrechte der Einzelstaaten. Desgleichen treffen die für die Aufrechterhaltung des Sonderrechts der regierenden Häuser ausschlaggebenden Gründe in Ansehung der Familien des mittelbaren hohen Adels nicht zu. Die Häupter und Mitglieder dieser Familien sind Unterthanen; das für sie geltende besondere Recht hat die dem Sonderrechte der regierenden Häuser eigene staatsrechtliche Seite nicht aufzuweisen. Gleichwohl sprechen gewichtige Erwägungen dafür, den mediatisirten Häusern Raum für die Bethätigung ihrer Autonomie innerhalb gewisser Schranken zu belassen. Es liegt im öffentlichen Interesse, daß diesen Familien die Möglichkeit gewährt wird, die auf ihrer Ebenbürtigkeit beruhende Standesgenossenschaft mit den regierenden Häusern aufrechtzuerhalten, und dies hat eine entsprechende Sondergestaltung ihres Güter- und Familienrechts zur nothwendigen Voraussetzung. Dazu kommt, daß eine völlige Beseitigung des bestehenden bezüglichen Sonderrechts nicht wohl angängig ist. Vermöge der eigenartigen Natur des autonomen Rechtes, welcher zufolge die Setzung der Norm und die rechtsgeschäftliche Anwendung der gesetzten Norm vielfach zusammenfallen, würde namentlich die Beseitigung des besonderen Güterrechts einen schweren Eingriff in erworbene Rechte und rechtlich geschützte Aussichten enthalten. Die Stammgutsverbände können nicht für aufgelöst, die Familiengüter nicht für freies, dem gewöhnlichen Erbgange unterworfenes Vermögen erklärt werden. Eine solche Umwälzung privater Verhältnisse, welche mit dem Entwickelungsgange der Rechtsgeschichte

fernerhin zu bewenden. Das Sonderrecht dieser Häuser von der Landesgesetzgebung loszulösen und im Wege des Reichsrechts selbstständig zu stellen, verbietet der Gang der geschichtlichen Entwickelung, welchem Rechnung getragen werden muß. Der Entwurf vermeidet deshalb auch, in landesgesetzliche Bestimmungen einzugreifen, welche die Wirksamkeit der autonomischen Verfügungen von Regierungsakten abhängig machen. Wie es sich nicht rechtfertigen ließe, über die in den mediatisirten Familien vorhandene Besonderheit der Rechtsbildung ohne Weiteres hinwegzugehen, so würde es andererseits unthunlich sein, die landesrechtliche Gestaltung des Verhältnisses unberücksichtigt zu lassen und die verschieden gedeuteten und

---

in unmittelbarem Zusammenhange stehen, ihrer Natur nach auf die Dauer von Geschlechtern berechnet sind und den Mittelpunkt großer, weitverzweigter, über den Familienkreis hinausreichender Interessen bilden, wäre nur dann gerechtfertigt, wenn sie von dem öffentlichen Wohle in gebieterischer Weise gefordert würde. Soweit es aber bei dem bestehenden Sonderrechte zu bewenden hat, ist auch die Möglichkeit zu eröffnen, dieses Recht nach Maßgabe der jeweiligen Verhältnisse und Bedürfnisse zu ändern, dasselbe zeitgemäß fortzubilden, zu ergänzen und zu läutern. Eine erhebliche Beeinträchtigung der Rechtseinheit ist damit nicht verbunden.

Die Autonomie des vormals reichsritterschaftlichen Adels hat in dem Art. XIV der vormaligen deutschen Bundesakte gleichfalls Berücksichtigung gefunden. Die Schlußsätze des Artikels lauten:

> „Dem ehemaligen Reichsadel werden die sub Nr. 1 und 2 angeführten Rechte" — (betr. die Freiheit der Wahl des Aufenthaltsorts und die Familienautonomie) —, „Antheil der Begüterten an Landstandschaft, Patrimonial- und Forstgerichtsbarkeit, Ortspolizei, Kirchen-Patronat und der privilegirte Gerichtsstand zugesichert. Diese Rechte werden jedoch nur nach Vorschrift der Landesgesetze ausgeübt.
>
> In den durch den Frieden von Lüneville vom 9. Februar 1801 von Deutschland abgetretenen und jetzt wieder damit vereinigten Provinzen werden bei Anwendung der obigen Grundsätze auf den ehemaligen unmittelbaren Reichsadel diejenigen Beschränkungen stattfinden, welche die dort bestehenden Verhältnisse nothwendig machen."

Der Autonomie des reichsritterschaftlichen Adels ist in den einzelnen Staaten nicht die gleiche günstige Behandlung zu Theil geworden wie derjenige der mediatisirten Reichsstände.

Soweit dieselbe besteht, hat sie im Wesentlichen nur die Regelung der Stammgüter und Familienfideikommisse zum Gegenstande. In einzelnen Staaten sind dem reichsritterschaftlichen Adel auch Familien sonstiger Kategorieen des niederen Adels durch Verleihung derselben Befugnisse gleichgestellt. Die Institute des Stammgutes und des Familienfideikommisses werden, von einzelnen Bestimmungen abgesehen, nicht in den Bereich der Kodifikation gezogen; insoweit bewendet es bei dem Landesrechte. Es bestimmt sich demgemäß auch nach Landesrecht, inwieweit eine autonomische Beliebung auf diesem Gebiete künftig statthaft ist.

in verschiedener Weise ausgeführten Bestimmungen der vormaligen Deutschen Bundesakte zum Ausgangspunkt eingreifender reichsrechtlicher Vorschriften zu machen. Es kommt insbesondere in Betracht, daß ein Versuch, das in Rede stehende Sonderrecht reichsrechtlich von der Landesgesetzgebung zu lösen, die Landesgesetzgebung in einer Materie beschränken würde, welche für die einzelnen Staaten eine staatsrechtliche Bedeutung hat. Der Versuch wäre um so bedenklicher, als in der Reichsverfassung ein das Sonderrecht des mediatisirten hohen Adels reichsrechtlich sichernder Vorbehalt sich nicht findet.

Von der Aufstellung besonderer Schranken ist, vorbehaltlich der Bestimmung des Art. 37 (jetzt 59), abgesehen. Bei der Unsicherheit, welche in Ansehung des Umfanges der autonomischen Befugnisse der mediatisirten Familien besteht, spricht zwar Manches dafür, den Kreis der sonderrechtlichen Normen, welche der Aufhebung entzogen werden und bezüglich deren eine Neuschaffung auch künftig zulässig sein soll, durch nähere Bezeichnung ihres Gegenstandes kenntlich zu machen und zu begrenzen. Der Versuch einer derartigen Begrenzung begegnet indessen erheblichen Schwierigkeiten; die einschlagenden Vorschriften der einzelnen Hausverfassungen lassen sich vollständig kaum übersehen. Außerdem würde ein solches, durch ein zwingendes Bedürfniß nicht gebotenes Vorgehen tief in die bestehenden Hausverfassungen eingreifen und nicht wenige der betreffenden Familien zu einer Revision und Umgestaltung ihrer Satzungen nöthigen. Anstand ist auch genommen, besonders zu bestimmen, daß die Landesgesetzgebung weder die Autonomiebefugniß der Mediatisirten in Ansehung ihrer Familienverhältnisse und ihrer Güter über den bisherigen Umfang hinaus erstrecken noch auch durch unmittelbare Regelung den Bereich des Sonderrechts erweitern dürfe. Die Besorgniß, die Landesgesetzgebung könne dem Sonderrechte des mittelbaren hohen Adels eine unangemessene Ausdehnung geben, ist nach den auf diesem Gebiete gemachten Erfahrungen nicht begründet. Die Landesgesetzgebung würde aber durch eine solche Bestimmung sich insofern nicht unwesentlich beengt fühlen, als sie bei einem erforderlich werdenden Eingreifen Gefahr liefe, die unter Umständen zweifelhafte Grenze des Gebiets der Autonomie nicht einzuhalten und in Folge dessen Bestimmungen zu treffen, welche hinterher für ungültig erklärt werden könnten. Von selbst versteht es sich, daß, soweit dem Sonderrechte der Mediatisirten durch besondere, nach Art. 9 (jetzt 31) neben dem Bürgerlichen Gesetzbuch in Kraft bleibende Reichsgesetze Schranken gezogen sind, wie dies namentlich durch das Gesetz über die Beurkundung des Personenstandes und die Eheschließung vom 6. Februar 1875 (Reichs-Gesetzbl. S. 23) und durch das Gesetz, betreffend das Alter der Großjährigkeit, vom 17. Februar 1875 (Reichs-Gesetzbl. S. 71) geschehen ist, es bei diesen Schranken auch ferner sein Bewenden hat.

Die Erstreckung des Vorbehalts auf das Sonderrecht des ehemaligen Reichsadels beruht auf der Erwägung, daß, wenn das Sonderrecht des mittelbaren hohen Adels in Kraft erhalten wird, kein genügender Anlaß vorliegt, den Fortbestand jenes, auf gleicher Basis ruhenden Sonderrechts, soweit ein solches nach Maßgabe der Landesgesetze noch besteht, zu verneinen. In Ansehung einzelner Familien ist zudem zweifelhaft, ob sie den vormals reichsständischen oder nur den vormals reichsritterschaftlichen Familien angehören. Zwar sind in Folge der Beschlüsse des vormaligen Deutschen Bundes vom 18. August 1825 und 13. Februar 1829 von den einzelnen Staaten bei der Bundesversammlung diejenigen fürstlichen und gräflichen Häuser angemeldet worden, welchen das Prädikat Durchlaucht bezw. Erlaucht zukommt. Ein gemeingültiges Verzeichniß der den mittelbaren hohen Adel bildenden Häuser besteht indessen nicht.

Die Fassung der Vorschrift schließt sich in der Bezeichnung der Autonomieberechtigten und des Gegenstandes der Autonomie dem Sinne des Art. XIV der Bundesakte des vormaligen Deutschen Bundes an.

Aus den Protokollen (S. 8782 ff.):

Der Art. 34 wurde bei der zweiten Lesung unverändert angenommen.

Dabei wurde ohne Widerspruch seitens der Kommission bemerkt:

In Bayern seien durch ein Gesetz vom 26. April 1882 für die Beerbung des jeweiligen Hauptes des Fürstlich Nassauischen, jetzt Großherzoglich Luxemburgischen, Hauses die Hausgesetze für maßgebend erklärt. Eines Vorbehalts für diese Hausgesetze bedürfe es nicht, weil nach Völkerrecht kein Zweifel darüber bestehe, daß die Erbfolge in den regierenden Häusern auswärtiger Staaten sich nach den Hausgesetzen richte.

Zu Artikel 57.

Der Art. 57 stimmt mit dem Art. 35 des Entwurfes erster Lesung überein.

Aus den Motiven (S. 157 ff.):

Das Institut der Familienfideikommisse ist der Landesgesetzgebung überwiesen. Weder die grundsätzliche Beseitigung noch eine einheitliche Regelung dieser Rechtsbildung erscheint am Platze. Die Familienfideikommisse gehören in dem weitaus größeren Theile Deutschlands dem geltenden Rechte an; lediglich in der bayerischen

Rheinpfalz, in Elsaß-Lothringen und in Oldenburg (Gesetz vom 28. März 1852) sind sie ausgeschlossen; in Baden dient den Zwecken des Familienfideikommisses gleichzeitig das eigenartig geordnete Institut des Stammguts (L. R. Satz 896, 577 ca ff.). Nur die zwingendsten Gründe könnten einen so weitgehenden Eingriff in den bestehenden Rechtszustand, wie die Beseitigung der Einrichtung ihn enthalten würde, rechtfertigen, und solche Gründe sind nicht vorhanden. Das Institut der Familienfideikommisse steht zudem in den Staaten, in welchen dasselbe Geltung hat, mit der besonderen Gestaltung sozialer, wirthschaftlicher und politischer Zustände in engem Zusammenhange. Verschiedene Staaten, darunter Bayern, knüpfen an das Bestehen von Familienfideikommissen wichtige öffentlich-rechtliche Einrichtungen. In anderen Staaten sind noch in neuerer Zeit bedeutsame, auf die Fortdauer des Instituts berechnete privatrechtliche Gesetze erlassen worden; so insbesondere die Gesetze, welche die allmälige Beseitigung der Lehen zum Gegenstande haben und deren Umwandlung in Familienfideikommisse vorsehen (vergl. die in Preußen für die einzelnen Landestheile ergangenen Gesetze vom 10. Juni 1856, vom 23. März 1857, vom 23. Juli 1875, vom 3. Mai und 19. Juni 1876, vom 16. März und 28. März 1877). Die Beseitigung des Instituts könnte endlich auch nur sich auf den Ausschluß der Errichtung von Familienfideikommissen für die Zukunft beschränken. Für die bestehenden Familienfideikommisse müßte das bisherige Recht in Kraft bleiben, und zwar dergestalt, daß auch dessen Aenderung den Landesgesetzen offenstände; anderenfalls würde eine völlige Erstarrung dieser auf unbeschränkte Dauer berechneten Rechtsbildungen eintreten. Der einheitlichen Regelung des Instituts andererseits steht in erster Linie entgegen der bereits betonte Zusammenhang des Instituts mit den inneren Verhältnissen der einzelnen Staaten. Die Mannigfaltigkeit der partikularen Ausgestaltung des Familienfideikommißrechts hat ihren Grund überwiegend in der Verschiedenheit der maßgebenden thatsächlichen Verhältnisse; die Verschiedenheit der wissenschaftlichen Anschauungen ist nur von untergeordnetem Einflusse gewesen. Des Weiteren fällt ins Gewicht, daß das Institut in denjenigen Rechtsgebieten, in welchen es beseitigt ist, nicht wohl eingeführt werden kann. Der Gesetzgebung dieser Gebiete würde mindestens das Recht vorzubehalten sein, die Geltung der aufgestellten Normen auszuschließen. Von diesem Rechte würde voraussichtlich Gebrauch gemacht; Rechtseinheit wäre somit doch nicht erzielt. Eine solche Rechtseinheit ist aber auch an sich bei der rein lokalen und territorialen Bedeutung des Instituts kein unabweisbares Bedürfniß und insbesondere kein Gebot der Verkehrssicherheit.

Abstand ist davon genommen, bei der Ueberweisung der Materie an das Landesrecht diesem hinsichtlich der künftig zu errichtenden Familienfideikommisse Schranken zu ziehen. In dieser Richtung konnten Bestimmungen über die Form der Errichtung, über die Beschränkung auf Grundstücke, über die Stellung der Pflichttheilsberechtigten, über die zulässigen Erbfolgeordnungen, über die Statthaftigkeit der Aufhebung im Wege der Zustimmung der lebenden Anwärter u. s. w. in Frage kommen. Eine Nothwendigkeit zur Aufstellung solcher Normen besteht indessen nicht und es wird anerkannt werden müssen, daß, wenn die Regelung der Materie den Landesgesetzen im Allgemeinen überlassen wird, denselben angemessen auch die Ordnung der bezeichneten Punkte anheimgestellt bleibt. Die dem sachenrechtlichen Verkehr im allgemeinen Interesse gebührende Rücksicht ist durch Art. 37 (jetzt Art. 59) gewahrt.

Das Institut des Stammguts durch eine reichsgesetzliche Regelung neu zu beleben, fehlt jeder Anlaß. Andererseits sprechen im Wesentlichen dieselben Erwägungen wie bei den Familienfideikommissen dafür, das Landesrecht in Ansehung der Stammgüter, soweit solche noch bestehen, ohne weitere Beschränkung in Kraft zu erhalten. Die Gleichbehandlung mit den Familienfideikommissen ist um so räthlicher, als beide Institute nicht selten derart mit einander verschmolzen sind, daß es zweifelhaft bleibt, ob ein Stammgut oder ein Familienfideikommiß vorliegt. Das Institut des Stammguts hat überhaupt in den einzelnen Ländern eine so verschiedene Ausbildung erfahren, daß selbst eine einheitliche Begriffsbestimmung für dasselbe sich nicht aufstellen läßt. Wenn als Stammgüter solche Güter bezeichnet werden, welche nach einer auf Gesetz oder Observanz beruhenden besonderen Sukzessionsordnung, in Ansehung der Gläubiger des letzten Eigenthümers jedoch ungetrennt von dem allgemeinen Nachlasse desselben vererbt werden, so trifft dies für manche, nicht für alle Fälle zu. Auch die Konkursordnung § 45 und das Einführungsgesetz zur Konkursordnung § 5 Nr. 1 sprechen von Stammgütern, ohne auf den Begriff näher einzugehen.

Eine Beschränkung des Vorbehalts auf Stammgüter des Adels würde nicht gerechtfertigt sein. Nach dem geltenden Rechte kann unter Umständen auch Gütern, welche sich in Händen nichtadeliger Familien befinden, Stammgutseigenschaft zukommen. Der Vorbehalt deckt zugleich die bezüglich des Erbverzichts adeliger Töchter, der Rechte der adeligen Wittwe des Stammgutsbesitzers u. s. w. geltenden Besonderheiten.

Die Lehen sind ein im Absterben begriffenes Institut, mit dessen Resten sich abzufinden der Landesgesetzgebung überlassen werden muß. Ein Verbot der Errichtung neuer Privatlehen ist nicht ausgesprochen. Ein solches Verbot würde, da dasselbe bereits fast allenthalben besteht, von nur geringer praktischer Bedeutung sein; es empfiehlt sich um so weniger, als eine scharfe Abgrenzung der Privatlehen von den übrigen Lehen mit Schwierigkeiten verbunden sein würde.

Aus den Protokollen (S. 8787 ff., 8979 und Prot. der 455. Sitzung):

In zweiter Lesung wurde der Art. 35 aus folgenden Gründen gebilligt:

Die Frage, ob die Vortheile oder die Nachtheile des Instituts der Familienfideikommisse als überwiegend zu erachten seien, könne dahingestellt bleiben; vom Standpunkt einer Kodifikation des in Deutschland geltenden Rechtes aus sei die Beantwortung dieser Frage unerheblich. Die Kommission habe sich dabei zu bescheiden, daß nach den gegenwärtigen in Deutschland vorhandenen politischen und sozialen Anschauungen ein Bedürfniß für die Errichtung von Fideikommissen bestehen. Solange nicht in diesen Anschauungen eine Aenderung eingetreten sei, müsse der Gesetzgeber die geeigneten Rechtsformen aufrecht erhalten, die dazu dienten, den diesen Anschauungen entsprechenden wirthschaftlichen Erfolg herbeizuführen. Ob die der Errichtung von Fideikommissen günstige Anschauung sich dauernd aufrechterhalten lasse, werde die weitere Entwickelung der politischen Verhältnisse in Deutschland zeigen; in diese Entwickelung einzugreifen, sei nicht Aufgabe der Kommission.

Durch den auf Familienfideikommisse bezüglichen Vorbehalt des Art. 35 (jetzt 57) würden auch das bayerische Gesetz, die landwirthschaftlichen Erbgüter betreffend, vom 22. Februar 1855 und das hessische Gesetz, die landwirthschaftlichen Erbgüter betreffend, vom 11. September 1858 aufrecht erhalten.

Der Vorbehalt des Art. 35 (jetzt 57) lasse übrigens, entsprechend anderen allgemeinen Vorbehalten des Einführungsgesetzes, der Landesgesetzgebung volle Freiheit für die zweckmäßige Gestaltung des Familienfideikommiß-, Lehen- und Stammgüterrechts. Die Landesgesetzgebung könne danach z. B. auch anordnen, daß Schuldverschreibungen auf den Inhaber, die zu einem Familienfideikommiß oder Lehen gehören, auf das Fideikommiß oder Lehen umzuschreiben seien. Ebensowenig sei die Landesgesetzgebung gehindert, von dem Bürgerlichen Gesetzbuch abweichende Vorschriften dahin zu treffen, daß gewisse Kinder, obwohl sie für das Gebiet des bürgerlichen Rechtes nach den Grundsätzen des Bürgerlichen Gesetzbuchs über Ehelichkeit, Legitimation und Annahme an Kindesstatt ehelich seien oder die rechtliche Stellung ehelicher Kinder hätten, von der Succession in die Fideikommisse, Lehen und Stammgüter ausgeschlossen sein sollen.

Zu Artikel 58.

Der Art. 58 stimmt mit dem Art. 36 des Entwurfes erster Lesung überein.

Aus den Motiven (S. 159):

Soweit die in den Art. 33 bis 35 (jetzt Art. 55 bis 57) vorbehaltenen Landesgesetze oder Statuten die Benutzung der unter die Vorbehalte fallenden Grundstücke als Gegenstände des Realkredits zulassen, muß ihnen auch gestattet sein, die Belastung so zu gestalten, wie solches der besonderen Rechtslage entspricht. Dieser Rechtslage entspricht aber nur eine Belastung mit einer Hypothek oder Grundschuld in der Weise, daß der Gläubiger Befriedigung aus dem Grundstück ausschließlich im Wege der Zwangsverwaltung verlangen kann.

Das gleichzeitig ergehende Reichsgesetz über die Zwangsvollstreckung in das unbewegliche Vermögen wird keinen Zweifel darüber lassen, daß im Wege der Zwangsverwaltung nur aus den Nutzungen des Grundstücks Befriedigung verlangt werden kann.

Zu Artikel 59.

Der Art. 59 stimmt mit dem Art. 37 des Entwurfes erster Lesung überein.

Aus den Motiven (S. 160):

Die in den Art. 33 bis 35 (jetzt 55 bis 57) zu Gunsten der Landesgesetzgebung und der Autonomie aufgestellten Vorbehalte bedürfen einer Einschränkung dahin, daß diejenigen landesgesetzlichen oder autonomischen Vorschriften, welche mit den Grundsätzen des Bürgerlichen Gesetzbuch über den Schutz gutgläubiger Dritter nicht im Einklange stehen, fortan ihre Geltung verlieren. Die Gestattung der Durchbrechung der einschlagenden grundlegenden Prinzipien des Bürgerlichen Gesetzbuchs ist mit der Verkehrssicherheit nicht vereinbar und durch den Zweck der betreffenden Vorbehalte nicht geboten. Den Bedürfnissen, welchen die Vorbehalte dienen, wird in ausreichender Weise Rechnung getragen, auch wenn den in Betracht kommenden Veräußerungsverboten und Veräußerungsbeschränkungen dem gutgläubigen Dritterwerber gegenüber die Wirksamkeit nach Maßgabe der gegenwärtigen Vorschrift versagt wird. Die Beschränkung ist um so unbedenklicher, als dieselbe, namentlich in solchen Gebieten, in welchen das Grundbuchsystem durchgeführt ist, bereits überwiegend dem geltenden Rechte angehört.

Fraglich konnte sein, ob der Vorbehalt des Art. 33 (jetzt 55) einzubeziehen sei. Die staatsrechtliche Seite des durch diesen Vorbehalt geschützten Sonderrechts rechtfertigt indessen eine abweichende Behandlung desselben noch nicht. Die Ausdehnung der Beschränkung auf den Vorbehalt ist namentlich mit Rücksicht auf solche Fälle im Interesse der Verkehrssicherheit von Wichtigkeit, in welchen der dem Veräußerungsverbot unterliegende Gegenstand bereits in den Verkehr, in die Hände Dritter gelangt ist. Auch das Staatsgut ist auf dem Gebiete des Privatrechtsverkehrs den Vorschriften zum Schutze des guten Glaubens unterworfen.

Zu **Artikel** 60.

Die Vorschrift ist bei der zweiten Lesung neu aufgenommen worden.

Aus den Protokollen (S. 8962, 8963 ff.):

Die Regelung des Rentengüterwesens müsse, da sie wegen der Verschiedenartigkeit der wirthschaftlichen und sozialen Verhältnisse in den einzelnen deutschen Landestheilen nicht reichsgesetzlich erfolgen könne, der Landesgesetzgebung überlassen werden. Der bezügliche Vorbehalt sei zweckmäßiger Weise allgemein zu fassen, da das Rentengüterwesen sich erst seit verhältnißmäßig kurzer Zeit (vergl. preußisches Gesetz, betreffend die Beförderung deutscher Ansiedelungen, vom 26. April 1886; preußisches Gesetz über Rentengüter vom 27. Juni 1890) entwickelt habe und die bisherigen Erfahrungen noch nicht ausreichten, um der Landesgesetzgebung auf diesem Gebiete Schranken zu ziehen.

Zu **Artikel** 61.

Die Vorschrift beruht auf den Beschlüssen der zweiten Lesung.

Aus den Protokollen (S. 8968 ff., 8985):

Der Entwurf eines Bürgerlichen Gesetzbuchs habe die Emphyteuse, das Erbzinsrecht und das Erbpachtrecht nicht geregelt. Im Allgemeinen sei davon auszugehen, daß im Hinblick auf die Vorschriften des Entwurfes eines Bürgerlichen Gesetzbuchs über das dingliche Vorkaufsrecht und die Reallasten kein Bedürfniß bestehe, der Landesgesetzgebung die künftige Zulassung der Begründung solcher Rechte vorzubehalten.

Diese Annahme treffe aber nicht für alle Bundesstaaten zu. Namentlich könne in Mecklenburg die Erbpacht nach den dortigen besonderen Verhältnissen nicht entbehrt werden und würde die reichsgesetzliche Beseitigung der Erbpacht die Regierung eines der wichtigsten Mittel berauben, für die Besserung der sozialen Verhältnisse der ländlichen Bevölkerung, insbesondere für die weitere Durchführung der Befreiung des Bauernstandes zu sorgen.

Das dingliche Nutzeigenthum an kleineren ländlichen Grundstücken komme in Mecklenburg im Wesentlichen in dreifacher Form vor, als Erbpachtrecht, Büdnerrecht und Häuslerrecht. Eigentliche landwirthschaftliche Grundstücke seien nur die Erbpachtstellen und die Büdnereien; die Häuslereien dienten wesentlich nur der Ansässigmachung der ländlichen Arbeiterbevölkerung und beständen außer dem Haus- und Hofplatz nur aus Gartenland. Der rechtliche Karakter dieser drei Formen sei aber derselbe, nämlich der eines dinglichen, veräußerlichen und vererblichen Nutzungsrechts an einem Grundstücke.

Nach mecklenburgischem Rechte könnten nun lediglich Grundbesitzer, welchen das sogenannte echte, das publizistische Eigenthum zustehe, ein Erbpachtsverhältniß begründen, also außer dem Landesherrn nur die Städte und die sonstigen juristischen Personen des öffentlichen Rechtes sowie die Besitzer ritterschaftlicher Landgüter. Das Erbpachtsverhältniß könne ferner nicht durch einen gewöhnlichen civilrechtlichen Vertrag konstituirt werden, vielmehr sei dazu noch landesherrliche Genehmigung erforderlich, die nur nach eingehender erforderlichenfalls durch einen Kommissar vermittelter Feststellung aller in Betracht kommenden privatrechtlichen und öffentlichrechtlichen Verhältnisse ertheilt werde. Schon wegen dieses öffentlichrechtlichen Karakters des mecklenburgischen Erbpachtvertrags könne dieser nicht mit einem dem Bürgerlichen Gesetzbuch unterfallenden Rechtsgeschäft auf gleiche Stufe gestellt werden.

Aber auch die Frage, ob nicht der privatrechtliche Inhalt des Erbpachtverhältnisses auf Grund des Bürgerlichen Gesetzbuchs durch Vereinbarung der Parteien sich würde verwirklichen lassen, müsse verneint werden. Der Erbpächter könne freilich sein Grundstück frei veräußern und regelmäßig auch unbeschränkt verschulden. Die Art der Bewirthschaftung hänge von seinem Belieben ab. Er könne über das Grundstück letztwillig verfügen und vererbe es in Ermangelung solcher Verfügung auf seine Angehörigen — bei der eigentlichen Erbpachtstelle — nach einem besonderen, eine Individualsuccession begründenden Erbrecht. Ein Heimfallsrecht finde nicht statt, ebenso sei das Abmeierungsrecht ausgeschlossen. Die Rechtsstellung des Erbpächters nähere sich mithin so sehr dem Eigenthum und stelle das Obereigenthum so sehr in den Hintergrund, daß es an sich zulässig erscheinen müsse, unter Umkehrung der Konsolidationslage dem Erbpächter Eigenthum und dem Grundherrn nur ein Recht an fremder Sache zuzuerkennen. Auch seien mit dieser Konstruktion unter Anwendung der Bestimmungen des Bürgerlichen Gesetzbuchs über Vorkaufsrecht und Reallasten an sich vereinbar das Vorkaufsrecht des Grundherrn sowie die bei einzelnen Erbpachtgrundstücken noch vorkommende Verpflichtung zur Leistung eines Kanon beziehungsweise zur Entrichtung eines Laudemium beim Besitzwechsel. Indessen versage doch diese Konstruktion, wenn man die weiteren Beschränkungen und Verpflichtungen berücksichtige, welchen im agrarpolitischen Interesse, namentlich zum Zwecke der Erhaltung des Grundstücks als selbständiger landwirthschaftlicher Nahrungsstelle, der mecklenburgische Erbpächter unterworfen sei. Hierher gehörten das Verbot der Parzellirung des Grundstücks sowie der rechtlichen oder auch nur wirthschaftlichen Zusammenlegung desselben mit anderen Grundstücken; die Versagung der Befugniß zur Belastung des Grundstücks mit Dienstbarkeiten oder Reallasten; die Vorschrift, daß der Besitz der Erbpachtstelle, abgesehen von dem Mitbesitz mehrerer Erben bis zur Erbauseinandersetzung, nur einer Person zustehen könne; die bei manchen ritterschaftlichen und städtischen Erbpachtverhältnissen vorkommende Bestimmung, welche die Benutzung des Grundstücks zu Fabrik- und gewerblichen Anlagen untersage, die Veräußerung des auf der Stelle gewonnenen Strohes verbiete und den Erbpächter verpflichte, nicht nur für das Vorhandensein der für einen ordnungsmäßigen Wirthschaftsbetrieb erforderlichen Gebäude und deren Versicherung gegen Feuer zu sorgen, sondern auch den erforderlichen Viehstapel zu halten und dergleichen mehr. Alle diese der Agrarverfassung des Landes entsprechenden Beschränkungen und Verpflichtungen gestatteten dagegen eine einfache rechtliche Bestimmung, wenn man sie mit dem bisherigen Rechte als Ausfluß des dem Grundherrn verbliebenen Obereigenthums auffasse.

Ob die erwähnten Beschränkungen mit dem Begriffe des Rentenguts vereinbar seien, könne dahingestellt bleiben, weil das Rentengut für Mecklenburg nicht passe. Der Grund liege in privatrechtlichen wie in öffentlichrechtlichen Verhältnissen. In ersterer Beziehung komme in Betracht, daß bei der Mehrzahl der mecklenburgischen Erbpachtverhältnisse die Verpflichtung zur Entrichtung einer Rente oder einer ähnlichen Leistung nicht vorkomme, und daß der überwiegende Theil der mecklenburgischen Großgrundbesitzer schon deshalb nicht in der Lage sei, Theile des Gutes zu Rentengut, also zu freiem Eigenthum zu veräußern, weil ihnen selbst — z. B. bei den Lehngütern — nur ein Nutzeigenthum an dem Gute zustehe oder das Gut Fideikommißqualität habe und die Stiftungsakten eine Veräußerung von Parzellen des Fideikommißgutes, wenn überhaupt, so doch nur zu Nutzeigenthum gestatteten. In staatsrechtlicher Hinsicht sei neben dem oben Bemerkten noch darauf hinzuweisen, daß nach dem bestehenden Rechte aus einem mecklenburgischen ritterschaftlichen Landgut ein in öffentlichrechtlicher Beziehung selbständiges Grundstück nur abgezweigt werden könne, wenn dieses wie das Stammgrundstück den Karakter eines ritterschaftlichen Landguts behalte. Dies sei hinsichtlich der in Betracht kommenden Grundstücke schon durch ihre geringe Größe ausgeschlossen. Die Bildung kleineren ländlichen Grundbesitzes aus einem ritterschaftlichen Landgut sei deshalb nur in der Weise möglich, daß das neugebildete Grundstück in öffentlichrechtlicher Beziehung Bestandtheile des Hauptguts bleibe, und dem entspreche in privatrechtlicher Hinsicht die Rechtsform, nach welcher das Obereigenthum an der abgezweigten Parzelle dem Grundherrn zustehe und dem Erwerber der Parzelle hinsichtlich dieser ein dem Eigenthum thunlichst nahekommendes dingliches Nutzungsrecht eingeräumt werde.

Alle diese Gründe führten zu dem Ergebniß, daß ohne die Aufnahme eines Vorbehalts zu Gunsten der Erbpacht in Mecklenburg die Errichtung kleinerer ländlicher Besitzstellen für den größten Theil des Landes ausgeschlossen sein werde. Es werde insbesondere unmöglich sein, im Gebiete der Ritterschaft durch die Schaffung solcher Besitzstellen die innere Kolonisation zu fördern, die intensivere Ausnutzung des Bodens zu ermöglichen, der Latifundienbildung entgegenzuwirken und die zahlreichen bäuerlichen Besitzer, welche ihre Stellen lediglich als Zeitpächter innehätten, in selbständige Grundbesitzer umzuwandeln, mithin auch für den nicht zum Domanium gehörigen Theil des Landes denjenigen Prozeß durchzuführen, welcher für das Domanium durch die umfassende Reform des bäuerlichen Grundbesitzes nahezu durchgeführt worden sei. Von welcher Bedeutung dies sei, ergäbe die Thatsache, daß gegen Ende des Jahres 1894 an kleineren ländlichen Nutzeigenthümern im Domanium rund 21000, in dem größeren Gebiete der Ritterschaft, Städte und Klöster dagegen nur rund 1900 Eigenthümer vorhanden gewesen seien, daß umgekehrt im Domanium nur etwa 50, im übrigen Landestheile dagegen noch etwa 600—700 Zeitpachtbauern hätten gezählt werden können. Hierin einen Wandel eintreten zu lassen, erscheine schon mit Rücksicht auf die gegenwärtige Lage der Landwirthschaft als geboten, da die Vermehrung des kleineren ländlichen Grundbesitzes immerhin als ein Mittel angesehen werden müsse, von dem eine gewisse Besserung der landwirthschaftlichen Verhältnisse erhofft werden könne. Die Regierung habe denn auch nach gutachtlicher Prüfung durch den mecklenburgischen Landwirthschaftsrath den Ständen bereits auf dem letzten Landtag eine entsprechende Vorlage gemacht. Dabei sei allseitig anerkannt worden, daß als geeignete Rechtsform für den neu zu bildenden ländlichen Grundbesitz zur Zeit nur die Erbpacht in Betracht kommen könne. Die Ausschließung dieser Rechtsform durch das Bürgerliche Gesetzbuch müßte somit jenes für die volkswirthschaftlichen und sozialen Verhältnisse des Landes so hoch bedeutsame Unternehmen gleich im Anfang zum Scheitern bringen.

Sei aber mindestens für Mecklenburg eine Ausnahme von dem reichsgesetzlichen Verbote der Neubegründung erbpachtähnlicher Verhältnisse nicht zu umgehen, so empfehle sich aus Zweckmäßigkeitsgründen, den bezüglichen Vorbehalt allgemein zu fassen, ihn jedoch einerseits auf das Erbpachtrecht mit Einschluß des Büdnerechts und des Häuslerrechts und andererseits auf jene Staaten zu beschränken, in welchen solche Rechte beständen.

Anlangend den zweiten Satz des Art. 61 müsse zwar die Begründung und der Inhalt der fraglichen Rechte, insbesondere auch die Frage der Uebertragbarkeit und Belastbarkeit der Landesgesetzgebung unterstehen; für die Art und Weise jedoch wie jene Rechte am Vermögensverkehre theilzunehmen hätten, müsse das allgemeine bürgerliche Recht maßgebend sein.

Zu Artikel 62.

Der Art. 62 entspricht den Art. 83 bis 87 des Entwurfes erster Lesung, welche lauten:

Artikel 83.

Unberührt bleiben die landesgesetzlichen Vorschriften, nach welchen, wenn zu einem Nachlasse ein zum Betriebe der Landwirthschaft oder Forstwirthschaft bestimmtes Grundstück gehört und mehrere Erben vorhanden sind, einer der Erben (Anerbe) von den übrigen Miterben verlangen kann, daß ihm bei der Auseinandersetzung das Grundstück mit Zubehör (Anerbengut) gegen Ersatz eines gewissen Werthes überlassen werde (Anerbenrecht).

Dem Erblasser kann jedoch durch Landesgesetz nicht das Recht entzogen werden:

1. das Anerbenrecht durch Verfügung von Todeswegen auszuschließen oder zu beschränken;
2. an Stelle der im Gesetze als Anerbe bestimmten Person einen Anderen aus dem im Gesetze bestimmten, jene Person einschließenden Kreise von Personen als Anerben zu ernennen.

Artikel 84.

Unberührt bleiben ferner:

1. die landesgesetzlichen Vorschriften, durch welche die für die Ermittelung des Werthes des Anerbenguts maßgebenden Grundsätze bestimmt werden;
2. die landesgesetzlichen Vorschriften, nach welchen dem Anerben aus dem Gutswerth ein Voraus gebührt;

3. die landesgesetzlichen Vorschriften, welche in Ansehung der den übrigen Erben wegen der Uebernahme des Anerbenguts gegen den Anerben zustehenden Forderungen die Fälligkeit, die Verzinslichkeit und das Erlöschen durch den Tod des Gläubigers regeln oder dem Anerben besondere Verpflichtungen gegen die übrigen Erben, insbesondere in Ansehung der Sicherstellung, auferlegen;
4. die landesgesetzlichen Vorschriften, nach welchen im Falle des Eintritts des Anerbenrechtes bis zur Auseinandersetzung der Antheil eines Erben an dem Anerbengut ohne Zustimmung der übrigen Erben nicht veräußert oder belastet werden kann, unbeschadet der Zulässigkeit der Zwangsvollstreckung wegen einer Nachlaßverbindlichkeit. Die Uebertragung des Anspruches eines Erben auf Auseinandersetzung und auf Abfindung aus dem Anerbengute kann durch Landesgesetz nicht für unzulässig erklärt werden.

Artikel 85.

Gehört ein Grundstück, bei welchem nach den Landesgesetzen das Anerbenrecht eintreten kann, zum Nachlasse, so bestimmt sich das Pflichttheilsrecht nach den Vorschriften des Bürgerlichen Gesetzbuchs, wie wenn das Grundstück nicht von der bezeichneten Beschaffenheit wäre. Die Vorschriften des § 1981 des Bürgerlichen Gesetzbuchs[1]) finden im Falle des Eintrittes des Anerbenrechtes entsprechende Anwendung.

Unberührt bleiben die landesgesetzlichen Vorschriften, nach welchen bei Bestimmung des Pflichttheiles das Grundstück mit Zubehör nur zu dem von dem Anerben zu ersetzenden Werthe unter Abzug des dem Anerben gebührenden Voraus zu berücksichtigen ist.

Artikel 86.

Der Anerbe, welcher das Anerbengut übernimmt, ist gegenüber jedem der übrigen Erben verpflichtet, die demselben obliegenden Nachlaßverbindlichkeiten insoweit zu tragen, als zur Berichtigung der letzteren der Antheil des Erben an dem von dem Anerben nach Abzug des Voraus zu ersetzenden Werthe des Anerbenguts und an den außer dem Anerbengute vorhandenen Nachlaßgegenständen nicht hinreicht.

Artikel 87.

Unberührt bleiben die landesgesetzlichen Vorschriften, nach welchen, wenn zu dem Gesammtgute einer durch den Tod eines

---

[1]) Dem § 1981 entspricht der § 2279 der Reichstags-Drucksache Nr. 87.

der Ehegatten aufgelösten allgemeinen Gütergemeinschaft oder Errungenschaftsgemeinschaft oder Gemeinschaft des beweglichen Vermögens und der Errungenschaft oder zu dem Gesammtgute einer aufgelösten fortgesetzten Gütergemeinschaft ein dem Anerbenrechte unterliegendes Grundstück gehört, der nach den Vorschriften des Bürgerlichen Gesetzbuches zur Uebernahme des Grundstückes Berechtigte und, sofern Mehrere gemeinschaftlich zur Uebernahme berechtigt sind, einer derselben, sofern aber ein zur Uebernahme Berechtigter nicht vorhanden ist, einer der Theilhaber am Gesammtgute von den übrigen Theilhabern verlangen kann, daß ihm bei der Auseinandersetzung das Grundstück mit Zubehör gegen Ersatz eines gewissen Werthes überlassen werde.

Ist der überlebende Ehegatte zur Uebernahme berechtigt, so finden die Vorschriften des Art. 84 Nr. 1 bis 3, in anderen Fällen die Vorschriften des Art. 83 Abs. 2 und der Art. 84 bis bis 86 entsprechende Anwendung.

Das Recht der Ehegatten, durch Ehevertrag ein Anderes zu bestimmen, kann durch Landesgesetz nicht ausgeschlossen werden.

Aus den Motiven (S. 105 ff.):

Die mit der Feststellung des Planes und der Methode für die Entwerfung eines Bürgerliches Gesetzbuchs für das Deutsche Reich betraute Vorkommission hat in Ansehung des bäuerlichen Güterrechts sich gutachtlich dahin geäußert:

Auch eine gemeinsame Kodifizirung des bäuerlichen Güterrechts, soweit solches die Geschlossenheit der Höfe, deren Erhaltung durch eigenthümliche Erb- und Theilungsnormen, das Altentheil und dergleichen angeht, dürfte sich für das Bürgerliche Gesetzbuch nicht empfehlen, wenn auch vielleicht die hierbei allein betheiligten norddeutschen Einzelstaaten sich über die gemeinschaftliche Regelung einigen.

In Verfolg hiervon ist in den Beschlüssen des Bundesraths vom 22. Juni 1874 die Entscheidung darüber, ob das in einzelnen Theilen des Deutschen Reichs bestehende besondere bäuerliche Güterrecht ganz oder theilweise zu beseitigen, eventuell ob und inwieweit dasselbe in dem bürgerlichen Gesetzbuche zu ordnen, oder die Ordnung der Landesgesetzgebung zu überlassen sei, der Prüfung bei Aufstellung des Entwurfes des Bürgerlichen Gesetzbuchs überwiesen.

Nach Art. 70 Nr. 1 (jetzt 118) des gegenwärtigen Entwurfes sollen die landesgesetzlichen Vorschriften, welche die Theilung von Grundstücken untersagen oder beschränken, unberührt bleiben, und nach Art. 59 (jetzt 96) ist die Regelung des mit der Ueberlassung eines Gutes in Verbindung stehenden Leibgedingsvertrags, Leibzuchtsvertrags, Altentheilsvertrags oder Auszugsvertrags der Landesgesetzgebung gleichfalls überwiesen. Es erübrigt demnach die Stellungnahme zu den erbrechtlichen Sondernormen des bäuerlichen Güterrechts und damit insbesondere zu dem Institute des Anerbenrechts (Höferecht, Grunderbrecht).

Das Anerbenrecht ist aus den Hof- und Territorialrechten des Mittelalters hervorgegangen und hat seine Grundlage in dem Interesse der Grund- und Landesherren an der Erhaltung eines hinsichtlich der Zinsen, Zehnten, Frohnen leistungsfähigen Bauernstandes. Das Geschlecht diente dem Gute, nicht das Gut dem Geschlechte.

„Prästationsfähig" blieb das Gut nur, wenn es ungetheilt von Hand zu Hand ging; im Erbfall erhielt demzufolge nur einer von mehreren Erben das Gut. Später trat wohl auch der Gesichtspunkt hinzu, daß eine solche singuläre Vererbung im Interesse der bäuerlichen Familien und der allgemeinen Wohlfahrt liege. Zunächst aber und für lange Zeit stand dieser Gedanke in zweiter Linie; die fiskalischen und grundherrlichen Interessen überwogen. In Geltung war das Anerbenrecht namentlich in Westfalen, Hannover, Schleswig-Holstein, Mecklenburg-Schwerin, Mecklenburg-Strelitz, Oldenburg, Braunschweig, Lippe, Schaumburg-Lippe, Waldeck, in einigen Theilen des ehemaligen Kurfürstenthums Hessen, sowie in den Landgebieten von Lübeck und Bremen. In seinen Einzelheiten zeigte das Anerbenrecht in den verschiedenen Gebieten eine überaus große Mannigfaltigkeit. Es darf in dieser Hinsicht auf die eingehende Darstellung von A. von Miaskowski, das Erbrecht und die Grundeigenthumsvertheilung im Deutschen Reiche, Abth. II S. 135 ff. verwiesen werden.

Der enge Zusammenhang zwischen dem Anerbenrecht und der Agrarverfassung der früheren Zeit brachte es nothwendig mit sich, daß die tiefgreifende Umgestaltung, welche auf dem Gebiete der letzteren in dem gegenwärtigen Jahrhunderte sich vollzog, nicht ohne Einfluß auf den Bestand des Anerbenrechts blieb. Die Umwandelung des bäuerlichen Besitzes in volles und freies Eigenthum, die fast allseitige Aufhebung der Gebundenheit des ländlichen Grundbesitzes, die Ablösung der Grundlasten entzogen dem Anerbenrechte seine historisch-politische Grundlage und regten die Frage nach der inneren Berechtigung seines Fortbestehens an. Dazu kam, daß die große Bevorzugung des Anerben vor seinen Geschwistern, welche von dem Hofe nichts oder doch nur eine geringe Abfindung erhielten, mit der Rechtsanschauung der neueren Zeit schwer vereinbar war. Auch trat in Folge der selbst auf den kleinsten Gebieten vielfach durcheinander gehenden Rechtsbildungen und der Dunkelheit der als

Rechtsquelle vornehmlich in Betracht kommenden Gewohnheitsrechte eine Unsicherheit in der Rechtsanwendung hervor, welche mehr und mehr zu unhaltbaren Zuständen zu führen drohte. Andererseits ward die sozial-volkswirthschaftliche Bedeutung des Anerbenrechts für den bäuerlichen Grundbesitz nicht verkannt und namentlich in Bayern und Hessen machten sich Bestrebungen geltend, durch Einführung einer Individualsuccession für den mittleren Grundbesitz die Erhaltung und Ausbreitung eines kräftigen Bauernstandes zu fördern. Die Bestrebungen führten in Bayern zu dem Gesetze vom 22. Februar 1855, betreffend die landwirthschaftlichen Erbgüter im diesrheinischen Bayern, und in Hessen zu dem Gesetze vom 11. September 1858, die landwirthschaftlichen Erbgüter betreffend. Der Kern dieser Gesetze, namentlich des hessischen, bestand in der Uebertragung der dem Institute des Familienfideikommisses eigenen Grundsätze auf den bäuerlichen Besitz; mit der Sondervererbung nach Analogie der successio ex pacto et providentia majorum war eine mehr oder minder weitgehende Beschränkung des Besitzers in der Verfügung über das landwirthschaftliche Erbgut verbunden. Beide gesetzgeberische Versuche sind indessen mißglückt. In Hessen soll von dem Gesetze nicht in einem einzigen Falle, in Bayern in zwei, höchstens vier Fällen Gebrauch gemacht worden sein. Die Gründe für den Mißerfolg werden in Verschiedenem gesucht; jedenfalls war nicht ohne Einfluß, daß keines der beiden Gesetze in der Lage war, an historisch gegebene Verhältnisse anzuknüpfen.

Neuregelungen des Anerbenrechts erfolgten in Mecklenburg-Schwerin (Verordnung, betreffend die Intestaterbfolge in die bäuerlichen Erbpachtgüter der Domänen, vom 24. Juni 1869 und dazu Verordnung vom 4. Mai 1872), in Schaumburg-Lippe (Gesetz, betreffend die Rechtsverhältnisse der Bauerhöfe, vom 11. April 1870), im Herzogthume Oldenburg (Gesetz, betreffend das Erbrecht, vom 24. April 1873) und in der preußischen Provinz Hannover (Gesetz, betreffend das Höferecht, vom 2. Juni 1874).

Dies war der Stand der Sache, als die Vorkommission das oben (S. 17) angeführte Gutachten erstattete und der ebendaselbst erwähnte Beschluß des Bundesraths erging. Seit dieser Zeit ist eine nicht unwesentliche Aenderung insofern eingetreten, als die Gesetzgebung und Wissenschaft — veranlaßt namentlich durch die ungünstige Lage, in welcher die Landwirthschaft seit einiger Zeit sich befindet — mit der Regelung der Erbfolge in landwirthschaftliche Güter in hervorragendem Maße sich beschäftigt und zum Theil neue Bahnen eingeschlagen hat. Schon die vorerwähnten Gesetze sind in der letzteren Hinsicht von Bedeutung.

In der mecklenburgischen Verordnung ist noch an einer Art

von Sondernachfolge in das Gut festgehalten. Bei dem Ableben des Besitzers bildet das Bauergut mit seinem Zubehöre in Ansehung der Intestaterbfolge und Erbtheilung einen abgesonderten Bestandtheil des Nachlasses. Mit dem Gute gehen die auf diesem lastenden Schulden und Leistungen auf den Gutsnachfolger, Anerben, über; für sonstige Nachlaßschulden haftet das Gut nur, soweit der übrige Nachlaß zur Bezahlung nicht ausreicht. Unbeschränkt ist der Besitzer in der letztwilligen Verfügung über das Gut, ebenso in der Veräußerung und Belastung desselben. In der letzteren Hinsicht kann eine Beschränkung dadurch herbeigeführt werden, daß der Vorbesitzer sie letztwillig verfügt hat. Soll eine solche Verfügung auch spätere Rechtsnachfolger binden, so bedarf sie landesherrlicher Bestätigung.

Die Gesetze für Schaumburg-Lippe und das Herzogthum Oldenburg sowie das hannoversche Höfegesetz gehen nicht nur von der völligen Freiheit des Hofbesitzers hinsichtlich der Veräußerung und Belastung aus (unbeschadet der in Schaumburg-Lippe bestehenden objektiven Gebundenheit des Hofes), sondern sie beseitigen auch den Zwangscharakter des Anerbenrechts insofern, als dasselbe nicht mehr gegen den Willen beziehungsweise nur mit dem Willen des Besitzers eintreten soll. Des Weiteren tragen diese Gesetze den veränderten Rechtsbegriffen der Gegenwart darin Rechnung, daß der Anerbe nicht mehr der alleinige Erbe, derselbe nur die Befugniß hat, von von den Miterben die Ueberlassung des Gutes zu dem nach dem Gesetze zu ermittelnden Preise aus der Erbschaftsmasse zu verlangen, so unterscheidet das moderne Anerbenrecht im Ergebnisse sich nur noch wenig von dem Vorwahlsrecht des bayerischen Landrechts und einiger bayerischer Statuten, sowie von der für den Schwarzwald berechneten Vortheilsgerechtigkeit des badischen Landrechts Satz 827c bis 827g (dazu Edikt vom 23. März 1808). Die Vortheilsgerechtigkeit des badischen Landrechts im Besonderen besteht in dem Rechte des einen von mehreren dem Erblasser gleich nahen Erben, zu verlangen, daß das zum Nachlasse gehörende Gut ihm zu einem „kindlichen Anschlage“ überlassen werde. Nach dem badischen Gesetze vom 23. Mai 1888 finden die Vorschriften über diese Vortheilsgerechtigkeit auf diejenigen Güter Anwendung, welche in Gemäßheit dieses Gesetzes als geschlossene Hofgüter anzusehen sind (dazu landesherrliche Verordnung vom 21. Juli 1888).

Das Vorgehen der Gesetzgebungen sowie die Art des Vorgehens hat seitens hervorragender Vertreter der Theorie und seitens gewichtiger Interessentengruppen die lebhafteste Unterstützung und Anerkennung gefunden. Unausgetragen ist in diesen Kreisen die Meinungsverschiedenheit darüber, ob es richtiger sei, das Anerbenrecht kraft des Gesetzes, vorbehaltlich der Ausschließung durch Willensakt des einzelnen Besitzers, Platz greifen zu lassen, oder ob das System der Höfe- beziehungsweise Landgüterrolle, welchem zufolge das Anerbenrecht nur auf Grund eines besonderen Willensakts des Besitzers eintritt, und in Ermangelung eines solchen Aktes es bei der Vererbung nach gemeinem Rechte bewendet, den Vorzug verdiene. Der Umstand, daß der unter Anwendung des letzteren Systems gemachte Versuch, das Anerbenrecht auch da einzubürgern, wo es an historischen Anknüpfungspunkten fehlt, nicht oder doch nicht völlig den gehegten Erwartungen entsprochen hat, scheint die Stimmen für das erstere System vermehrt zu haben.

Mehrfach erörtert ist die Stellung, welche das Bürgerliche Gesetzbuch gegenüber der Bewegung einzunehmen habe. Während von der einen Seite die Regelung des Anerbenrechts für Sache derjenigen Einzelstaaten erachtet wird, in welchen ein Bedürfniß für das Anerbenrecht besteht, wird von der anderen Seite die reichsrechtliche Ordnung in dem Bürgerlichen Gesetzbuche als nothwendig angesehen. Der Deutsche Landwirthschaftsrath hat unter dem 27. April 1886 an den Herrn Reichskanzler eine Denkschrift gerichtet, in welcher beantragt wird:

1. Es möge in das deutsche Bürgerliche Gesetzbuch für den gesammten land- und forstwirthschaftlich benutzten, mit einem Wohnhause versehenen Grundbesitz ein auf dem Prinzipe des Anerbenrechts beruhendes Intestaterbrecht (unter Wahrung der freien Disposition des Eigenthümers durch Verträge unter Lebenden und letztwillige Verfügungen) Aufnahme finden dergestalt,
   a) daß jedes Landgut, d. h. alle eine selbständige Wirthschaftseinheit bildenden, der land- oder forstwirthschaftlichen Benutzung dienenden und mit einem Wohnhause versehenen Grundstücke nebst Zubehörungen nur auf einen Erben, den sogenannten Anerben, übertragen werde;
   b) daß aber im Uebrigen die Grundsätze des Bürgerlichen Gesetzbuches über die Berufung zur Erbfolge nicht geändert werden, so daß die sämmtlichen Erben einschließlich des Anerben gleiche Theile am Werthe des Grundbesitzes erhalten;
   c) daß jedoch bei Ermittelung der Erbschaftsmasse der Ertragswerth der dem Anerbenrechte unterworfenen Landgüter zu Grunde gelegt werde.
2. Es möge in dem Bürgerlichen Gesetzbuche das Prinzip des Anerbenrechtes auch nach dem Systeme der Höferolle formulirt und der Landesgesetzgebung ausnahmsweise vorbehalten werden, dieses letztere statt des Intestaterbrechtes (Punkt 1)

in Betreff der obenbezeichneten Güter für ihr ganzes Gebiet oder für einzelne Theile desselben in Kraft treten zu lassen.

Die Sachlage hat sich, wie bereits hervorgehoben ist, seit der Erstattung des Gutachtens der Vorkommission wesentlich geändert. Gleichwohl ist auch gegenwärtig daran festzuhalten gewesen, daß die Regelung der besonderen Erbfolge in landwirthschaftliche Grundstücke in dem bürgerlichen Gesetzbuche nicht zu erfolgen habe.

Die Betretung des von dem deutschen Landwirthschaftsrathe vorgeschlagenen Weges hätte zur nothwendigen Voraussetzung, daß ein allgemeines Bedürfniß für das Anerbenrecht in dem gesammten Gebiete des Reiches bestände. Ein solches Bedürfniß ist nicht vorhanden. Es giebt große Gebiete, namentlich in Mittel-, Süd- und West-Deutschland, für welche das Anerbenrecht überhaupt nicht paßt. Es sind dies die Gebiete mit hochentwickelter Bodenkultur, ausgebreiteter Industrie, dichter Bevölkerung und weitgehender Bodenzersplitterung. In anderen Gebieten sind zwar die Voraussetzungen für die Einführung des Anerbenrechts zu einem nicht geringen Theile gegeben, der ländliche Grundbesitz ist mehr oder weniger abgerundet und es besteht die Sitte, daß das Gut vom Vater ungetheilt und unter normalen Bedingungen auf einen Sohn übergeht. Gleichwohl ist das Anerbenrecht nicht begehrt und dessen Einführung würde dem Rechtsbewußtsein und einer vielhundertjährigen Stammesgewohnheit zuwider sein. Die Meinung, es genüge, wenn der Landesgesetzgebung die Macht eingeräumt werde, für solche Gebiete das Institut des Anerbenrechts dahin abzuschwächen, daß das Anerbenrecht nur auf die persönliche Initiative des einzelnen Besitzers hin Platz greife, entbehrt der Berechtigung. Wo das Anerbenrecht an sich keinen bereiten Boden findet, ist auch das System der Höferolle nicht am Platze. Der Gedanke aber, daß die Aufstellung dieses Systemes jedenfalls eine erzieherische Bedeutung habe und geeignet sei, die bezüglich der Vererbung des ländlichen Grundbesitzes zur Zeit bestehenden Rechtsanschauungen in andere, der wirthschaftlichen Bedeutung des Grundbesitzes entsprechendere Bahnen zu lenken, findet in den Erfahrungen, welche bisher, selbst bei dem Vorhandensein der thatsächlichen Vorbedingungen des Anerbenrechts, gemacht worden sind, keine genügende Unterstützung. Zutreffend ist daneben auch der mehrfach geltend gemachte Gesichtspunkt nicht, daß das Institut des Anerbenrechts, wenn dasselbe nicht in der bezeichneten Weise im Bürgerlichen Gesetzbuche geregelt werde, seiner Natur zuwider zu einer Sonderrechtsbildung herabsinke und als solche seitens der Jurisprudenz nicht diejenige Förderung und Durchbildung erfahre, welche allein seiner wirthschaftlichen und sozialen Bedeutung gerecht werde. Das

Anerbenrecht ist und bleibt auch bei der geforderten Regelung materiell ein Sonderrecht, und es wird trotz dieser Regelung kein gemeinsames Sonderrecht, weil es in einem großen Theile Deutschlands zur praktischen Geltung nicht gelangen kann. Die Besorgniß aber, die Jurisprudenz werde dem Anerbenrechte die gebührende Würdigung versagen, ist unbegründet. Wo das Anerbenrecht den wirthschaftlichen Bedürfnissen und den Rechtsanschauungen entspricht, wird ihm die belebende Arbeit der Wissenschaft nicht fehlen. Es ist bekannt, daß in Hannover das bäuerliche Erbrecht lange Zeit den vornehmsten Gegenstand des Studiums der Juristen gebildet hat.

Dem hervorgehobenen Bedenken nicht ausgesetzt ist die Aufnahme des Institutes des Anerbenrechts in das Bürgerliche Gesetzbuch, wenn den einzelnen Staaten offen gelassen wird, die Geltung der einschlagenden Normen für ihr Gebiet überhaupt auszuschließen. Es treten jedoch andere Gesichtspunkte hinzu, welche auch einem solchen Vorgehen sich hindernd in den Weg stellen. Schon an sich entspricht es nicht der Natur des Reichsrechts und insbesondere nicht dem Grundsatze „Reichsrecht bricht Landesrecht", daß, wenn das Reich ein Gesetz erläßt, das Landesrecht darüber zu befinden hat, ob der reichsgesetzliche Ausspruch Geltung haben solle oder nicht. Andererseits kommen die Einzelstaaten, für deren Gebiet die aufgestellten Normen nicht passen und nicht berechnet sind, in die Lage, die Geltung dieser Normen ausschließen zu müssen. Die Ausschließung ist unmöglich, wenn auch nur einer der berufenen gesetzgeberischen Faktoren widerstrebt, während, wenn die Frage der Einführung des Anerbenrechts für diese Staaten gestellt wäre, die Einführung durch die Uebereinstimmung sämmtlicher gesetzgeberischen Faktoren bedingt sein würde. Von besonderem Gewichte ist aber, daß eine erschöpfende reichsgesetzliche Ausgestaltung des Anerbenrechts selbst für diejenigen Staaten, in welchen das Anerbenrecht eingebürgert ist oder für welche dessen Einführung einem sozialwirthschaftlichen Bedürfnisse entspricht, mit kaum lösbaren Schwierigkeiten verbunden und von sehr zweifelhaftem Erfolge sein würde. Die Verhältnisse liegen in den in Betracht kommenden Gebieten und selbst in den einzelnen Theilen desselben Gebietes so verschieden und die Rechtsanschauungen weichen dergestalt von einander ab, daß eine einheitliche Gestaltung ein nur für wenige Gebiete annehmbares Ergebniß liefern könnte. Es ist kein Zufall, sondern ein Produkt innerer Nothwendigkeit, daß alle neueren das Anerbenrecht betreffenden Gesetzgebungsversuche einen lokalen Karakter an sich tragen. Mit gutem Grunde hat man sich in Preußen auf den Erlaß von Höfegesetzen und Landgüterordnungen für einzelne Provinzen beziehungsweise für Theile solcher beschränkt, und auch diese Gesetze weisen in ihren einzelnen Bestimmungen zahlreiche und erhebliche Verschiedenheiten auf. Wie vorsichtig verfahren werden muß, zeigt u. A. ein Vorgang in Westfalen. Obwohl in Westfalen das Anerbenrecht von seltener Volksthümlichkeit ist und obwohl das Gesetz vom 13. Juli 1846 thunlichst bestrebt war, bei der Neuregelung desselben dem Sinne und den Gewohnheiten der Betheiligten Rechnung zu tragen, mußte dieses Gesetz doch aufgehoben werden, weil es nicht das Richtige getroffen hatte. Ein reichsgesetzliches Eingreifen könnte sich demnach höchstens auf die Aufstellung gewisser Grundzüge beschränken und die Ergänzung derselben beziehungsweise auch deren Modifikation wäre der Landesgesetzgebung zu überlassen. Allein auch hier erhebt sich die Schwierigkeit, daß es selbst für die Aufstellung solcher Grundzüge an den erforderlichen Unterlagen und Anhaltspunkten gebricht. Es wäre Willkür, den oder jenen Satz zur Regel zu erheben, der von dem Rechte des einen Staates anerkannt, von dem Rechte des anderen Staates verworfen wird. Es besteht keine Uebereinstimmung hinsichtlich der dem Anerbenrechte zu unterwerfenden Grundstücke; in einzelnen Gebieten ist das Anerbenrecht auf den gesammten ländlichen Grundbesitz erstreckt, soweit er nicht in Lehn-, Fideikommiß- und Stammgütern besteht, in anderen Gebieten ist der kleine Grundbesitz ausgenommen, in anderen Gebieten fällt nur der bäuerliche Besitz und nach Befinden auch dieser nur mit gewissen Beschränkungen darunter. Es besteht ferner keine Uebereinstimmung hinsichtlich der grundsätzlichen Behandlung des Anerbenrechtes. Wenn verlangt wird, daß dem Rechte der Charakter eines Intestaterbrechtes gegeben werde, so ist zu beachten, daß in dem geltenden Rechte das System der Höferolle überwiegt, in den preußischen Gebieten dasselbe sogar ausschließlich gilt. Es besteht auch keine Uebereinstimmung hinsichtlich der Bestimmung der Person des Anerben (Majorat, Minorat, Wahl seitens der Erben, Loos), keine Uebereinstimmung hinsichtlich des Umfanges der dem Anerben zu Theil werdenden Bevorzugung 2c. Wenn ein Experimentiren seitens der Reichsgesetzgebung auf irgend einem Gebiete bedenklich ist, so ist es auf diesem.

Muß die Regelung des Anerbenrechts der Landesgesetzgebung überlassen werden und verbietet es sich aus den vorstehenden Gründen auch, der landesgesetzlichen Ordnung durch Aufstellung gewisser allgemeiner Grundzüge zu Hülfe zu kommen, so ist es andererseits unerläßlich, den Rahmen festzustellen, innerhalb dessen die landesgesetzliche Regelung sich zu bewegen hat, und die Grenzen zu bezeichnen, bis zu welchen die Landesgesetzgebung in der Durchbrechung des allgemeinen Rechtes gehen kann.

Von einem Eingehen auf die nach Ansicht Mancher sich noch findenden Reste des altgermanischen Grunderbrechtes sowie auf das in einzelnen Gegenden in mehr oder minder abgeschwächter Form in Geltung gebliebene Kürrecht darf abgesehen werden.

Aus den Protokollen (S. 9035 ff. und Prot. der 455. Sitzung):

Wegen der großen Verschiedenheit der natürlichen und der wirthschaftlichen Verhältnisse in Deutschland sei eine einheitliche Regelung des Anerbenrechts nicht rathsam, auch bestehe ein Bedürfniß nach Einführung desselben nicht für alle Theile Deutschlands. Es gebe Landestheile, in denen die Bevölkerung dem Anerbenrecht entschieden abgeneigt sei und die Bevorzugung eines Kindes vor den übrigen Kindern in der Form des Anerbenrechts den sittlichen Anschauungen und dem Rechtsbewußtsein der Bevölkerung widerstreite, auch wegen der besonderen Gestaltung der wirthschaftlichen Verhältnisse die Einführung des Anerbenrechts in sozialer und politischer Hinsicht schädlich wirken würde. Indessen umfaßten diese Gegenden Deutschlands doch nur ein verhältnißmäßig kleines Gebiet. In dem weitaus größten Theile Deutschlands entspreche das Anerbenrecht dem theils auf Gesetz, theils auf der Sitte beruhenden gegenwärtigen Zustande. Mit Rücksicht auf diese Gebiete, sowie auf solche Gegenden, in denen, auch wenn das Anerbenrecht dort zur Zeit nicht bestehe, die Voraussetzungen für Einführung des Anerbenrechts gegeben seien, müsse im öffentlichen Interesse ein Vorbehalt für die Landesgesetzgebung in das Einführungsgesetz aufgenommen werden. Das Anerbenrecht sei geeignet, einen wirksamen Schutz gegen die mit der gemeinen Erbfolge verbundenen Gefahren der Zersplitterung und der Ueberschuldung des ländlichen Grundbesitzes zu gewähren, und fördere die Erhaltung des dauernden Besitzes der Landgüter in der Familie. Das Anerbenrecht sei daher ein wichtiges Mittel zur Erhaltung eines gesunden und lebensfähigen Bauernstandes und verdiene gerade unter den gegenwärtigen Verhältnissen umsomehr Beachtung, als die Preise der landwirthschaftlichen Erträgnisse erheblich zurückgegangen seien, der Uebernehmer des Landguts daher heutzutage Gefahr laufe, durch die Uebernahme des Gutes ohne gewisse Begünstigungen Nachtheil zu erleiden. Für die grundsätzliche Beseitigung des Anerbenrechts sei allerdings geltend gemacht worden, daß das Anerbenrecht nicht im öffentlichen Interesse liege, sondern im Gegentheil wirthschaftlich und politisch schädlich wirke, weil es die Zahl der Bauern vermindere, die Zahl besitzloser Landarbeiter vermehre. Daraus ergebe sich einerseits der wirthschaftliche Nachtheil, daß der Grund und Boden weniger intensiv bewirthschaftet und die Auswanderung befördert werde, andererseits der politische Nachtheil, daß sich die Zahl der staatserhaltenden Elemente vermindere, die der staatsfeindlichen Elemente vermehre.

Diese Einwendungen seien jedoch nicht zutreffend für solche Gebiete, in denen die Voraussetzungen für das Anerbenrecht im Uebrigen gegeben seien. Es komme nicht darauf an, daß die Zahl der Bauern überhaupt vergrößert werde, sondern nur auf die Erhaltung eines lebensfähigen Bauernstandes. Erfahrungsmäßig sei mit dem kleinen Grundbesitze nur unter besonderen Verhältnissen eine intensivere Wirthschaft verbunden. Die Erfahrung bestätige ferner, daß aus der Mitte des Bauernstandes in den Gebieten, in welchen das Anerbenrecht bestehe, vorzugsweise der bürgerliche Mittelstand hervorgehe und sich ergänze.

Wenn hiernach mit dem Entwurf ein Vorbehalt für die Landesgesetzgebung bezüglich des Anerbenrechts aufgenommen werden müsse, so empfehle es sich mit Rücksicht auf die Verschiedenheit der örtlichen Verhältnisse und der rechtlichen Gestaltung, welche das Anerbenrecht, selbst innerhalb des Gebiets eines und desselben Bundesstaats, gefunden habe, die Regelung des Anerbenrechts, abweichend von dem Entwurfe, schlechthin der Landesgesetzgebung zu überlassen und nicht durch die von dem Entwurfe gezogenen Schranken die Landesgesetzgebung zu tiefgreifenden Aenderungen der bestehenden Gesetze zu nöthigen. Insbesondere fehle es an einem durchschlagenden Grunde, das Anerbenrecht nur in der im Art. 83 Abs. 1 des Entwurfes eines Einführungsgesetzes zum Bürgerlichen Gesetzbuch erster Lesung (oben S. 21) vorgesehenen juristischen Gestaltung zuzulassen, zumal dasselbe in größeren Rechtsgebieten, wie in Hannover, Mecklenburg, Oldenburg, in abweichender Art geregelt sei. Ebensowenig könne es wegen des Zusammenhanges des Anerbenrechts mit dem sonstigen Agrarrecht und dem öffentlichen Rechte für zweckmäßig erachtet werden, der Landesgesetzgebung die Befugniß zu entziehen, das Recht des Eigenthümers eines dem Anerbenrecht unterliegenden Grundstücks, unter Lebenden über das Grundstück zu verfügen, auszuschließen oder, namentlich in Ansehung der Belastung, zu beschränken. Auch hier komme in Betracht, daß das bestehende Recht in einigen Gebieten, z. B. in Mecklenburg, den Eigenthümer eines Anerbenguts besonderen Verfügungsbeschränkungen unterwerfe. Für Rentengüter ergebe sich allerdings die Zulässigkeit einer solchen landesgesetzlichen Beschränkung schon aus dem bezüglich der Rentengüter beschlossenen allgemeinen Vorbehalte. Ferner seien die landesgesetzlichen Vorschriften über das Erbpachtrecht und ähnliche vererbliche und veräußerliche Nutzungsrechte ohne Einschränkung vorbehalten. Indessen lasse sich nicht übersehen, ob nicht darüber hinaus auch bei anderen Grundstücken die Landesgesetzgebung im Zusammenhange mit der Regelung des Anerbenrechts ein berechtigtes Interesse haben könne, den Eigenthümer eines Anerbenguts in der Verfügung über dasselbe zu beschränken.

Zweckmäßig erscheine es dagegen, zu bestimmen, daß der Eigenthümer eines dem Anerbenrecht unterliegenden Grundstücks von Todeswegen über das Grundstück verfügen könne. Diese Verfügungsfreiheit entspreche nicht allein allen neueren Gesetzen, sondern sei auch ein nothwendiges Schutzmittel gegen die Nachtheile, die im einzelnen Falle mit dem Anerbenrechte verbunden sein könnten. Dem Eigenthümer des Grundstücks müsse die Möglichkeit gegeben werden, den besonderen thatsächlichen Verhältnissen, die ihm am besten bekannt seien, durch eine Verfügung von Todeswegen Rechnung zu tragen, sei es durch die Ausschließung, sei es durch anderweitige Regelung des Anerbenrechts.

Einvernehmen bestand, daß der beschlossene Vorbehalt auch die im Art. 87 des Entwurfes eines Einführungsgesetzes erster Lesung (oben S. 22) hervorgehobenen, die Gütergemeinschaft betreffenden Fälle umfassen solle.

Anlangend die Tragweite des Vorbehalts, war man einverstanden, daß der Art. 62 insbesondere auch die landesgesetzlichen Vorschriften über die von dem Anerben seinen Geschwistern zu gewährenden Abfindungen und Unterhaltsleistungen umfasse, ferner die landesgesetzlichen Vorschriften über das Recht des überlebenden Ehegatten auf Gewährung eines Altentheils, einer Leibzucht oder auf Fortführung der Wirthschaft in Ansehung des dem Anerbenrecht unterliegenden Grundstücks sowie das in Verbindung mit dem Anerbenrecht stehende Recht der Interimswirthschaft. Soweit jedoch mit der Interimswirthschaft familienrechtliche Wirkungen, insbesondere ein Erziehungsrecht des Interimswirths, verbunden seien, träten die landesgesetzlichen Vorschriften außer Kraft und könnten neue landesgesetzliche Vorschriften nicht erlassen werden. Ebensowenig erstrecke sich der Vorbehalt auf das besondere bäuerliche eheliche Güterrecht, unbeschadet der im Art. 199 für die zur Zeit des Inkrafttretens des Bürgerlichen Gesetzbuchs bestehenden Ehen vorgesehenen Uebergangsbestimmungen.

Zu **Artikel** 63, 64.

Die Art. 63, 64 stimmen mit den Art. 39, 40 des Entwurfes erster Lesung überein.

Aus den Motiven (S. 161 ff.):

Wegen der Gründe, welche bestimmend gewesen sind, die in den Art. 39, 40 bezeichneten Materien den Landesgesetzen vorzubehalten, wird auf die Motive zum Entwurf eines Bürgerlichen Gesetzbuchs Bd. 3 S. 5 verwiesen.[1])

Zu Artikel 65.

Der Art. 65 Abs. 1 stimmt mit dem Art. 38 erster Lesung überein. Abs. 2 des Art. 65 ist bei der zweiten Lesung neu aufgenommen worden.

Aus den Motiven (S. 161):

Die Gründe, aus welchen das Bergrecht von der Regelung durch das Bürgerliche Gesetzbuch ausgeschlossen ist, sind in den Motiven zum Entwurf eines Bürgerlichen Gesetzbuchs Bd. 3 S. 4. dargelegt.[2])

Es mag vielleicht in Zweifel gezogen werden, ob der Komplex von Vorschriften, welcher als „Bergrecht" bezeichnet wird, ein so fest geschlossenes Ganzes bilde, daß ein allgemein lautender Vorbehalt zu Gunsten der dem Bergrecht angehörenden partikularen Vorschriften weder zu eng noch zu wenig begrenzt erscheint. Bei näherer Betrachtung erweist ein solcher Zweifel sich als nicht begründet. Den Kern des Bergrechts, soweit solches dem bürgerlichen Rechte angehört, bilden Vorschriften, welche gewisse Mineralien von dem Verfügungsrechte des Grundeigenthümers ausschließen, die Begründung, Veränderung und Aufhebung sowie den Inhalt des Bergwerkseigenthums regeln, die Gewerkschaft und deren Verfassung, die Rechtsverhältnisse zwischen den Bergbautreibenden und den Grundbesitzern, die Haftung der Bergwerkseigenthümer für den anderen

---

[1]) An der angeführten Stelle wird ausgeführt:

Das Wasserrecht und das Deich- und Sielrecht .... können im Einzelnen nur nach dem Bedürfnisse und den geschichtlich gegebenen Verhältnissen größerer oder kleinerer Bezirke geregelt werden. Eine mehr als lokale Bedeutung hat die Art und Weise dieser Regelung nicht. Auch bildet der meist polizeiliche Inhalt der einschlägigen Vorschriften ein weiteres Hinderniß der Kodifikation.

[2]) An der angeführten Stelle wird bemerkt:

Das Bergrecht setzt sich aus öffentlichrechtlichen und privatrechtlichen Vorschriften zusammen. An Umfang überwiegen die ersteren. Eine Ausscheidung der letzteren aber würde das richtige Verständniß derselben erheblich erschweren, zur Zerreißung einer Rechtsmaterie führen, welche in den meisten Staaten, die zu ihrer gesetzlichen Regelung gelangt sind, den Inhalt eines einzigen Gesetzes bildet. Es wäre daher wenig angemessen, wenn die bisherige Methode jetzt aufgegeben würde. Sie steht aber einer Einfügung des Bergrechts in das Bürgerliche Gesetzbuch wegen des vorwiegend publizistischen Karakters dieses Rechtstheils entgegen, ganz abgesehen davon, daß der reichhaltige Stoff, um welchen es sich handelt, schon aus systematischen Rücksichten besser in einem besonderen Gesetze gestaltet wird.

Bergwerken verursachten Schaden sowie die Rechtsverhältnisse der Bergarbeiter ordnen. Auch die Vorschriften über die grundbuchliche Behandlung und die Zwangsvollstreckung in bergrechtliche Gerechtsame gehören hierher. Ist ein Mineral dem Verfügungsrechte des Eigenthümers zwar nicht entzogen, aber doch seine Gewinnung den bergrechtlichen Normen und Beschränkungen unterstellt und kann außerdem das Recht auf die Gewinnung vom Eigenthum abgetrennt werden und hierdurch selbständigen Bestand erlangen, so darf der bergrechtliche Karakter der auf solche Verhältnisse sich beziehenden Vorschriften nicht um deswillen verneint werden, weil nicht ein verliehenes Bergwerk in Frage steht. In Sachsen (Berggesetz vom 16. Juni 1868 § 48, Gesetz vom 18. März 1887), Sachsen-Altenburg (Gesetz vom 18. April 1872 § 3) und Preußen (mit Beschränkung auf die vormals sächsischen Landestheile, Gesetz vom 22. Februar 1869 § 2) ist die Gewinnung von Kohlen in dieser Weise geregelt. Ob auch die Gewinnung von anderen Mineralien, insbesondere von Eisen, soweit diese Mineralien der Verfügung des Eigenthümers nicht entzogen sind (vergl. § 211 des preußischen Berggesetzes vom 24. Juni 1865), in einigen Gebieten bergrechtlichen Normen unterliegt, mag fraglich sein. Jedenfalls werden durch den allgemeinen Vorbehalt alle Vorschriften getroffen, welche die Gewinnung gewisser Mineralien bergrechtlichen Normen unterwerfen, auch wenn das Mineral der Verfügung des Eigenthümers nicht entzogen ist.

Aus den Protokollen (S. 8791):

Bei der zweiten Lesung wurde gegen den Vorbehalt des Art. 38 keine Erinnerung erhoben.

Anlangend das Verhältniß des Art. 65 zu den Vorschriften des § 1022 Abs. 2 und des § 2100 Abs. 2 des Entwurfes eines Bürgerlichen Gesetzbuchs[1]) wurde bemerkt, daß in den Fällen, wo die Errichtung eines Betriebsplans nach den Bestimmungen des Bergrechts vorgeschrieben sei, dieser den bergrechtlichen Bestimmungen entsprechende Betriebsplan auch gegenüber dem privatrechtlichen Verhältnisse zwischen dem Nießbraucher und dem Eigenthümer sowie zwischen dem Vorerben und dem Nacherben wirksam bleiben müsse. Denn zufolge der Natur des allgemeinen Vorbehalts des Art. 65 hätten die Vorschriften der §§ 1022, 2100 nur Geltung unbeschadet des Art. 65. In den Fällen, wo die Errichtung eines Betriebsplans durch die bergrechtlichen Bestimmungen nicht vorgeschrieben sei, greife natürlich der Vorbehalt nicht Platz; es bliebe alsdann

[1]) Den angeführten Vorschriften entsprechen der § 1021 Abs. 2 und der § 2098 Abs. 2 der Reichstags-Drucksache Nr. 87.

bei dem, was sich aus den allgemeinen Vorschriften über den Nießbrauch und die Vorerbschaft ergebe.

Zu Artikel 66.

Der Art. 66 stimmt mit dem Art. 71 des Entwurfes erster Lesung überein.

Aus den Motiven (S. 195):

In Sachsen (Verordnung, das Verfahren in nichtstreitigen Rechtssachen betreffend, vom 9. Januar 1865 § 114 Nr. 5, § 124 Nr. 8) und vielleicht auch in anderen Gebieten kommen vererbliche und veräußerliche Berechtigungen vor, welche darauf gerichtet sind, ein Grundstück zur Gewinnung von Bodenbestandtheilen, welche dem Verfügungsrechte des Eigenthümers nicht entzogen sind (Steine, Schiefer, Thon, Porzellanerde u. s. w.), zu benutzen, ohne daß die Ausübung eines solchen Rechtes bergrechtlichen Normen und Beschränkungen unterworfen ist. Es fehlt zwar an einem allgemeinen Bedürfnisse, die rechtsgeschäftliche Begründung eines derartigen qualifizirten Benutzungsrechtes unter Befreiung von den in Ansehung der Dienstbarkeiten gesetzten Schranken zuzulassen; es liegt aber auch kein Grund vor, den partikularen Bedürfnissen Beachtung zu versagen, welche für eine derartige Benutzung von Grundstücken eine ähnliche Begünstigung verlangen, wie solche im Bürgerlichen Gesetzbuche der Benutzung eines fremden Grundstückes zum Haben eines Bauwerkes zu Theil geworden ist. Unterstellen die Landesgesetze die Ausübung eines solchen Rechtes den bergrechtlichen Normen und Beschränkungen, so sind dieselben schon nach dem allgemeinen Vorbehalte des Art. 38 (jetzt 65) in der Lage, die Begründung der fraglichen Berechtigungen und den Inhalt derselben zu regeln. Die partikulare Begünstigung der fraglichen Benutzungsrechte muß aber auch dann gewahrt bleiben, wenn diese Berechtigungen nicht in das Gebiet des Bergrechtes einbezogen sind. Dabei ist indessen in Ansehung der Begründung, der Aufhebung und des Schutzes eine Gleichbehandlung mit dem Erbbaurechte gerechtfertigt und insbesondere eine ähnliche Kundbarmachung der fraglichen Berechtigungen durch das Grundbuch nothwendig (Satz 2).

Zu Artikel 67.

Der dem Art. 67 entsprechende Art. 43 des Entwurfes erster Lesung lautet:

> Unberührt bleiben die Vorschriften der Landesgesetze über Jagd und Fischerei, mit Einschluß der Vorschriften über den Ersatz des Wildschadens.

Aus den Motiven (S. 164):

Die Gründe, aus welchen die hier in Rede stehenden Gegenstände in dem Entwurf eines Bürgerlichen Gesetzbuchs eine Regelung nicht gefunden haben, sind in den Motiven zu dem Entwurf eines Bürgerlichen Gesetzbuchs Bd. 3 S. 5 dargelegt.[1]) Von einem Jagdrecht und Fischereirechte kann nicht in gleichem Sinne gesprochen werden, wie von einem Wasserrecht oder Bergrechte; der Anschluß an die Redeweise der betreffenden Vorbehalte ist deshalb nicht angänglich. Immerhin lassen die aufrechtzuerhaltenden Vorschriften sich durch den Hinweis auf ihren Gegenstand — „über Jagd und Fischerei" — zusammenfassen und genügend abgrenzen. Die Vorschriften über den Ersatz des Wildschadens haben dabei zur Vermeidung jedes Zweifes besondere Erwähnung gefunden. Die Fassung des Vorbehaltes ergiebt, daß auch die Vorschrift des § 187 des Entwurfes eines Bürgerlichen Gesetzbuchs[2]) in Ansehung der Selbstvertheidigung gegen Schädigungen durch das Wild eine Abschwächung zu Gunsten des Jagdberechtigten erfahren kann.

Anstand ist genommen, den Erwerb des Eigenthums an Gegenständen der Jagd und Fischerei schlechthin den Vorschriften des Entwurfes eines Bürgerlichen Gesetzbuchs zu unterstellen. Durch eine solche Regelung würden allerdings die Unzuträglichkeiten vermieden, welche sich ergeben, wenn die gleichartige Handlung je nach Verschiedenheit der Jagdgesetze in dem einen Gebiet als Eigenthumsvergehen (Diebstahl, Unterschlagung), in anderen Gebieten nur als Jagdvergehen beurtheilt wird. Allein hierin liegt noch kein genügender Grund, die Eigenthumsfrage der partikularen Gesetzgebung zu entziehen. Auch die Regelung dieser Frage dient unverkennbar den Zwecken der Spezialgesetzgebung über Jagd und Fischerei.

Aus den Protokollen (S. 3791, 8798 bis 8801):

Die Vorschrift des Art. 43, soweit sie den Ersatz des Wildschadens betrifft, wurde in Folge der reichsgesetzlichen Regelung, welche die Verpflichtung zum Ersatze des Wildschadens durch die Beschlüsse zweiter Lesung erfahren hat, gestrichen.

Für den Beschluß, den Vorbehalt des Art. 43 durch die Worte „unbeschadet der Vorschrift des § 943 Abs. 2 des Bürgerlichen Gesetzbuchs"[3]) einzuschränken, waren folgende Erwägungen maßgebend:

---

[1]) An dieser Stelle wird bemerkt:

Das .... Fischereirecht, das Jagdrecht .... können im Einzelnen nur nach dem Bedürfnisse und den geschichtlich gegebenen Verhältnissen größerer oder kleinerer Bezirke geregelt werden. Eine mehr als lokale Bedeutung hat die Art und die Weise dieser Regelung nicht. Auch bildet der meist polizeiliche Inhalt der einschlägigen Vorschriften ein weiteres Hinderniß der Kodifikation.

[2]) Dem § 187 entspricht der § 222 der Reichstags-Drucksache Nr. 87.

[3]) Dem § 943 Abs. 2 entspricht § 942 Abs. 2 der Reichstags-Drucksache Nr. 87.

Die Vorschrift des § 943 Abs. 2 sei vom Standpunkte der Sittlichkeit und Gerechtigkeit aus geboten. Es gehe nicht an, der Landesgesetzgebung zu gestatten, von dieser Vorschrift für einzelne Fälle der Aneignung, insbesondere für den Fall der Aneignung von widerrechtlich erlegtem Wilde seitens des Wilddiebs, eine Ausnahme zu machen. Die Frage der Zulässigkeit und der Wirkung einer solchen Aneignung sei von großer praktischer Bedeutung; man dürfe nicht die Beantwortung der Landesgesetzgebung zuweisen und damit die Möglichkeit einer Rechtsverschiedenheit in Deutschland schaffen.

Zu **Artikel** 68.

Die Vorschrift ist bei der zweiten Lesung neu aufgenommen worden.

Aus den Protokollen (S. 3266, 3267):

Die Grundsätze, nach denen der Wildschaden festzustellen sei, sowie die Vorschriften, nach welchen der Anspruch auf Ersatz des Wildschadens innerhalb einer bestimmten Frist bei der zuständigen Behörde angemeldet werden müsse, ständen im engsten Zusammenhange mit den über das Verfahren für die Geltendmachung von Wildschadensansprüchen zu erlassenden Bestimmungen. Es sei deshalb nicht angemessen, sie aus diesem Zusammenhange zu lösen, sondern zweckmäßiger, sie gleichfalls der Landesgesetzgebung vorzubehalten.

Zu **Artikel** 69.

Die Vorschrift ist bei der zweiten Lesung neu aufgenommen worden.

Aus den Protokollen (S. 3234, 3235, 3246 bis 3249, 3261 bis 3267):

Zu Nr. 1: Anlangend die Bestimmung des Schadenwildes, müsse neben der reichsgesetzlichen Vorschrift (des § 820 des Entwurfes eines Bürgerlichen Gesetzbuchs)[1]), welche nur die Wildarten berücksichtige, die überall als Schadenwild angesehen würden, der Landesgesetzgebung die Möglichkeit gelassen werden, noch für andere Wildarten eine Verpflichtung zum Ersatz des durch sie angerichteten Schadens zu bestimmen. Insbesondere rechne die reichsgesetzliche Vorschrift Kaninchen, Hasen und Fasanen wegen der verschiedenartigen Behandlung, welche diesen Wildarten nach geltendem Rechte zu Theil werde, nicht zum Schadenwilde. Bezüglich dieser Wildarten sei ein Vorbehalt für die Landesgesetzgebung erforderlich und genügend.

---

[1]) Dem § 820 entspricht § 819 der Reichstags-Drucksache Nr. 87.

Zu Nr. 2: Der Vorbehalt sei mit Rücksicht auf die in mehreren Landesgesetzen, z. B. in Preußen, Württemberg, Baden, Braunschweig, sich findenden Bestimmungen nothwendig, denen zufolge für den Wildschaden, der durch das aus dem Gehege ausgetretene Wild angerichtet werde, der Eigenthümer oder Besitzer eines Geheges verantwortlich sei.

Zu Nr. 3: Es sei zweckmäßig, nach der in dem Vorbehalte bezeichneten Richtung der Landesgesetzgebung freien Spielraum zu lassen. Insbesondere empfehle es sich, die Bestimmung des § 3 des Preußischen Gesetzes vom 11. Juli 1891 aufrecht zu erhalten, derzufolge der Inhaber des ein anderes Grundstück umschließenden Jagdbezirkes den Besitzer jenes Grundstücks zum Ersatze des Wildschadens verpflichtet sei, wenn er die ihm angebotene Anpachtung der Jagd abgelehnt habe.

Zu Nr. 4. Der Vorbehalt sei namentlich für solche Gebiete von Bedeutung, in denen, wie in Bayern, Baden und Hessen, Ersatz für Hasenschaden zu gewähren sei. Daß die Besitzer von Weinbergen oder Obstkulturen die in dem Vorbehalt bezeichneten Schutzvorrichtungen herzustellen verpflichtet seien, verstehe sich nicht von selbst, sondern bedürfe besonderer gesetzlicher Bestimmung.

Zu Nr. 5. Der Landesgesetzgebung müsse für den im §. 820 Abs. 3 des Entwurfes eines Bürgerlichen Gesetzbuchs[1]) behandelten Fall, daß die Eigenthümer der Grundstücke eines Bezirkes zum Zwecke der gemeinschaftlichen Ausübung des Jagdrechts durch das Gesetz zu einem Verbande vereinigt seien, der nicht als solcher hafte, die Möglichkeit offen bleiben, das bestehende Recht und namentlich die innere Organisation der bestehenden Jagdgemeinschaften aufrecht zu erhalten.

Zu Nr. 6. Der Vorbehalt rechtfertige sich durch die Rücksicht auf die öffentlichrechtlichen Verhältnisse der einzelnen Staaten. Soweit der Vorbehalt sich insbesondere auf die Ersatzpflicht des Jagdpächters beziehe, trage er der Verschiedenartigkeit der bestehenden Landesrechte Rechnung, nach welchen der Beschädigte, theils wie in Hessen, die Wahl habe, ob er sich an den Jagdpächter oder an die die Gesammtheit der Grundbesitzer vertretende Gemeinde halten wolle, theils verpflichtet sei, zuerst den Pächter oder den Vorpächter zu belangen.

Zu Nr. 7. Eine Vorschrift über ein Rückgriffsrecht des zum Ersatze des Wildschadens Verpflichteten finde sich zur Zeit nur im § 4 des hannoverschen Gesetzes vom 21. Juli 1848. Ob sich die Bestimmung bewährt habe, sei bestritten. Auch ihre innere Berech-

[1]) Vergl. Anmerk. auf S. 38.

tigung unterliege Bedenken. Jedenfalls sei sie nur selten zur Anwendung gekommen. Wenn bei dieser Sachlage die reichsrechtliche Anerkennung eines derartigen Rückgriffsrechts nicht in Frage kommen könne, so empfehle es sich andererseits nicht, ein solches Recht reichsgesetzlich auszuschließen.

Zu Artikel 70.

Die Vorschrift ist bei der zweiten Lesung neu aufgenommen worden.

Aus den Protokollen (S. 3238, 3239 und Prot. der 455. Sitzung):

Dem im § 820 des Entwurfes eines Bürgerlichen Gesetzbuchs[1]) vorausgesetzten Falle, daß dem Eigenthümer des vom Wildschaden betroffenen Grundstücks das Jagdrecht nicht zustehe oder die Ausübung des ihm zustehenden Jagdrechts durch das Gesetz entzogen sei, müsse der Fall gleichgestellt werden, daß in Ansehung des beschädigten Grundstücks (nach Maßgabe der unberührt bleibenden Landesgesetze) ein zeitlich nicht begrenztes Nutzungsrecht bestehe, der Berechtigte aber das Jagdrecht nicht habe oder an dessen Ausübung durch Gesetz gehindert sei. In Betracht kämen einerseits dingliche Nutzungsrechte, andererseits die der (dinglichen) Erbpacht nahestehenden, zwar nicht dinglichen, aber vererblichen und regelmäßig unkündbaren, zeitlich unbeschränkten Pachtrechte, wie sie in Mecklenburg vorkämen. Dagegen liege ein Nutzungsrecht im Sinne des Art. 70 nicht vor, wenn Jemand nur einen Anspruch auf den Reingewinn oder einen Theil des Reingewinns habe, den der das Grundstück Nutzende, sei es der Eigenthümer, sei es ein Dritter, aus der Nutzung ziehe.

Zu Artikel 71.

Der Art. 71 stimmt mit dem Art. 45 des Entwurfes erster Lesung überein.

Aus den Motiven (S. 165):

Normen privatrechtlicher Natur kommen in Ansehung der sogenannten niederen oder nutzbaren Regalien vor, welche in der neueren Zeit allein „Regalien" genannt zu werden pflegen. Inwieweit die auf diese Art von Regalien sich beziehenden Vorschriften privatrechtliche sind, bleibt allerdings nach einigen Richtungen zweifelhaft. Dem Akte der Uebertragung auf einen Privaten, der Regelung der Rechtsstellung eines solchen Erwerbers, sowie der Ordnung des auf das besondere Privatrecht sich beziehenden Rechtsverkehrs kann zum großen Theile ein privatrechtlicher Karakter nicht abgesprochen werden. Es ist mithin die Aufnahme eines Vorbe-

[1]) Vergl. Anm. auf S. 38.

haltes erforderlich, wenn das partikulare Regalienrecht unangetastet bleiben soll. Die Beseitigung der betreffenden landesrechtlichen Vorschriften erscheint wegen der publizistischen Seite der Regalien bedenklich.

Ob das dem Staate vorbehaltene Recht auf Zueignung bisher herrenlos gewesener Grundstücke als ein Regal oder ein schon bestehendes Recht an Grundstücken solcher Art zu betrachten ist, hängt von dem Inhalte des einschlagenden Gesetzes ab. Für den zweiten Fall ist klar, daß ein besonderer Vorbehalt nicht erforderlich ist; das fragliche Recht bedarf demzufolge keiner besonderen Erwähnung.

Die allgemeine Fassung des Vorbehaltes entspricht der sonstigen Verfahrensweise. Eine Einschränkung des Vorbehaltes durch Ausschließung des Erwerbes eines Regalienrechtes durch Ersitzung oder durch unvordenkliche Verjährung oder durch die allgemeine Ausschließung der Neubegründung von Regalien erscheint nicht geboten und würde auch nicht unbedenklich sein.

Zu **Artikel 72.**

Der Art. 72 stimmt mit dem Art. 44 des Entwurfes erster Lesung überein.

Aus den Motiven (S. 165):

Wenn die Institute der Zwangsrechte, Bannrechte und Realgewerbeberechtigungen der Landesgesetzgebung vorbehalten werden, so bleibt zu beachten, daß den Einschränkungen, welche die fraglichen Institute durch die Gewerbeordnung bereits erlitten haben oder durch ein künfties Reichsgesetz vielleicht erleiden werden, kein Eintrag geschehen darf. Daß unter den Vorbehalt auch die Regelung der Ablösung dieser Rechte fällt, bedarf keines besonderen Ausdruckes.

Von den Bannrechten und Zwangsrechten, welche Verbietungsrechte sind, müssen solche Berechtigungen unterschieden werden, welche einem Gewerbetreibenden das Recht geben, von anderen Personen positiv die Abnahme seiner gewerblichen Leistungen zu verlangen; vergl. preußisches Allgemeines Landes-Recht I, 23 §§. 56, 58 (Krugverlagsrecht). Rechte dieser Art werden durch den Vorbehalt nicht getroffen. Die Belastung eines Grundstückes mit einem solchen Verlagsrechte ist nach den Vorschriften des Entwurfes eines Bürgerlichen Gesetzbuchs nicht zulässig. Dagegen steht der Uebernahme einer obligatorischen Verbindlichkeit des angedeuteten Inhaltes nichts entgegen (vergl. preußisches Gesetz über die polizeilichen Verhältnisse der Gewerbe vom 7. September 1811 §. 54).

Zu Artikel 73, 74.

Die Vorbehalte sind bei der zweiten Lesung neu aufgenommen worden.

Aus den Protokollen (S. 4421, 8912, 8913, 8961, 9201):

Der Entwurf erster Lesung habe, von der Voraussetzung ausgehend, daß im Zusammenhange mit der Einführung des Bürgerlichen Gesetzbuchs und gleichzeitig mit der Revision des Handelsgesetzbuchs eine reichsgesetzliche Regelung des Versicherungswesens und des Verlagsrechts erfolgen werde, sich der Aufnahme eines Vorbehalts bezüglich des landesgesetzlichen Versicherungswesens und Verlagsrechts enthalten. Da es jedoch zweifelhaft erscheine, ob die in Aussicht genommenen Reichsgesetze schon bis zum Inkrafttreten des Bürgerlichen Gesetzbuchs vollendet sein würden, bis zum Erlasse derselben aber gegenüber dem Kodifikationsprinzipe des Bürgerlichen Gesetzbuchs nicht nur die öffentlichrechtlichen, sondern auch die privatrechtlichen Vorschriften der Landesgesetze über das Versicherungswesen und den Verlagsvertrag aufrecht erhalten werden müßten, so sei es richtiger, bezüglich der bezeichneten Materien einen allgemeinen Vorbehalt aufzunehmen.

Durch den Vorbehalt würden jedoch die dem Versicherungsrecht angehörenden besonderen Vorschriften des Bürgerlichen Gesetzbuchs, z. B. die §§. 1029, 1030, 1111 ff., 1370, 1633[1]), nicht berührt; insoweit sei die Landesgesetzgebung beschränkt.

Zu Artikel 75.

Der dem Art. 75 entsprechende Art. 56 des Entwurfes erster Lesung lautet:

> Unberührt bleiben die Vorschriften der Landesgesetze über die Haftung des Staats, der Gemeinden und anderer Kommunalverbände (Provinzial-, Kreis-, Amtsverbände) für den von ihnen zugefügten Schaden, unbeschadet der Vorschriften der §§. 46, 63 des Bürgerlichen Gesetzbuchs.

Aus den Motiven (S. 185):

Aus den §§. 46, 63 des Entwurfes eines Bürgerlichen Gesetzbuchs[2]) folgt, daß der Staat und daß Gemeinden kraft reichsrechtlicher Norm für den Schaden haften, welchen Staats- bezw. Gemeindebeamte durch eine in Ausübung ihrer Vertretungsmacht

---

[1]) Den §§. 1029, 1030, 1111, 1370, 1633 entsprechen die §§. 1028, 1029, 1110, 1368, 1631 der Reichstags-Drucksache Nr. 87.

[2]) Den §§. 46, 63 entsprechen die §§. 28, 85 der Reichstags-Drucksache Nr. 87.

begangene widerrechtliche, zum Schadensersatze verpflichtende Handlung einem Dritten zugefügt haben. Diese Haftpflicht bezieht sich jedoch nur auf solche Handlungen, welche ein Beamter in Ausübung der ihm in privatrechtlichen Verhältnissen zustehenden Vertretungsmacht begeht. Die Frage, ob und inwieweit der Staat und die Gemeinden für den Schaden einzustehen haben, welchen ein Beamter als Träger öffentlicher Machtbefugnisse den der Amtsgewalt Unterworfenen oder Dritten zufügt, wird durch das Bürgerliche Gesetzbuch nicht entschieden. Läßt die Verpflichtung, für einen solchen Schaden einzustehen, sich auch als eine privatrechtliche bezeichnen, so steht doch die Frage, ob eine derartige Verpflichtung anzuerkennen sei, mit dem öffentlichen Rechte der Einzelstaaten in so engem Zusammenhange, daß die Regelung der Materie der Landesgesetzgebung anheimgegeben werden muß. Eine Beschränkung des Vorbehaltes auf die Fälle, in welchen der Beamte widerrechtlich gehandelt und sich selbst einem Dritten schadensersatzpflichtig gemacht hat, ist nicht nöthig. Ebensowenig sind die Befugnisse näher bezeichnet, in deren Ausübung die Handlung, welche die Ersatzpflicht begründen soll, begangen sein muß. Die Bestimmung der Grenze, bis zu welcher die Haftung sich erstreckt, darf ohne Bedenken der Landesgesetzgebung überlassen werden. Ein Mißverständniß der Vorschrift in der Richtung, daß von dem Landesrechte nur derjenige öffentliche Verband solle für haftbar erklärt werden können, dessen Beamter der Schädigende sei, nicht auch ein anderer Verband, welcher des Beamten zur Ausübung öffentlicher Machtbefugnisse sich bedient habe, ist nicht zu besorgen.

Aus den Protokollen (S. 1216, 2912, 8857, 8858):

Der Art. 56 wurde bei der zweiten Lesung mit dem von keiner Seite beanstandeten Zusatze gebilligt, daß auch diejenigen landesgesetzlichen Vorschriften unberührt bleiben sollen, welche das Recht des Beschädigten, von dem Beamten den Ersatz eines in Ausübung öffentlicher Gewalt zugefügten Schadens zu verlangen, insoweit ausschließen, als der Staat oder der Kommunalverband haftet.

Zu Artikel 77.

Die Vorschrift ist bei der zweiten Lesung neu aufgenommen worden.

Aus den Protokollen (S. 2912, 2913, 8857):

Durch den Vorbehalt werde die Beibehaltung des in Bayern bestehenden Verfahrens zur Ermittelung des Werthes von Grundstücken ermöglicht, auf welche Geld gegen Hypothekenbestellung aufgenommen werden solle. Die amtlich bestellten und beeidigten Schätzer seien für die bei der Schätzung begangenen Pflichtverletzungen den Hypothekengläubigern verantwortlich. Die Einrichtung stehe mit den Vorschriften über die Grundsätze, nach denen der Werth der Grundstücke festzustellen sei (vergl. §. 1785 Abs. 2 des Entwurfes eines Bürgerlichen Gesetzbuchs)[1]), in einem gewissen Zusammenhange.

Zu Artikel 78.

Der Art. 78 Abs. 1 entspricht dem Art. 54 des Entwurfes erster Lesung, welcher lautet:

> Unberührt bleiben, soweit nicht durch das Bürgerliche Gesetzbuch eine besondere Bestimmung getroffen ist, die Vorschriften der Landesgesetze über die vermögensrechtlichen Ansprüche und Verbindlichkeiten der Beamten aus dem Amtsverhältnisse, mit Einschluß der Ansprüche der Hinterbliebenen.

Die Vorschrift des Art. 78 Abs. 2 ist bei der zweiten Lesung neu eingestellt worden.

Aus den Motiven (S. 80 bis 84):

Unter Beamten im Sinne des Entwurfes des Einführungsgesetzes wie des Entwurfes des Bürgerlichen Gesetzbuchs werden öffentliche Beamten verstanden. Die Frage, wann einer Person die Eigenschaft eines öffentlichen Beamten zukommt, beantwortet sich aus dem maßgebenden öffentlichen Reichs- oder Landesrechte.

Ueber die rechtliche Natur des Beamtenverhältnisses sind die Ansichten getheilt. In früherer Zeit unterstellte man dasselbe rein privatrechtlichen Gesichtspunkten und führte seine Entstehung auf einen privatrechtlichen Vertrag zurück, wobei nur darüber Meinungsverschiedenheit bestand, ob der Gesichtspunkt eines precarium, einer locatio conductio operarum, eines Mandates oder eines Innominatkontrakts nach der Formel do ut facias den Vorzug verdiene. Später gelangte die Ansicht zur Geltung, es handele sich um einen eigenartigen Dienstvertrag, welcher aus einem Hauptvertrage, der die Uebertragung des Amtes, und aus einem Nebenvertrage, der die Besoldung des Beamten zum Gegenstande habe, zusammengesetzt sei. Gegenwärtig stehen sich zwei Meinungeu gegenüber. Die eine, welche als die herrschende bezeichnet werden darf, führt die Begründung des Beamtenverhältnisses auf einen einseitigen Akt der Staatsgewalt (Souveränetätsakt, lex specialis, Privilegium, Verwaltungsakt) zurück. Nach der anderen Ansicht beruht das Beamtenverhältniß auf einem öffentlich-rechtlichen Vertrage. Welche dieser Auffassungen die richtige ist, darf auf sich beruhen. Nach

[1]) Dem §. 1785 Abs. 2 entspricht der §. 1783 Abs. 2 der Reichstags-Drucksache Nr. 87.

der einen wie nach der anderen bildet die Anstellung einen Akt des öffentlichen Rechtes; die auf dieselbe bezüglichen landesrechtlichen Normen werden mithin nicht berührt. Die Vertreter der ersteren, der herrschenden Meinung, erklären aber die dem Beamten auf Grund der Anstellung gegenüber dem Staate zustehenden Ansprüche auf Besoldung, Wartegeld, Pension, auf Diäten, Entschädigung für Reiseauslagen oder Umzugskosten, auf zugesicherte Repräsentationskosten, Ortszulagen und andere Dienstvortheile, ingleichen die Ansprüche der Hinterbliebenen auf die ihnen in Aussicht gestellten Bewilligungen für privatrechtliche Ansprüche, darauf verweisend, daß auch durch einen einseitigen Akt der Staatsgewalt Privatrechte für Einzelne begründet werden können (vergl. Entscheidung des Reichsgerichts in Civilsachen II. Nr. 20 S. 70, 71). Das Beamtenverhältniß würde bei einer solchen Beurtheilung seiner Entstehung nach dem öffentlichen Rechte, seinem Inhalte nach theils dem öffentlichen, theils dem Privatrecht angehören. Diese Auffassung ist nicht ohne Widerspruch geblieben. Es wird die Ansicht vertreten, daß die erwähnten Ansprüche nur das Besondere haben, daß sie im Rechtswege geltend gemacht werden können, daß aber klagbare Ansprüche noch keineswegs mit privatrechtlichen Ansprüchen identisch seien, und daß, auch wenn man jener Meinung folge, nichts gewonnen werde, da die vermögensrechtlichen Ansprüche der Beamten sich nicht nach den Regeln irgend eines im Privatrechte geregelten kontraktlichen oder außerkontraktlichen Rechtsverhältnisses beurtheilen ließen, sondern ihren Rechtsgrund in dem öffentlich-rechtlichen, durch die Anstellung begründeten Rechtsverhältnisse hätten und aus diesem ihren Inhalt empfingen. Die Meinungsverschiedenheit beruht im Wesentlichen auf einer verschiedenen Auffassung des Begriffes des Privatrechts. Da eine Definition dieses Begriffs nicht gegeben wird, erscheint die Klarstellung des Verhältnisses, in welchem das Bürgerliche Gesetzbuch zu den für die betreffenden Ansprüche maßgebenden Sondernormen steht, nothwendig. Dazu kommt, daß das Bürgerliche Gesetzbuch selbst die vermögensrechtlichen Ansprüche und Verpflichtungen der Beamten aus dem Amtsverhältnisse in gewissen einzelnen Beziehungen in den Bereich der Regelung zieht (vergl. §§ 157, 296, 288, 736),[1]) woraus gefolgert werden könnte, daß das Kodifikationsprinzip auf die Gesammtheit der in Rede stehenden Normen sich erstrecke. Darüber, daß es an sich gerechtfertigt ist, die Ansprüche und Verpflichtungen der Landesbeamten aus dem Amtsverhältnisse, soweit nichts Besonderes bestimmt ist, der landes-

---

[1]) Den §§ 157, 288, 296, 736 entsprechen die §§ 195, 388, 394, 406, 823, 825 der Reichstags-Drucksache Nr. 87.

rechtlichen Regelung zu überlassen, wird ein Zweifel nicht wohl bestehen. Die Fassung der Vorschrift ist so gewählt, daß die Hereinziehung offenbar publizistischer Verhältnisse vermieden wird.

Im Uebrigen ist hervorzuheben:

I. Neben den Vorschriften, welche das Amtsverhältniß unmittelbar zum Gegenstande haben, enthalten die Landesgesetze mehrfach Bestimmungen, welche im Interesse der Sicherung voller Pflichterfüllung oder zur Verhütung von Kollisionen zwischen verschiedenen Pflichten Beamten gewisse Beschränkungen für den bürgerlichen Verkehr auferlegen. Dahin gehören:

1. Bestimmungen, nach welchen Beamte und deren Angehörige zum Betrieb eines Gewerbes (vergl. Gewerbeordnung § 12 Abs. 2), und Bestimmungen, nach welchen Beamte zur Uebernahme eines Nebenamtes oder einer Nebenbeschäftigung besonderer behördlicher Erlaubniß bedürfen; — preußische Gewerbeordnung vom 17. Januar 1845 § 19, Kabinetsordre vom 13. Juli 1839, Verordnung vom 23. September 1867 § 1 Nr. 5, Gesetz vom 10. Juni 1874; bayrischer Landtagsabschied vom 28. April 1872 § 51; sächsisches Gesetz vom 3. Juni 1876 §§ 2, 3; württembergisches Gesetz vom 28. Juni 1876 Art. 8; großherzoglich hessischer Edikt vom 12. April 1820 Art. 7, Gesetz vom 4. Januar 1875, u. s. w.

2. Bestimmungen, welche Beamten untersagen, Grundstücke oder sonstige Vermögensgegenstände zu erwerben, Pachtungen zu übernehmen, Bürgschaften einzugehen oder für sich eingehen zu lassen.

a) Für das Gebiet des gemeinen Rechtes haben die Vorschriften des römischen Rechtes, welche den Provinzialbeamten verbieten, von den Angehörigen ihres Amtsbezirkes Grundstücke oder bewegliche, nicht dem unmittelbaren Lebensgebrauche dienende Sachen zu kaufen, denselben Darlehen zu geben oder von ihnen verzinsliche Darlehen anzunehmen (l. 62 pr. D. de contr. emt. $18,_1$, l. 6 § 3 D. de off. proc. $1,_{16}$, l. un. §§ 2, 3 Cod. de contr. jud. $1,_{53}$, l. 33, 34 D. de reb. cred. $12,_1$, l. $3,_6$ Cod. si certum pet. $4,_2$), wohl als antiquirt zu gelten. In Preußen dürfen die Mitglieder der Provinzial-Domänenverwaltung Domänengrundstücke in ihrer Provinz nur nach vorgängiger Dispensation seitens des Chefs der oberen Domänenverwaltung erwerben (Kabinetsordre vom 29. Februar 1812): ferner soll kein im Dienste des Staates stehender Forstbeamter, ohne Unterschied des Ranges, befugt sein, ein Grundstück zu erwerben, welches in den seiner Aufsicht und Verwaltung anvertrauten Forsten und Revieren ein Holzungs-, Hütungs- oder sonstiges Recht hat oder mit denselben grenzt, vorbehaltlich besonderer, durch das Finanzministerium zu gestattender Ausnahmen (Kabinetsordre vom 5. September 1821). Erwerbungen, welche diesen Verboten zuwiderlaufen, werden von der preußischen Jurisprudenz als nichtig angesehen. In Bayern ist den äußeren Justiz-, Polizei- und Finanzbeamten verboten, in ihrem Amtsbezirk eine Gutsrealität zu erwerben; etwa schon vor der Anstellung im Amtsbezirke besessene sowie durch Heirath oder Erbschaft erworbene Güter unterliegen dem Verbote nicht (Edikt über die Verhältnisse der Staatsdiener, Beilage IX zur Verfassungs-Urkunde § 21 Abs. 2). Das Verbot hat nicht die Bedeutung, daß ein gleichwohl geschlossener Erwerbsvertrag angefochten werden kann. In Württemberg waren auf Grund der Dienstpragmatik vom 28. Juni 1821 § 7 Staatsdiener, welche bei der Bezirks- oder Ortsverwaltung angestellt waren, ebenfalls in dem Erwerbe von Grundeigenthum beschränkt; die Beschränkungen sind seit dem 1. Juli 1876 weggefallen.

b) Verschiedene Berggesetze verbieten den Bergbeamten, deren Frauen und unter väterlicher Gewalt stehenden Kindern, in dem betreffenden Verwaltungsbezirke durch Muthung Bergwerke oder Kuxe zu erwerben; — preußisches Berggesetz vom 24. Juni 1865 § 195; bayerisches Berggesetz vom 20. März 1869 Art. 96; württembergisches Berggesetz vom 7. Oktober 1874 Art. 177; braunschweigisches Berggesetz vom 15. April 1876 § 197; elsaß-lothringisches Berggesetz vom 16. Dezember 1873 § 171, u. s. w.

3. Bestimmungen, welche Beamten untersagen, an Veräußerungen, Verpachtungen und ähnlichen Rechtsgeschäften, welche ihrer Leitung anvertraut sind, unmittelbar oder durch Stellvertreter als Partei theilzunehmen beziehungsweise später in solche Geschäfte einzutreten — preußisches Allgemeines Landrecht I, 11 §§ 21 bis 25, Geschäftsanweisung für die Gerichtsvollzieher vom 24. Juli 1879 § 75 Abs. 3; bayerisches Ausführungsgesetz zur Civilprozeßordnung und Konkursordnung vom 23. Februar 1879 Art. 23, Gesetz, betreffend die Zwangsvollstreckung in das unbewegliche Vermögen, vom 23. Februar 1879 Art. 73; sächsische Instruktion für die Gerichtsvollzieher § 149 (Verordnung vom 2. September 1879), Gesetz, betreffend die Zwangsversteigerung und Zwangsverwaltung unbeweglicher Sachen, vom 15. August 1884 § 119; württembergisches Gesetz vom 5. September 1839 § 31, Ausführungsgesetz zur Civilprozeßordnung vom 18. August 1879 Art. 31; badisches Landrecht Satz 1596; Code civil Art. 1596; hessische Instruktion für die Ortsgerichte u. s. w. vom 26. Oktober 1852 § 24, Gerichtsvollzieher-Ordnung vom 21. Mai 1879 § 21, u. s. w.

4. Bestimmungen, welche den Erwerb streitiger Rechte Beamten verbieten, die bei dem Gerichte, bei welchem der Rechtsstreit anhängig ist, angestellt oder die in dem Bezirke des zur Entscheidung zuständigen Gerichtes amtsberechtigt sind; — preußisches Allgemeines

Landrecht I, 11 §§ 385 bis 387, Anhang § 16; Code civil Art. 1597; badisches Landrecht Satz 1597, u. s. w.

5. Bestimmungen, welche Beamten die Annahme von Geschenken ohne Genehmigung der vorgesetzten Behörde verbieten; — sächsisches Gesetz vom 3. Juni 1876 § 5; württembergisches Gesetz vom 28. Juni 1876 Art. 9; oldenburgisches Gesetz vom 28. März 1867 Art. 30; braunschweigisches Gesetz vom 12. Oktober 1832 § 25; sachsen-altenburgisches Gesetz vom 8. Oktober 1861 § 14; sachsen-koburg-gothaisches Gesetz vom 3. Mai 1852 § 17 Abs. 2; schwarzburg-sondershausensches Gesetz vom 26. März 1850 § 16 Abs. 2, u. s. w.

Soweit Bestimmungen der unter Ziffer 1 bis 5 bezeichneten Art sich lediglich auf dem Gebiete der Dienstpragmatik bewegen, entziehen sie sich der Einwirkung des Bürgerlichen Gesetzbuchs von selbst. Andererseits liegt kein Grund vor, denselben, soweit sie weiter greifen, privatrechtliche Wirksamkeit zuzugestehen beziehungsweise den Landesgesetzen zu gestatten, neuen Sondervorschriften dieser Art eine solche Wirksamkeit beizulegen. Der Zug der neueren Rechtsentwickelung geht dahin, von der Einengung der Privatrechtssphäre als Mittel zur Beförderung staatlicher Interessen möglichst abzusehen, und dieser Rechtsentwickelung wird um so mehr Rechnung getragen werden dürfen, als der Staat vermöge des Disziplinarrechts in der Lage ist, den im Interesse des öffentlichen Dienstes getroffenen Anordnungen Nachdruck zu geben. Den gleichen Standpunkt hat seinerzeit bereits das Handelsgesetzbuch Art. 276 eingenommen. Die Bestimmungen unter Ziffer 3 werden übrigens zum Theil durch die §§ 468, 469 des Entwurfes eines Bürgerlichen Gesetzbuchs[1]) ersetzt; soweit dies nicht geschieht, kann unter Umständen auch durch eine entsprechende Begrenzung der dem Beamten zu ertheilenden Vollmacht das Kontrahiren des Beamten mit sich selbst oder mit untergeschobenen Personen verhindert werden.

Ueber den Fortbestand der landesgesetzlichen Bestimmungen, welche die besondere Erlaubniß zur Eheschließung und zur Uebernahme einer Vormundschaft oder zur Fortführung einer über nommenen Vormundschaft betreffen, vergl. die §§ 1243, 1642, 1705 Nr. 4 des Entwurfes eines Bürgerlichen Gesetzbuchs[2]). Beseitigt sind die landesgesetzlichen Bestimmungen, welche Beamten gestatten, die Uebernahme einer Vormundschaft aus eigener Machtvollkommenheit abzulehnen.

---

[1]) Den §§ 468, 469 entsprechen die §§ 450, 452 der Reichstags-Drucksache Nr. 87.

[2]) Den §§ 1243, 1642, 1705 Nr. 4 entsprechen die §§ 1298, 1760, 1864, 1257 der Reichstags-Drucksache Nr. 87.

II. An die unter Ziffer I aufgeführten Vorschriften reihen sich andere, welche überhaupt im Interesse des öffentlichen Dienstes beziehungsweise der Beamten getroffen sind:

1. Die landesgesetzlichen Vorschriften, welche die Uebertragbarkeit und Belastbarkeit der Ansprüche auf Gehalt, Pension, Wittwen- und Waisengeld sowie die Aufrechnung gegen diese Ansprüche ausschließen oder beschränken, und die Art und Weise regeln, in welcher die auszahlende Kasse von einer Abtretung des übertragbaren Theiles des Diensteinkommens oder der Pension benachrichtigt werden muß. Diese Vorschriften finden Ersatz durch die §§ 288, 296, 311, 1022, 1207 des Entwurfes eines Bürgerlichen Gesetzbuchs[1]). Soweit partikularrechtlich dem Fiskus das Recht zusteht, auf Grund von Ansprüchen aus dem Amtsverhältnisse über die Schranke des § 288 des Bürgerlichen Gesetzbuchs hinaus den Beamten Abzüge von dem Diensteinkommen zu machen (vergl. sächsisches Gesetz, die Verhältnisse der Staatsdiener betreffend, vom 7. März 1835 § 12 Abs. 3), wird es genügen, daß auf Grund des gegenwärtigen Art. 54 in der Dienstpragmatik das Nöthige zum Schutze dieser Ansprüche dadurch vorgesehen werden kann, daß das Recht auf Gehalt u. s. w. von der Bedingung abhängig gemacht wird, daß der Beamte aus seiner Dienst- und Amtsführung nicht vertretungspflichtig sei (vergl. auch das Gesetz, betreffend die Rechtsverhältnisse der Reichsbeamten, vom 31. März 1873 §§ 128 ff.)

2. Die landesgesetzlichen Bestimmungen, nach welchen Beamte unter gewissen Voraussetzungen zu verfrühter Auflösung beziehungsweise Kündigung von Miethsverträgen befugt sind, werden durch § 527 des Entwurfes eines Bürgerlichen Gesetzbuchs[2]) ersetzt.

3. Die landesgesetzlichen Bestimmungen, welche an den Eintritt in den Staatsdienst die Erlangung der Volljährigkeit knüpfen, sowie die Bestimmungen, welche Beamten in privatrechtlicher Hinsicht einen gesetzlichen Wohnsitz beilegen, verlieren ihre Geltung.

4. Hinsichtlich der landesgesetzlichen Bestimmungen, welche die Beschlagnahme oder Einziehung der Akten, Register, Dienstsiegel und anderer Dienstgegenstände der Beamten betreffen, vergl. zu Art. 82 (jetzt 137) unten S. 89.

Aus den Protokollen (S. 8856, 8903 ff.):

Der Art. 54 (jetzt 78 Abs. 1) enthalte keine erschöpfende Aufzählung der einzelnen Beamten, auf welche er Anwendung finde.

---

[1]) Den §§ 288, 296, 311, 1022, 1207 entsprechen die §§ 386, 405, 406, 1052 der Reichstags-Drucksache Nr. 87.

[2]) Dem § 527 entspricht der § 562 der Reichstags-Drucksache Nr. 87

Die Frage, welche Personen als Beamte anzusehen seien, richte sich nach den Landesgesetzen; hiernach könnte der Art. 54 unter Umständen auch auf andere als die dort bezeichneten Personen Anwendung finden, namentlich auf Gemeindebeamte, Hofbeamte und Hofbedienstete. Die besondere Hervorhebung der Ansprüche der Geistlichen und der Lehrer an den öffentlichen Unterrichtsanstalten sei nur erfolgt, um die Fassung des Art. 54 mit der Fassung des § 405 des Entwurfes eines Bürgerlichen Gesetzbuch[1]) in Einklang zu bringen, für welche der § 749 Nr. 8 der Civilprozeßordnung vorbildlich gewesen sei.

Das Pfründenrecht sei ein von Alters her überkommenes, eigenartiges Nutzungsrecht, seiner Entstehung, seiner geschichtlichen Entwickelnng und auch seiner heutigen Gestalt nach in der Hauptsache privatrechtlichen Karakters. Gleichwohl würde es durchaus unzulässig sein, das Pfründenrecht den Grundsätzen des Nießbrauchs zu unterwerfen, da die Gründe für seine besondere Ausgestaltung in seinem Zusammenhang mit dem kirchlichen Aemterwesen lägen. Ob die Fortgeltung des Pfründenrechts schon durch den Art. 54 (jetzt 78 Abs. 1) verbürgt sei, nachdem man diesen auf die vermögensrechtlichen Ansprüche der Geistlichen aus ihrem Amtsverhältnisse ausgedehnt habe, sei zu bezweifeln, da es sich hier nicht sowohl um einen Anspruch aus dem Amte, als um ein mit dem Amte verbundenes dingliches Nutzungsrecht handle. Zweckmäßig erscheine aber, den Vorbehalt für das Pfründenrecht mit dem Art. 54 (jetzt 78 Abs. 1) zu verbinden und ihn nicht in den Art. 72 (jetzt 132) einzustellen, weil die Erwähnung des Pfründenrechts an letzterer Stelle die Frage nach der Fortgeltung des Patronatrechts und der kirchlichen Baulast nahelegen und vielleicht verdunkeln würde, über welche Verhältnisse man sich einer Vorschrift enthalten wolle. Das Wort „Pfründe" sei im weiteren Sinne zu verstehen, sodaß „Pfründenrecht" nicht nur das Nutzungsrecht des Pfarrers, sondern auch das entsprechende Recht anderer kirchlichen Stelleninhaber bedeute.

Zu **Artikel** 79.

Die Vorschrift ist bei der zweiten Lesung neu aufgenommen worden.

Aus den Protokollen (S. 752, 753, 774, 8856):

Die Regierungen mehrerer Bundesstaaten (Bayern, Sachsen, Württemberg) legten Gewicht darauf, in der Aufrechnung von Ansprüchen aus dienstlichem Verschulden der Landesbeamten gegen

---

[1]) Der § 405 hat in der Reichstags-Drucksache Nr. 87 die gleiche Bezifferung.

deren Gehalts- und Pensionsansprüche freie Hand zu behalten. Dabei handele es sich keineswegs um fiskalische Interessen, sondern um das Interesse des Dienstes selbst, um ein wirksames Mittel, die Beamten zu pflichtmäßiger Sorgfalt anzuhalten. Zu diesem Zwecke sei die Aufrechnungsbefugniß für alle großen Staatsbetriebe mit zahlreichen Unterbeamten von nicht gering anzuschlagendem Werthe; insbesondere glaube die bayerische Eisenbahnverwaltung dieses Mittels nicht entbehren zu können, um das Personal an schonende Behandlung des rollenden Materials zu gewöhnen. Von der Aufrechnung werde nur in der Art Gebrauch gemacht, daß auf die Bedürfnisse des Beamten billige Rücksicht genommen werde; führe er sich gut, so könne er nach angemessener Zeit Erlaß des Restes seiner Schuld hoffen. In diese Verhältnisse einzugreifen, müsse das Bürgerliche Gesetzbuch um so mehr vermeiden, als die Gehaltsansprüche der Beamten auf einem Verhältnisse des öffentlichen Rechtes beruhten und, wenn ihnen auch die geschichtliche Entwickelung einen privatrechtlichen Karakter beigelegt habe, nicht dem Gebiete des bürgerlichen Rechtes, sondern dem Staatsrecht der Einzelstaaten angehörten. Das in den Motiven zu dem Bürgerlichen Gesetzbuche (Bd. II S. 114) angedeutete Auskunftsmittel, den Ersatz der von der Reichsgesetzgebung ausgeschlossenen Aufrechnung auf einem Umwege durch Aenderung des Inhalts des Gehaltsanspruchs herbeizuführen, sei nicht brauchbar. Solche Gesetze beständen zur Zeit nicht und würden auch in Zukunft nicht erlassen werden.

Zu **Artikel** 80.

Der dem Art. 80 entsprechende Art. 49 Abs. 1 des Entwurfes erster Lesung lautet:

> Unberührt bleiben die Vorschriften der Landesgesetze über die Verwaltung und Beaufsichtigung juristischer Personen.

Aus den Motiven (S. 170 bis 172):

In die landesgesetzlichen Vorschriften über die Verwaltung und Beaufsichtigung der juristischen Personen kann mit Rücksicht auf die Bedeutung der letzteren für das öffentliche Recht nicht eingegriffen werden.

Selbstverständlich hat der Vorbehalt nicht die Bedeutung, daß die Verwaltungseinrichtungen und das geschäftliche Gebahren aller juristischen Personen einer fürsorgenden und beaufsichtigenden staatlichen Thätigkeit unterworfen sein sollen; der Staat steht in Ansehung der Nothwendigkeit und Angemessenheit einer solchen Kontrole den Körperschaften anders gegenüber als den Stiftungen, den öffentlichen Körperschaften anders als den privaten, während innerhalb der Stiftungen die Verschiedenheit der Zwecksatzung Anlaß geben kann, denselben in der einen und anderen Beziehung eine verschiedene Behandlung angedeihen zu lassen. Der Landesgesetzgebung muß aber überlassen bleiben, unter Berücksichtigung der territorialen Bedürfnisse nach eigenem Ermessen abzuwägen, bezüglich welcher juristischen Personen und in welchem Umfange dem Staate ein Recht der Einwirkung und Mitwirkung einzuräumen sei. Wie es Sache der Landesgesetzgebung ist, über den zur Verwaltung des Staatsvermögens erforderlichen Behördenorganismus zu befinden, so ist ihr im Besonderen anheimzugeben, auch in Ansehung anderer juristischer Personen vorzusehen, daß die unmittelbare Vermögensverwaltung Staatsbehörden, Gemeinbehörden oder besonderen Verwaltungsräthen zustehe oder daß die Verwaltungsführung von solchen Behörden zu beaufsichtigen sei. Die Landesgesetze können ferner bestimmen, daß die Befolgung der Vorschrift, wonach jede juristische Person einen Vorstand haben muß, im Aufsichtswege erzwungen werden solle, daß die Funktionen des Vorstandes, wenn ein solcher fehlt, von Staatsbeamten wahrzunehmen seien oder daß die zum Ersatze nothwendige Bestellung unter Umständen durch Staatsbeamte zu erfolgen habe. Ist bei Stiftungen nach den landesrechtlichen Einrichtungen die Verwaltung je nach der Verschiedenheit des Stiftungszweckes oder nach der Eigenschaft als kirchlicher oder als weltlicher Stiftung verschiedenen Behörden unterstellt, so ist die Landesgesetzgebung zu der Anordnung befugt, daß Stiftungen, welche für verschiedenartige, die Betheiligung verschiedener Behörden an der Verwaltung bedingende Zwecke gemacht werden, sofort bei der Genehmigung zu trennen seien, und daß die zuständige Behörde unter Berücksichtigung der maßgebenden Verhältnisse zu bestimmen habe, welche Theile der Stiftung der einen und welche Theile der anderen Behörde zur Verwaltung zu überweisen seien. Unberührt bleibt ferner die Zuständigkeit der Landesgesetzgebung zur Bezeichnung von Behörden, welchen obliegt, die zur Ausführung von Stiftungsverfügungen erforderlichen Maßregeln zu treffen. Die Landesgesetzgebung ist ingleichen befugt, Normen zu geben, welche die Art und Weise der Verwaltung der Stiftung regeln und die Einzelzwecke, für welche die Vermögenserträgnisse zur Ausführung der Zwecksatzung verwendet werden sollen, näher bestimmen. Die Besorgniß, die Landesgesetzgebung könne auf Grund des Vorbehaltes zu ungerechtfertigten Eingriffen in die Verwaltung der juristischen Personen sich veranlaßt finden, ist nicht begründet. Die Möglichkeit solcher Eingriffe würde zudem noch nicht zur Entziehung der für die Einzelstaaten unentbehrlichen einschlagenden Machtbefugnisse führen können.

Die Aufrechterhaltung des landesrechtlichen Aufsichtsrechts in Verbindung mit der Vorschrift, daß die Vertretungsmacht des Vorstandes beschränkt werden kann (§. 44 Abs. 1 des Entwurfes eines Bürgerlichen Gesetzbuchs[1]), hat zur Folge, daß auch die landesgesetzlichen Vorschriften unberührt bleiben, welche in Ansehung gewisser juristischer Personen (Gemeinden u. s. w.) die Veräußerung, Belastung, Verpachtung von Grundstücken, die Aufnahme von Darlehen, die Annahme oder Ausschlagung von Erbschaften, sowie andere wichtige Akte im öffentlichen Interesse untersagen, erschweren, insbesondere von staatlicher Genehmigung abhängig machen oder an die Voraussetzung knüpfen, daß ein Gesetz im Einzelfalle die Vornahme des Aktes für statthaft erklärt. Eines besonderen Vorbehaltes, welcher der Landesgesetzgebung die Befugniß gewährt, zu Gunsten des Vermögens juristischer Personen Veräußerungsverbote festzusetzen, bedarf es daneben nicht. Die namentlich in Gemeindeordnungen sich findenden Vorschriften, denen zufolge die Veräußerung oder Verpachtung von Grundstücken u. s. w. im Wege öffentlicher Versteigerung erfolgen muß, werden unter dem Gesichtspunkte einer die Vertretungsmacht der Vorsteher einengenden Norm ebenfalls nicht berührt.

Aus den Protokollen (S. 8840, 8841):

Der Vorbehalt hinsichtlich der Verwaltung juristischer Personen sei zu streichen. Die erste Kommission möge, da sie ihre Vorschriften für juristische Personen jeder Art aufstellte, Anlaß gehabt haben, auszusprechen, daß die landesgesetzlichen Vorschriften über die Verwaltung der juristischen Personen unberührt bleiben sollten. Nachdem sich aber der Entwurf eines Bürgerlichen Gesetzbuchs zweiter Lesung bis auf die Vorschrift des §. 85[2]) der Regelung der juristischen Personen des öffentlichen Rechtes enthalten habe, sei ein solcher Vorbehalt nicht mehr am Platze. Für die juristischen Personen des öffentlichen Rechtes verstehe er sich von selbst. Für die reichsgesetzlich besonders geregelten juristischen Personen privatrechtlichen Karakters, die Aktiengesellschaften u. s. w., sei die Zulassung landesgesetzlicher Vorschriften über die Verwaltung nicht passend. Für die übrigen Vereine endlich sei im §. 26[3]) des Entwurfes eines Bürgerlichen Gesetzbuchs dadurch Fürsorge getroffen,

---

[1]) Dem § 44 Abs. 1 entspricht der § 28 der Reichstags-Drucksache Nr. 87.

[2]) Der § 85 hat in der Reichstags-Drucksache Nr. 87 die gleiche Bezifferung.

[3]) Der § 26 hat in der Reichstags-Drucksache Nr. 87 die gleiche Bezifferung.

daß das zuständige Amtsgericht in dringenden Fällen für fehlende Vorstandsmitglieder einen einstweiligen Vertreter bestellen könne. Hiernach sei für landesgesetzliche Vorschriften über die Verwaltung privatrechtlicher juristischer Personen nur insoweit Raum, als auch die Verfassung der landesgesetzlichen Regelung unterstehe.

Dagegen sei in Ansehung der Beaufsichtigung der juristischen Personen ein Vorbehalt erforderlich. Daß diejenige staatliche Aufsicht, die sich auf das Staatshoheitsrecht gründe, durch das Bürgerliche Gesetzbuch nicht berührt werde, sei nicht zweifelsfrei. Denn inwieweit ein bestehendes Aufsichtsrecht des Staates gegenüber einer juristischen Person öffentlichrechtlichen oder privatrechtlichen Karakters sei, lasse sich oft schwer entscheiden. Namentlich gelte dies für das Recht zur Entsendung von Kommissaren und zur Einforderung von Sitzungsprotokollen, von der Kontrole des Geldverbrauchs und ähnlichen Aufsichtsbefugnissen, die dem Staate gegenüber Vereinen und Stiftungen zuständen. Bei der Zweifelhaftigkeit dieser Frage scheine es zweckmäßig, den Vorbehalt für die Landesgesetzgebung hinsichtlich der Beaufsichtigung beizubehalten.

Zu Artikel 81.

Der Art. 81 ist bei der zweiten Lesung neu aufgenommen worden.

Aus den Protokollen (S. 8837 bis 8839):

Die Bestimmung des §. 43 des Entwurfes eines Bürgerlichen Gesetzbuchs erster Lesung[1]), derzufolge, soweit die Verfassung eines rechtsfähigen Vereins auf Landesgesetz beruhe, die Vorschriften des Landesgesetzes aufrechterhalten bleiben sollen, sei bei der zweiten Lesung in der Erwägung gestrichen worden, daß es genügen werde, wenn man für die bereits bestehenden Vereine, deren Rechtsfähigkeit auf staatlicher Verleihung beruhe, eine Uebergangsvorschrift in Aussicht nehme, daß aber im Uebrigen die der Landesregierung zustehende Prüfung des Statuts ausreiche, um eine mit den bestehenden Landesgesetzen nicht vereinbare Vereinsverfassung auszuschließen. Es müsse jedoch weiterhin der Landesgesetzgebung freistehen, einzelne der für eingetragene Vereine geltenden Bestimmungen des Bürgerlichen Gesetzbuchs von der Anwendung auf konzessionirte Vereine auszuschließen und insoweit dem Landesrechte Raum zu geben. Selbstverständlich könne es sich hierbei nur um die Aufrechterhaltung von partikularrechtlichen Bestimmungen der Landesgesetze handeln, da sich die Aufhebung der in einzelnen Bundes-

---

[1]) Dem §. 43 entspricht der §. 22 der Reichstags-Drucksache Nr. 87.

gebieten geltenden Vorschriften des gemeinen Rechtes über das Vereinwesen aus den Art. 4, 32 (jetzt Art. 4, 53) ergebe.

Zu Artikel 82.

Die Vorschrift ist bei der zweiten Lesung neu aufgenommen worden.

Aus den Protokollen (S. 9002):

Im Interesse der Waldkultur sei ein Bedürfniß für die Landesgesetzgebung anzuerkennen, nicht nur die bestehenden Waldgenossenschaften aufrecht zu erhalten, sondern auch die Bildung neuer Waldgenossenschaften zu ermöglichen. Ohne einen besonderen Vorbehalt würden sich die Landesregierungen nur derjenigen privatrechtlichen Formen bedienen können, welche in dem Bürgerlichen Gesetzbuch oder in sonstigen Reichsgesetzen anerkannt seien. Diese Formen würden der eigenthümlichen Natur der Waldgenossenschaften möglicherweise nicht gerecht, da sie wesentlich zur Regelung der Rechtsverhältnisse privatrechtlicher Vereinigungen dienten, während die Waldgenossenschaften theils privatrechtlicher, theils öffentlichrechtlicher Natur seien. Aus diesem gemischten Karakter der Waldgenossenschaften folge nicht, daß die Landesgesetzgebung sich zu ihrer Begründung allein öffentlichrechtlicher Normen zu bedienen habe. Es müsse ihr freistehen, der besonderen Natur der Waldgenossenschaften dadurch gerecht zu werden, daß sie für diese Vereinigungen besondere privatrechtliche Normen aufstelle, die von den Vorschriften des Bürgerlichen Gesetzbuchs und den sonstigen Reichsgesetzen abwichen.

Zu Artikel 83.

Die Vorschrift ist bei der zweiten Lesung neu aufgenommen worden.

Aus den Protokollen (S. 8809):

Hinsichtlich der landesgesetzlichen Bestimmungen, nach welchen eine Religionsgesellschaft und eine geistliche Gesellschaft, insbesondere auch eine neu sich bildende Sekte, Rechtsfähigkeit nur durch eine im Wege der Gesetzgebung erlassene besondere Norm erlangen könne, bedürfe es eines Vorbehalts, weil sonst die Meinung aufkommen könnte, die genannten, nicht zu den juristischen Personen des öffentlichen Rechtes gehörenden Gesellschaften seien in der Lage, die Rechtsfähigkeit ohne Rücksicht auf entgegenstehende landesgesetzliche Vorschriften durch Eintragung in das Vereinsregister nach Maßgabe der Vorschriften des Bürgerlichen Gesetzbuchs zu erlangen.

Zu Artikel 84.

Die Vorschrift ist bei der zweiten Lesung neu aufgenommen worden.

Aus den Protokollen (S. 8924):

Gegen die Aufnahme des Vorbehalts erhob sich kein Widerspruch. Man war der Ansicht, daß der Vorbehalt sich aus den gleichen Gründen rechtfertige, auch welchen im Art. 128 hinsichtlich des Aneignungsrechts und im Art. 82 (jetzt 137) hinsichtlich des Erbrechts des Fiskus ein Vorbehalt für die Landesgesetze aufgenommen worden sei.

Zu **Artikel** 85.

Die Vorschrift ist bei der zweiten Lesung zum theilweisen Ersatze des § 62 Abs. 1 des Entwurfes eines Bürgerlichen Gesetzbuches erster Lesung neu aufgenommen worden.

Der § 62 Abs. 1 lautet:

Die landesgesetzlichen Vorschriften, nach welchen . . . . abhängt, sowie diejenigen, welche sich auf die Errichtung einer Stiftung mittelst Staatsaktes und auf das Erlöschen der Stiftungen beziehen, bleiben unberührt.

Aus den Protokollen (S. 1207):

Der im § 62 Abs. 1 des Entwurfes eines Bürgerlichen Gesetzbuchs erster Lesung enthaltene Rechtssatz, daß die Voraussetzungen für das Erlöschen einer Stiftung sich nach den Landesgesetzen richten sollen, sei aus den in den Motiven zu jenem Entwurfe (Bd. 1 S. 124[1]) angegebenen Gründen zu billigen. Zur Verdeutlichung empfehle es sich, neben dem Erlöschen auch die Umwandelung einer Stiftung zu erwähnen.

Zu **Artikel** 86.

Der dem Art. 86 entsprechende Art. 49 Abs. 2 des Entwurfes erster Lesung lautet:

Unberührt bleiben die landesgesetzlichen Vorschriften, welche den Erwerb von Rechten durch juristische Personen beschränken oder von staatlicher Genehmigung abhängig machen. Ist zu einem Erwerbe von Todeswegen staatliche Genehmigung erforderlich, so finden die Vorschriften des Art. 48 Abs. 2 Satz 2[2]) entsprechende Anwendung.

Aus den Motiven (S. 172 bis 176):

Die Beschränkungen des Erwerbes seitens juristischer Personen bezwecken, den Gefahren vorzubeugen, welche übermäßige Anhäufung

---

[1]) An der angeführten Stelle wird bemerkt:

Die Landesgesetze bleiben maßgebend für die Voraussetzungen, unter welchen die Stiftungen erlöschen. Die Gründe, welche zu einem Eingreifen hinsichtlich der Entstehung der Stiftungen geführt haben, entfallen hier.

[2]) Vergl. unten zu Art. 87 S. 61.

von Grundbesitz oder Kapitalvermögen in der Hand juristischer Personen für das Gemeinwohl, oder allzuweit getriebene, auf die Förderung besonderer öffentlicher Zwecke abzielende Freigebigkeit des Einzelnen für das Gedeihen und das Wohl der Familie haben kann. Den Landesgesetzen ist auch insoweit Raum zu lassen.

Unter den Vorschriften der fraglichen Art treten namentlich hervor die gegen den Vermögenserwerb der kirchlichen Institute und der frommen Stiftungen gerichteten sogenannten Amortisationsgesetze. Nach den der neuesten Zeit angehörigen Untersuchungen (Kahl, die deutschen Amortisationsgesetze, 1880) bestehen Amortisationsvorschriften in Preußen, Bayern, Württemberg, Baden, Hessen, Sachsen-Weimar, Sachsen-Meiningen, Sachsen-Coburg-Gotha, Sachsen-Altenburg und Elsaß-Lothringen. Die Vorschriften zerfallen in 21 Gruppen mit vielfach sich kreuzenden örtlichen Geltungsgebieten. Die von dem bezeichneten Schriftsteller gegebene Uebersicht der wichtigsten deutschen, österreichischen und französischen Amortisationsgesetze und sonstiger auf den Gegenstand bezüglicher Bestimmungen weist 182 Gesetze auf, von welchen nahezu ein Drittheil als unmittelbare Quelle des geltenden Rechtes in Betracht kommen. Beschränkt ist bald der Immobiliar- und Mobiliarerwerb, bald nur der eine oder der andere, bald der Erwerb ohne Rücksicht auf den Titel, bald nur der unentgeltliche oder der entgeltliche Erwerb. Ebenso sind die Wege verschieden, welche zur Erreichung des angestrebten Zweckes eingeschlagen werden. Einzelne Gesetze machen die Gültigkeit oder die Wirksamkeit des obligatorischen Verpflichtungs- und des dinglichen Entäußerungsgeschäftes von staatlicher Genehmigung abhängig. In anderen Gesetzen ist „die Veräußerung“ an die todte Hand verboten oder die Wirksamkeit der Veräußerung an staatliche Genehmigung geknüpft, „der Erwerb“ verboten oder die Wirksamkeit desselben an staatliche Genehmigung geknüpft oder zur „Annahme“ von Zuwendungen staatliche Ermächtigung verlangt. Wieder andere Gesetze erklären die betreffenden Personen für „unfähig“, zu erwerben. In gewissen Rechtsgebieten ist der Erwerb von Grundstücken aus unentgeltlichem Titel beziehungsweise gegen Reichung einer Pfründe oder in Folge des Zuschlages bei Zwangsvollstreckungen zwar gestattet, zugleich aber bestimmt, daß binnen einer Frist Wiederveräußerung einzutreten habe, sei es schlechthin, sei es für den Fall, daß die staatliche Erlaubniß zum Behalten nicht ertheilt wird.

In einigen Staaten bestehen nicht blos für die manus mortua ecclesiastica, sondern auch für andere juristische Personen entsprechende Erwerbsbeschränkungen. Nach dem preußischen Gesetze vom 23. Februar 1870 § 2 bedürfen Schenkungen und letztwillige Zuwendungen an Korporationen und andere juristische Personen zu ihrer Gültigkeit dem vollen Betrage nach der Genehmigung des Königs oder der durch Königliche Verordnung ein- für allemal zu bestimmenden Behörde, wenn der Werth die Summe von 3000 Mark übersteigt. Des Weiteren ist in § 5 Nr. 1 des Gesetzes bestimmt, daß Vorstände inländischer juristischer Personen, welche für dieselben Schenkungen oder letztwillige Zuwendungen in Empfang nehmen, ohne die erforderliche Genehmigung innerhalb vier Wochen nachzusuchen, von Geld- beziehungsweise Gefängnißstrafe betroffen werden. Daneben sind (§ 4) in Kraft geblieben die besonderen gesetzlichen Vorschriften, nach welchen es zur Erwerbung von unbeweglichen Gegenständen durch juristische Personen überhaupt der Genehmigung des Staates bedarf (vergl. preußisches Allgemeines Landrecht II, 6 § 83). Für Baden bestimmt das Gesetz vom 5. Mai 1870 § 1 Abs. 2: „Der staatlichen Genehmigung bedürfen und sind in ihrer rechtlichen Wirksamkeit durch sie bedingt alle Schenkungen und letztwilligen Verfügungen zu Gunsten schon bestehender Stiftungen oder anderer juristischer Personen“ (vergl. Code civil Art. 910, 937; badisches Landrecht Satz 910, 937). In Mecklenburg-Schwerin sind juristische Personen, insbesondere Handelsgesellschaften und eingetragene Genossenschaften, in dem Erwerbe von ritterschaftlichen Gütern und bäuerlichen Grundstücken gewissen Beschränkungen unterworfen (landesgrundgesetzlicher Erbvergleich vom 18. April 1755 § 131; Verordnung vom 22. März 1876 § 1, Verordnung vom 28. Dezember 1863 Art. 26, Verordnung vom 2. Januar 1869 § 22). Das hamburgische Gesetz vom 23. März 1863 spricht im § 1 aus: „Die Befugniß, Grundeigenthum im hamburgischen Staatsgebiet zu erwerben und sich dasselbe in den öffentlichen Eigenthumsbüchern zuschreiben zu lassen, steht jedem Angehörigen der zum Deutschen Bunde gehörenden Staaten zu. Die gleiche Befugniß ist den vom hamburgischen Staate autorisirten juristischen Personen zuständig. Gehört der Erwerber keiner von diesen beiden Kategorien an, so bedarf die Zuschreibung der vorgängigen Genehmigung des Senates.“ Eine Abschwächung hat diese Vorschrift durch das hamburgische Einführungsgesetz zum Handelsgesetzbuch vom 23. Dezember 1865 § 17 insofern erfahren, als nach demselben den hamburgischen, d. h. den in das Handelsregister Hamburgs eingetragenen Handelsgesellschaften das Recht verliehen ist, ohne vorgängige Genehmigung des Senates Grundeigenthum in dem hamburgischen Gebiete zu erwerben.

Die partikularen Erwerbsbeschränkungen beziehen sich häufig sowohl auf die dem Inlande als auf die dem Auslande angehörenden juristischen Personen; mitunter gelten für die letzteren besondere Beschränkungen. Nach dem preußischen Gesetz vom 4. Mai 1846 können ausländische Korporationen und andere juristische Personen des Auslandes Grundeigenthum innerhalb der preußischen Staaten nur mit landesherrlicher Genehmigung erwerben, eine Vorschrift, welche durch § 4 des Gesetzes vom 23. Februar 1870 insofern eine Aenderung erfahren hat, als die Genehmigung von einer durch landesherrliche Verordnung delegirten Behörde ertheilt werden kann. Die (oben S. 43) wiedergegebene Vorschrift des § 2 des letzterwähnten preußischen Gesetzes erstreckt sich auch auf Zuwendungen an Korporationen und andere juristische Personen des Auslandes, und in § 5 Nr. 2 dieses Gesetzes werden Personen, welche einer ausländischen Korporation oder anderen juristischen Person Schenkungen oder letztwillige Zuwendungen verabfolgen, bevor die hierzu erforderliche Genehmigung ertheilt ist, mit Geld- beziehungsweise Gefängnißstrafe bedroht. Nach der bayerischen Amortisationspragmatik vom 13. Oktober 1764 sind die unter dieselbe fallenden kirchlichen Institute in Ansehung des Mobiliarerwerbes nur hinsichtlich inländischen weltlichen Vermögens auf die pragmatische Summe beschränkt, während Klöster und Stiftungen aus ausländischem Vermögen „auch über das determinirte Quantum durch Erbschaften, Schenkungen, Fundationen und sonst alio quocunque demum titulo acquiriren“ können. Das durch die Verordnung vom 10. November 1811 auf die gesammten Landesgebiete ausgedehnte bayerische Mandat vom 9. Februar 1787, welches das Anwendungsgebiet der Amortisationsgesetze auf die ausländische manus mortua erstreckte, enthält die Strafvorschrift: „sollte sich Jemand beigehen lassen, per actum inter vivos eine fromme Stiftung ohne höchst landesherrliche Bewilligung heimlicher Weise außer Landes zu machen, so soll nicht nur das außer Land zu verschicken gedachte Geld, wenn selbes noch irgendwie vindizirt werden kann, verfallen sein, sondern auch ein solch freventlicher Uebertreter mit der poena dupli bestraft werden.“ Durch das bayerische Mandat vom 4. September 1799 sind die mit ausländischen Klöstern abgeschlossenen Verpfründungsverträge den Amortisationsvorschriften ebenfalls unterstellt worden. Die in Württemberg geltenden Bestimmungen, nach welchen Kirchenkästen, Armenkästen, Klöster und dergleichen Häuser und Anstalten im Königreiche gelegene Liegenschaften sowie dingliche Rechte an solchen durch lästigen Vertrag, mit Ausnahme des Leibrentenvertrages, nur mit Dispens der Kreisregierung an sich bringen können, Liegenschaften aber, welche ihnen durch Schenkung, durch Leibrentenvertrag oder von Todeswegen zugefallen sind, nur mit gleicher Erlaubniß behalten dürfen und in Ermangelung letzterer an Landesangehörige veräußern müssen (Verfügung vom 5. Juli 1859, Gesetz vom

20. Januar 1862 Art. 18), finden auf staatsangehörige wie auf ausländische Rechtssubjekte der bezeichneten Art Anwendung. Dasselbe gilt von den (oben S. 43) angeführten Bestimmungen des mecklenburgischen und hamburgischen Rechtes sowie von der in dem Staatsgrundgesetze für Sachsen-Meiningen vom 23. August 1879 Art. 35 enthaltenen Vorschrift, welcher zufolge neue Erwerbungen von Grundstücken und Realgerechtigkeiten seitens der Kirchen, Schulen und anderen Stiftungen, sofern es sich nicht um Vermächtnisse oder Schenkungen zu Gunsten einer frommen Stiftung handelt, nur mit Genehmigung der Regierung gemacht werden können.

Soweit die Landesgesetze Erwerbsbeschränkungen für inländische und für ausländische oder nur für ausländische juristische Personen aufstellen, haben sie im ersteren Falle immer, im zweiten Falle der Regel nach, die Bedeutung, daß sie auch diejenigen juristischen Personen in ihren Bereich ziehen, welche im Reichsgebiete, aber in einem anderen Bundesstaate, domizilirt sind. Letzteres ist bei den vorerwähnten landesgesetzlichen Vorschriften durchgehends der Fall. Sofern diese Beschränkungen sowohl für inländische als für ausländische juristische Personen aufgestellt sind, kommt der Gesichtspunkt einer zurücksetzenden Behandlung deutscher, anderen Bundesstaaten angehörender juristischer Personen nicht in Frage. Wo jene Voraussetzung nicht zutrifft, ist dieser Gesichtspunkt bisher deshalb als belanglos erschienen, weil der im Art. 3 der Reichsverfassung ausgesprochene, eine materielle Beschränkung der bundesstaatlichen Gesetzgebungsgewalt enthaltende Grundsatz nur auf physische, nicht auch auf juristische Personen bezogen wird (vergl. jedoch Entscheidungen des Reichsgerichts in Civilsachen VI Nr. 34 S. 142).

Der Entwurf hält die landesgesetzlichen Erwerbsbeschränkungen im Allgemeinen aufrecht, mögen sie sich auf juristische Personen überhaupt, auf eigene wie staatsfremde oder nur auf staatsfremde juristische Personen beziehen. Die einschlagenden Normen sind in Abs. 2 Satz 1 zusammengefaßt unter „Vorschriften, welche den Erwerb von Rechten durch juristische Personen beschränken oder von staatlicher Genehmigung abhängig machen“. Entsprechend dem Art. 48 (jetzt 87) bei dem Erwerbe unter Lebenden nur den unentgeltlichen zu berücksichtigen und bezüglich dieses sowie bezüglich des Erwerbes von Todeswegen nur die Aufstellung des Erfordernisses der staatlichen Genehmigung nachzulassen, ist Bedenken getragen. Durch einen solchen beschränkten Vorbehalt würde dem Bedürfnisse nicht genügt, auch liegen die Verhältnisse bei den juristischen Personen wesentlich anders als bei den Religiosen. Ist nach Landesrecht der Erwerb von Todeswegen von staatlicher Genehmigung abhängig, so entsteht im gegebenen Falle das gleiche Schwebeverhältniß, wie bei dem staatlicher Genehmigung bedürfenden Erwerbe von Todeswegen seitens eines Religiosen; die Vorschrift des Art. 48 Abs. 2 Satz 2 (jetzt 87 Abs. 2 Satz 2) ist demgemäß auf einen solchen Fall für entsprechend anwendbar erklärt (Abs. 2 Satz 2).

Aus den Protokollen (S. 8841 ff.):

Der Art. 49 Abs. 2 wurde bei der zweiten Lesung sachlich gebilligt.

Zu Artikel 87.

Der dem Art. 87 entsprechende Art. 48 des Entwurfes erster Lesung lautet:

Unberührt bleiben die landesgesetzlichen Vorschriften, welche die Wirksamkeit von Schenkungen an Mitglieder religiöser Orden oder ordensähnlicher Kongregationen von staatlicher Genehmigung abhängig machen.

Unberührt bleiben die landesgesetzlichen Vorschriften, welche bestimmen, daß Mitglieder religiöser Orden oder ordensähnlicher Kongregationen von Todeswegen nur mit staatlicher Genehmigung erwerben können. Wird die Genehmigung ertheilt, so gilt sie als schon vor dem Erbfalle ertheilt; wird die Genehmigung versagt, so ist die zum Erwerbe berufene Person als vor dem Erblasser gestorben anzusehen; der § 2154 des Bürgerlichen Gesetzbuchs findet entsprechende Anwendung.[1])

Aus den Motiven (S. 168 bis 170).

In großen Gebieten Deutschlands tritt eine weitgehende Beschränkung der Rechtsfähigkeit in Folge der Ablegung der feierlichen Klostergelübde ein.

Gemeinrechtlich gilt noch der auf dem römischen und kanonischen Rechte (Nov. 5 cap. 5; C. 26 X de statu monach. 3, 35; Conc. Trid. sess. XXV de regularib. cap. 2) beruhende Satz, daß Klosterpersonen vermögensunfähig sind. Das zur Zeit der Ablegung des feierlichen Gelübdes der Armuth ihnen gehörende Vermögen geht auf das Kloster über; das später von ihnen Erworbene wird unmittelbar dem Kloster erworben. Die Vermögenlosigkeit des Religiosen schließt an sich die Möglichkeit einer Beerbung desselben aus. Hat aber der Religiose vor Ablegung des Professes eine letztwillige Verfügung errichtet, so wird angenommen, daß dieselbe in Kraft bleibe und in Folge der eintretenden Verfügungsunfähigkeit unwiderruflich werde. Die in diesem Falle mögliche Beerbung findet erst beim Eintritte des natürlichen Todes statt; bis dahin

---

[1]) Dem § 2154 entspricht der § 2018 der Reichstags-Drucksache Nr. 87.

steht dem Kloster Verwaltung und Genuß des von der Verfügung erfaßten Vermögens zu. Bezüglich des Pflichttheiles der Abkömmlinge und der Fähigkeit des Religiosen, nach Ablegung des Gelübdes eine divisio inter liberos vorzunehmen, enthält Nov. 123 cap. 38 Bestimmungen, deren Verhältniß zum kanonischen Rechte verschieden aufgefaßt wird. — Ist der Orden seiner Verfassung nach vermögensunfähig, so wird der Religiose mit Ablegung des Professes als todt angesehen und sofort nach Maßgabe des bürgerlichen Rechtes beerbt.

Nach dem preußischen Allgemeinen Landrecht hat die Ablegung des Klostergelübdes den bürgerlichen Tod zur Folge (II, 11 §§ 1199 bis 1209, II, 2 § 270; vergl. aber II, 11 §§ 1167, 1168). Mönche und Nonnen werden „in Ansehung aller weltlichen Geschäfte als verstorben angesehen"; sie sind „unfähig, Eigenthum oder andere Rechte zu erwerben, zu besitzen oder darüber zu verfügen; — bei Erb- und anderen Anfällen treten diejenigen an ihre Stelle, denen ein solcher Anfall zukommen würde, wenn jene gar nicht vorhanden wären". Der bürgerliche Tod eröffnet die Erbfolge; das bei Ablegung des Gelübdes vorhandene Vermögen fällt den Erben an, geht nicht auf das Klosten über; dem letzteren können nur gewisse Beträge zugewandt werden (II, 11 §§ 1182 bis 1197). Das bei Ablegung des Klostergelübdes eintretende Verhältniß gestaltet sich demzufolge wesentlich anders, als nach gemeinem Rechte. Während nach dem letzteren das Vermögen der Ordensperson auf das Kloster übergeht, dieselbe fortan Erwerbsorgan des Ordens ist, Erb- und Einsetzungsfähigkeit behält, angefallene Erbschaften antreten und dadurch dem Kloster zuführen kann, wehrt das preußische Recht diesen Erfolg ab; das Kloster erhält nur einen kleinen Betrag aus dem Vermögen des Religiosen und dieser kann der Anstalt, da seine Erwerbsfähigkeit unterbunden ist, fremde Erbschaften nicht zuführen. Die gemeinrechtlichen Bestimmungen bezwecken Förderung des Klosters, das preußische Recht will die Durchführung derjenigen Vorschriften sichern, welche gegen die Vermögensanhäufung in todter Hand gerichtet sind.

Auch in Bayern ist der gemeinrechtliche Zustand in denjenigen Landestheilen verdrängt, in welchen die Klöster sogenannten Amortisationsgesetzen unterworfen sind. Nach den Bestimmungen des bayerischen Amortisationsgesetzes vom 13. Oktober 1764, des mainzer Landesrechts XVI 5 und der mainzer Verordnung vom 5. April 1737 sowie nach dem vorderösterreichischen Patent vom 26. August 1771 und dem vorderösterreichischen Hofdekret vom 31. August 1780 wird der Religiose nach Ablegung der Professes von seinen Testaments- oder Intestaterben beerbt; das Kloster kann der Regel nach mehr nicht als die pragmatische Summe (1 500 bis 2000 Fl.) erhalten und die Ordensperson ist nur insoweit noch erbfähig, als es sich um die Gewinnung dieser Summe handelt. Gemäß einer Verordnung vom 4. April 1807, welche in ganz Bayern mit Ausnahme der nach 1807 erworbenen Landestheile gilt und auf das ehemalige Großherzogthum Würzburg ausgedehnt ist, wird ferner über das Vermögen eines bayerischen Staatsangehörigen, der in ein außerbayerisches Kloster eintritt, mit Ablegung des Professes die Erbfolge eröffnet; dem Kloster kann nur der Zinsgenuß der Aussteuer, welche 2000 Fl. nicht überschreiten darf, zugewandt werden; die Erbfähigkeit des Religiosen hört auf.

Den dem Bürgerlichen Gesetzbuche zu Grunde liegenden Prinzipien zufolge hat der Eintritt in ein Kloster und die Ablegung von Ordensgelübden auf die privatrechtliche Stellung der Person keinen Einfluß. Wie auf dem Gebiete des Eherechts das feierliche oder einfache Gelübde der Keuschheit als Ehehinderniß nicht anerkannt wird, so kann auch auf dem Gebiete des Vermögensrechts dem Gelübde der Armuth rechtliche Folge nicht gegeben werden. Niemand ist im Stande, der ihm auf Grund seiner Persönlichkeit zukommenden rechtlichen Fähigkeiten sich zu entschlagen; die Vermögensfähigkeit läßt durch Verzicht sich nicht abstreifen, auch nicht durch einen in Gelübdeform erklärten Verzicht. Es treten demgemäß, soweit nicht etwas Besonderes bestimmt wird, auf Grund des Art. 32 (jetzt 53) sowohl die Vorschriften der Landesgesetze, welche Klosterpersonen im Interesse der Klöster für vermögensunfähig erklären, als diejenigen Vorschriften außer Kraft, nach welchen die Ablegung der Klostergelübde den bürgerlichen Tod zur Folge hat. Zu einem Vorbehalte zu Gunsten der Landesgesetze in der ersteren Hinsicht fehlt jeder Anlaß. Dagegen erscheint angemessen und unbedenklich, den Einzelstaaten wenigstens die Möglichkeit offenzuhalten, die Durchführung der von ihnen für erforderlich erachteten Erwerbsbeschränkungen der todten Hand — Art. 49 Abs. 2 (jetzt 86) — mittelbar dadurch zu sichern, daß sie den unentgeltlichen Erwerb seitens der Religiosen an das Erforderniß staatlicher Genehmigung knüpfen. Den Landesgesetzen auch hinsichtlich des entgeltlichen Erwerbes diese Machtbefugniß einzuräumen, könnte zu einer völligen Entziehung der Erwerbsfähigkeit und damit thatsächlich zur Vermögensunfähigkeit der Religiosen führen. Soweit zu gehen, ist auch kein Bedürfniß. Der in der fraglichen Richtung zu Besorgnissen Anlaß gebende Vermögenserwerb der Religiosen vollzieht sich vorwiegend, wenn nicht ausschließlich, auf dem Gebiete der unentgeltlichen Zuwendungen. Auch lehrt die Erfahrung, daß zur Umgehung der Erwerbsbeschränkungen der todten Hand in Fällen des entgeltlichen Erwerbes nicht Angehörige des betreffenden Klosters, Ordens u. s. w., sondern dritte Personen vorgeschoben zu werden pflegen.

Von einer besonderen Bestimmung der Rechtsfolgen, welche an die Ertheilung oder die Verweigerung der bei einer Schenkung an Religiose erforderten staatlichen Genehmigung sich knüpfen, ist abgesehen, da insoweit die allgemeinen Grundsätze genügen. Der Regelung bedarf nur der Fall, daß der Erwerb von Todeswegen seitens eines Religiosen von staatlicher Genehmigung abhängig gemacht ist. Es tritt ein Schwebeverhältniß ein, das im Einklange mit den erbrechtlichen Grundsätzen des Bürgerlichen Gesetzbuchs geordnet werden muß. Als Vorbild für die Regelung hat der §. 62 Abs. 3 des Entwurfes eines Bürgerlichen Gesetzbuchs [1]) (Motive Bd. I S. 123, 124) [2]) zu dienen. Nur ist, da zugleich die

---

[1]) Dem §. 62 Abs. 3 entspricht der §. 81 der Reichstags-Drucksache Nr. 87.

[2]) An der bezeichneten Stelle ist ausgeführt:

Eine Verfügung von Todeswegen, welche die Errichtung einer Stiftung zum Gegenstande hat, wird mit der Versagung der erforderlichen Genehmigung gleichfalls unwirksam. Bezüglich der Frage, ob der Ertheilung der Genehmigung rückwirkende Kraft zukomme, ist in Ansehung der Errichtung einer Stiftung durch Rechtsgeschäft unter Lebenden eine besondere Entscheidung nicht getroffen; es kommt insoweit auf den Willen des Stifters an. Anders bei der Stiftung durch Verfügung von Todeswegen. Wird die Genehmigung ertheilt, so soll nach Abs. 3 die Sache hinsichtlich des Anfalles so angesehen werden, als sei die Genehmigung schon vor dem Erbfalle erfolgt. Diese Gestaltung ist durch Zweckmäßigkeitsrücksichten geboten. Bewendete es dabei, daß die Genehmigung erst mit der Ertheilung und nur für die Zukunft ihre Wirkung äußerte, so könnte, da die Stiftung als juristische Person zur Zeit des Erbfalles noch nicht vorhanden ist, die Erbschaft auf die Stiftung nicht unmittelbar übergehen, die letztere würde vielmehr wie ein Nacherbe zu behandeln sein, und diejenigen, welche ohne die Stiftungsverfügung zur Erbschaft berufen gewesen wären, hätten zunächst als Vorerben einzutreten. Es ist aber weder rathsam noch nothwendig, für die verhältnißmäßig kurze Zeit, welche die Entscheidung über die Ertheilung oder Verweigerung der Genehmigung in Anspruch zu nehmen pflegt, ein so verwickeltes Rechtsverhältniß wie die Vorerbschaft eintreten zu lassen. Ungleich einfacher gestaltet es sich, wenn an den nahe liegenden Fall angeknüpft wird, daß eine zur Zeit des Erbfalles empfangene, aber noch nicht geborene Person als Erbe eingesetzt ist. Dies wird dadurch erreicht, daß die Wirkungen der Genehmigung und damit, sofern alle sonstigen Voraussetzungen erfüllt sind, die Entstehung der Stiftung als juristische Person in Ansehung des Anfalles auf die Zeit vor Eintritt des Erbfalles zurückbezogen wird. Daneben ist für den Fall, daß der Stiftung nicht die gesammte Erbschaft, sondern nur ein Bruchtheil einer solchen gewidmet ist, in §. 2154 Abs. 2 (§. 2108 Abs. 2 der Reichstags-Drucksache Nr. 87) Vorsorge dahin getroffen, daß das Recht, die Aufhebung der Erbengemeinschaft zu verlangen, für die Zeit bis zur Entscheidung über

Berufung des Religiosen aus dem Gesetze Berücksichtigung zu finden hat, die Folge der Verweigerung der Genehmigung dahin bestimmt, daß die zum Erwerbe berufene Person als vor dem Erblasser gestorben anzusehen sei (vergl. §. 1972, und dazu §§. 1752, 1868, 1992 Abs. 1 des Entwurfes eines Bürgerlichen Gesetzbuchs[1]). Daneben ist der §. 2154 des Entwurfes eines Bürgerlichen Gesetzbuchs[2]) für entsprechend anwendbar erklärt, um klarzustellen, daß, wenn der Religiose mit anderen Erben zusammentrifft, das Recht, die Aufhebung der Erbengemeinschaft zu verlangen, für die Zeit bis zur Entscheidung über die Ertheilung oder Versagung der Genehmigung ausgeschlossen ist.

Aus den Protokollen (S. 8807):

Der Vorbehalt wurde aus den in den Motiven angegebenen Gründen sachlich gebilligt.

Zu Artikel 89.

Der Art. 89 stimmt mit dem Art. 62 des Entwurfes erster Lesung überein.

Aus den Motiven (S. 187 bis 190):

Das zum Schutze der Grundstücke und ihrer Erzeugnisse dienende Institut der Privatpfändung hat seinen Ursprung in dem älteren deutschen Rechte und besteht zur Zeit in Preußen (Allgemeines Landrecht I, 14 §§ 413 bis 465; Feldpolizeiordnung vom 1. November 1847 §§ 4 ff., Gesetz vom 13. April 1856; Feld- und Forstpolizeigesetz vom 1. April 1880 §§ 77 ff.), in Bayern (Landrecht II, 6 § 24 Nr. 7), Sachsen (Gesetzbuch §§ 488 bis 494), Württemberg, Elsaß-Lothringen (Gesetz über Feldpolizei vom 28. September 1791 Tit. II Art. 12), in Hessen (Feldstrafgesetz vom 21. September 1841 §§ 18, 19), in Mecklenburg-Schwerin und Mecklenburg-Strelitz (Verordnung, betreffend die Bestrafung der Forstfrevel, vom 31. Mai 1879 § 39; Verordnung, betreffend die Bestrafung der Feldfrevel, vom 2. September 1879 §§ 21 bis 38), in Braunschweig (Forststrafgesetz vom 1. April 1879 § 69 Abs. 1), Sachsen-Coburg-Gotha

die Ertheilung oder Versagung der Genehmigung ausgeschlossen wird. So lange diese Entscheidung aussteht, ist der Erbe beziehungsweise Miterbe ungewiß und hat eine Nachlaßpflegschaft einzutreten. Bei der Errichtung einer Stiftung im Wege einer Vermächtnißanordnung wird die Genehmigung, wenn sie ertheilt wird, in Ansehung des Anfalles gleichfalls auf die Zeit vor dem Erbfall zurückbezogen.

[1]) Den §§. 1868, 1972, 1992 Abs. 1 entsprechen die §§. 1914, 1929, 2134, 2290, 2317, 2319 der Reichstags-Drucksache Nr. 87.

[2]) Vergl. Anm. S. 61.

(Feld- und Forstpolizeigesetz vom 26. Mai 1880 §§ 77 ff.), sowie in verschiedenen anderen thüringischen Staaten, in welchen die kursächsischen Konstitutionen von 1572 (const. 7, 8, 27 p. II) noch Geltung haben, ingleichen in Anhalt (Feldpolizeiordnung vom 19. November 1849 §§ 36 ff.), Schaumburg-Lippe (Feld- und Forstpolizeigesetz vom 28. April 1880 §§ 69 ff.) und Waldeck (Feldpolizeiordnung vom 15. Mai 1855 §§ 3 ff.). Der Inhalt und Umfang des Privatpfändungsrechts hat in den einzelnen Staaten zum Theil sich verschieden gestaltet.

Die Privatpfändung ist ein, erforderlichenfalls unter Anwendung von Gewalt, statthafter Akt der Selbsthülfe. Die Rechtsentwickelung der letzten Jahrhunderte ist der gewaltsamen Selbsthülfe energisch entgegengetreten. Gleichwohl hat die Pfändung in dem größten Theile Deutschlands sich als bestehendes Recht erhalten. Die Gründe hierfür liegen auf agrarpolitischem Gebiete. Man erachtet es im Interesse der Land- und Forstwirthschaft für unumgänglich, dem Grundbesitzer, Pächter u. s. w. einen leicht bereiten Schutz zu gewähren gegenüber den ebenso zahlreichen wie schwer faßbaren Kulturbeschädigungen durch fremde Personen und Thiere. Dieser Schutz verkörpert sich in dem Pfändungsrechte, welches unverkennbare Vortheile gewährt. Der Beschädigte ist in der Lage, durch sofortigen Zugriff den Thatbestand der Beschädigung in kaum bestreitbarer Weise festzustellen, während die nachträgliche Ermittelung des Sachverhältnisses bei der Natur der betreffenden Beeinträchtigungen schwierig, ja vielfach unmöglich sein würde. Dem Beschädigten ist ferner in dem Pfandgelde ein Mittel geboten, durch Beschränkung seines Anspruches auf den ein- für allemal festgestellten Betrag der mißlichen, Geld und Zeit kostenden Erörterungen über Dasein und Höhe des nicht selten nur mittelbaren oder sonst nicht im Einzelnen zu schätzenden Schadens sich zu entschlagen. Erfahrungsgemäß gehören auch einschlagende Schädenprozesse zu den Seltenheiten; die gegen den Gepfändeten sprechende Thatsache der Pfändung und der Umstand, daß der Beschädigte in der gepfändeten Sache bereits einen zur Sicherung seines Anspruches geeigneten Gegenstand in Händen hat, weisen den Gepfändeten von selbst auf einen gütlichen Ausgleich hin. Soweit es wirklich zu einem Prozesse kommt, ist außerdem in verschiedenen Rechtsgebieten durch ein schnelles, der Sachlage entsprechendes Verfahren vorgesorgt. Man ist allerdings den Interessen des Grundbesitzes auch auf strafrechtlichem Gebiete zu Hülfe gekommen. Das Strafgesetzbuch (§ 368 Nr. 9) sowohl als die partikularen Feldpolizeigesetze belegen das unbefugte Betreten von Kulturen u. s. w. mit Strafe. Diese Strafandrohungen sind geeignet, künftigen Verletzungen vorzubeugen; für die gleichwohl eingetretenen Verletzungen wahren sie das Vermögensinteresse des Beschädigten nicht. Die Gefahr des Mißbrauches des Pfändungsrechts ist dabei erfahrungsgemäß gering; im Volksleben festgewurzelt, empfängt es sein Temperament in der Volkssitte. Daß die Gesetze neuesten Datums, insbesondere das preußische Feld- und Forstpolizeigesetz, die Pfändung beibehalten haben, bezeugt deren Werth wie deren Unentbehrlichkeit.

Die Bedeutung, welche der Pfändung zum Schutze des Grundbesitzes in dem Rechtsleben der Gegenwart zukommt, führt nicht dazu, daß mit dem Agrarrechte der einzelnen Bundesstaaten in engem Zusammenhange stehende Institut reichsrechtlich zu regeln, wohl aber dazu, dasselbe der Landesgesetzgebung vorzubehalten beziehungsweise zu überweisen. Dabei ist nur zu prüfen, ob dem Landesrechte in der einen oder anderen Richtung Schranken zu ziehen seien.

Der Umstand, daß das Pfändungsrecht seinen Ausgangspunkt von der Schutzbedürftigkeit der Land- und Forstwirthschaft nimmt, mag nahelegen, die Pfändung nur für diejenigen Fälle nachzulassen, in welchen ein Feld- oder ein Waldgrundstück unbefugt betreten wird. Der Rechtsentwickelung, wie dieselbe namentlich auch in der preußischen Feldpolizeiordnung vom 1. November 1847 und in dem preußischen Feld- und Forstpolizeigesetze vom 1. April 1880 hervortritt, würde indessen damit nicht hinreichend Rechnung getragen. Auch ist die Abgrenzung jener beiden Arten von Grundstücken von anderen Grundstücksarten nicht selten mit praktischen Schwierigkeiten verbunden, so daß leicht im gegebenen Falle eine bedenkliche Unsicherheit darüber obwalten könnte, ob das Pfändungsrecht bestehe oder nicht bestehe, — eine Unsicherheit, die für den zu Unrecht Pfändenden von den mißlichsten Folgen begleitet sein könnte. Räthlich erscheint des Weiteren nicht, das Pfändungsrecht zu beschränken auf die Pfändung von Thieren beziehungsweise auf die Viehpfändung im engeren Sinne, d. h. auf diejenige Pfändung übergetretenen Viehes welche ohne Anhalten einer Person sich vollzieht. Desgleichen ist Anstand genommen, die Zulässigkeit der gegen Personen gerichteten Pfändung schlechthin davon abhändig zu machen, daß der zu Pfändende eine strafbare Handlung begangen oder dem Grundstücke Schaden zugefügt habe. Die Bedürfnißfrage kann insoweit richtig nur von der Landesgesetzgebung gewürdigt werden. Geboten erscheint aber, die gegen Personen gerichtete Pfändung auf die Wegnahme von Sachen zu beschränken; die Festnahme einer Person darf nur erfolgen, wenn die Festnahme nach strafprozessualen Grundsätzen statthaft ist oder die Voraussetzungen des § 189 des

Entwurfes eines Bürgerlichen Gesetzbuchs[1]) zutreffen. Die dem Artikel gegebene Fassung bringt letzteres genügend zum Ausdrucke. Unbedenklich ist es endlich auch, der Landesgesetzgebung die Entscheidung darüber zu überlassen, welches Recht (gesetzliches Pfandrecht, Zurückbehaltungsrecht u. s. w.) der Pfändende durch die Pfändung an den gepfändeten Sachen erlangt.

Besonderer Erwähnung in dem Vorbehalte bedürfen die landesgesetzlichen Vorschriften über die Entrichtung von Pfandgeld oder Ersatzgeld. Die Pfändung begründet der Regel nach für den Berechtigten die Befugniß, an Stelle des Schadensersatzes und ohne daß ein Nachweis des Schadens erforderlich ist, einen bestimmten Geldbetrag (Pfandgeld) zu fordern. Verschiedene Partikularrechte sind hierbei nicht stehen geblieben, sondern haben dem Berechtigten, auch ohne daß eine Pfändung erfolgt, den Anspruch auf das Pfandgeld zugebilligt und damit das Letztere aus dem Rahmen des Pfändungsinstitutes herausgehoben (preußische Feldpolizeiordnung vom 1. November 1847 § 8 Abs. 1; Verordnung für Mecklenburg-Schwerin und Mecklenburg-Strelitz vom 31. Mai 1879 § 15; Feldpolizeiordnungen für Anhalt vom 10. November 1849 § 40 und für Waldeck vom 15. Mai 1855 § 7). In neuester Zeit ist die Loslösung des Pfandgeldes von dem Pfändungsinstitute auch äußerlich dadurch zum Ausdrucke gebracht worden, daß dasselbe den Namen „Ersatzgeld" erhalten hat (Feld- und Forstpolizeigesetze für Preußen vom 1. April 1880 §§ 69 ff., für Coburg-Gotha vom 26. Mai 1880 §§ 69 ff., für Schaumburg-Lippe vom 28. April 1880 §§ 62 ff., Gesetz für Elsaß-Lothringen, betreffend das Forststrafrecht und das Forststrafverfahren, vom 28. April 1880 § 23). Das Pfand- beziehungsweise Ersatzgeld steht auch in dieser Gestaltung mit dem Pfändungsinstitute in solchem Zusammenhange, daß das eine von dem anderen nicht getrennt werden kann.

Der § 18 des Gesetzes über das Postwesen des Deutschen Reiches vom 28. Oktober 1871 (Reichs-Gesetzbl. S. 347), nach welchem gegen die ordentlichen Posten, Extraposten, Kuriere und Estafetten die Pfändung nicht erlaubt ist und eine solche auch nicht gegen Postillone geübt werden darf, welche mit ledigem Gespanne zurückkehren, wird durch den Vorbehalt nicht berührt.

Aus den Protokollen (S. 8898 ff.):

Die Zulässigkeit der Privatpfändung auf die Viehpfändung zu beschränken und hinsichtlich anderweitiger Beschädigungen von

[1]) Dem § 189 entsprechen die §§ 223, 224 der Reichstags-Drucksache Nr. 87.

Grundstücken nur die landesgesetzlichen Vorschriften über das Ersatzgeld aufrecht zu erhalten, empfehle sich nicht. Es sei zwar anzuerkennen, daß das Ersatzgeld, welches auch ohne zuvorige Pfändung dem Beschädigten die Möglichkeit einer schnellen und leichten Schadloshaltung gewähre, die moderne Form des Flurschutzrechts darstelle, allein der Ersatzgeldanspruch vermöge doch die Pfändung nicht ganz entbehrlich zu machen. Die Pfändung sichere bei der Beschädigung eines Grundstücks durch Menschen in gleicher Weise wie bei der Beschädigung durch Thiere den Beweis des Frevels und biete zugleich in der Pfandsache eine dingliche Sicherheit für den Schadensersatz. Die etwaigen Nachtheile des Instituts seien bei der Thierpfändung in demselben Maße vorhanden wie bei der sonstigen Sachpfändung, insbesondere soweit es sich um den Widerstand des Gepfändeten handle, der aber erfahrungsmäßig überhaupt selten vorkomme, weil das Pfändungsrecht durch das Volksbewußtsein geschützt werde. Das Gleiche gelte von dem Bedenken, daß der Berechtigte häufig zur Wegnahme von Sachen schreiten werde, die im gerichtlichen Zwangsvollstreckungsverfahren unpfändbar und daher im Entwurf eines Bürgerlichen Gesetzbuchs auch von den gesetzlichen Pfandrechten ausgenommen seien (§§ 551, 691[1]). Daß es der inneren Begründung entbehre, zwischen der Viehpfändung und der sonstigen Sachpfändung einen Unterschied zu machen, lehre auch ein Blick auf die gesammte neuere Gesetzgebung. Würde man den Vorbehalt nicht auf die sonstige Sachpfändung erstrecken, so würden für diese die Selbsthülfebestimmungen der §§ 223 bis 225 des Entwurfes eines Bürgerlichen Gesetzbuchs[2]) gelten, die weder in ihren Voraussetzungen noch in den Mitteln genügten, die sie dem Beschädigten an die Hand gäben.

Für den Fall, daß das Pfändungsrecht in der irrigen Annahme ausgeübt werde, daß die gesetzlichen Voraussetzungen der Ausübung vorliegen, sei die Vorschrift des § 225 des Entwurfes eines Bürgerlicheu Gesetzbuchs nicht für anwendbar zu erklären. Die Anwendung des § 225 auf die Privatpfändung möge in der formalen Konsequenz dieser Vorschrift und der übrigen angezogenen Bestimmungen liegen, es beständen gegen sie aber Bedenken theoretischer und praktischer Art. Die vorgeschlagene Bestimmung würde auch die zum Forst- und Feldschutz berufenen Beamten (Förster, Feldhüter und dergleichen) betreffen, dadurch aber theoretisch gegen den

---

[1]) Den §§ 551, 691 entsprechen die §§ 552, 691 der Reichstags-Drucksache Nr. 87.

[2]) Die Vorschriften haben in der Reichstags-Drucksache Nr. 87 die gleiche Bezifferung.

Grundsatz des § 824[1]) über die Beamtenhaftung verstoßen und praktisch in höchst nachtheiliger Weise auf die Energie der Beamten einwirken. Ueberhaupt aber würde sie, da rasches Zugreifen mit ängstlicher Prüfung der Rechtmäßigkeit schwer vereinbar sei, die Vortheile des Instituts wesentlich in Frage stellen. Der § 225 sei gegenüber dem sonst vom Entwurf festgehaltenen Verschuldungsprinzip eine Spezialbestimmuug, die keine analoge Anwendung dulde; es sei auch nicht zu übersehen, daß es sich in den dort betroffenen Fällen um viel schwerere Beschädigungen handeln könne, als sie bei der Privatpfändung in Frage kämen. Darüber, daß sich der Vorbehalt des Art. 62 auch auf die Vorschriften über das der Pfändung von Sachen sich anschließende und das die Entrichtung von Pfandgeld betreffende Verfahren erstrecke, bestand, wie auf Anregung festgestellt wurde, Einverständniß.

Zu **Artikel 90.**

Der Art. 90 stimmt mit dem Art. 53 des Entwurfes erster Lesung überein.

Aus den Motiven (S. 179, 180):

Nicht blos das Gesetz, betreffend die Kautionen der Bundesbeamten, vom 2. Juni 1869 (Bundes-Gesetzbl. S. 161), sondern auch die Kautionsgesetze der Bundesstaaten enthalten eine Reihe privatrechtlicher Vorschriften. Von besonderer Wichtigkeit sind in dieser Hinsicht die Grundsätze des preußischen Gesetzes, betreffend die Kautionen der Staatsbeamten, vom 25. März 1873 §§ 1, 10, nach welchen auch solche Beamte, denen vermöge ihres Amtes die Annahme, die Aufbewahrung oder der Transport fremder, nicht dem Staate gehörender Gelder obliegt, Kautionen zu leisten haben und die Amtskaution „für alle von dem kautionspflichtigen Beamten aus seiner Amtsführung zu vertretenden Schäden und Mängel an Kapital und Zinsen“, also nicht nur dem Staate, sondern auch dritten Personen haftet. Das hessische Gesetz, die Ausführung der Civilprozeßordnung u. s. w. betreffend, vom 4. Juni 1879 Art. 104 hat eine ähnliche Vorschrift. Das preußische Gesetz entbindet überdies den Staat von der Verpflichtung, „im Falle des Konkurses die verpfändeten Werthpapiere in die Konkursmasse einzuliefern“ (§ 11). Ob diese Vergünstigung noch in vollem Umfange besteht, kann freilich im Hinblick auf den § 117 der Konkursordnung in Frage gestellt werden. In der gegenwärtigen Kodifikation liegt kein Grund, die privatrechtliche Seite des Rechtsverhältnisses aus der von Beamten geleisteten Sicherheit zu regeln. Vielmehr empfiehlt

[1]) Dem § 824 entspricht der § 823 der Reichstags-Drucksache Nr. 87.

es sich aus Rücksicht auf das öffentliche Recht der Bundesstaaten, die mit demselben engzusammenhängende Regelung dieses Verhältnisses sowie des analogen Verhältnisses, welches durch die Sicherheitsleistung für die Verbindlichkeiten aus dem Betriebe eines Gewerbes entsteht, der Landesgesetzgebung vorzubehalten.

Dagegen ist ein Vorbehalt zu Gunsten solcher landesgesetzlichen Vorschriften entbehrlich, nach welchen bei der Verpfändung von Bezügen eines Beamten oder einer Militärperson an Diensteinkommen, Wartegeldern oder Pensionen zur Wirksamkeit der Verpfändung eine Benachrichtigung der auszahlenden Kasse durch Vorlegung einer öffentlichen Urkunde oder nach welchen bei Bestellung von Amtskautionen durch Niederlegung von Werthpapieren die Ertheilung eines Empfangscheines über die Niederlegung zur Wirksamkeit der Verpfändung erforderlich ist. Die Vorschriften der ersten Kategorie sind durch die §§ 1208, 1211, 311 des Entwurfes eines Bürgerlichen Gesetzbuchs[1]) gedeckt. Die Vorschriften der zweiten Kategorie bezwecken, ebenso wie die entsprechende Vorschrift des Reichsgesetzes vom 2. Juni 1869 § 6, die Sicherheitsleistung der Beamten nicht sowohl zu erschweren als zu erleichtern. Diese Erleichterung wird aber von dem Entwurf eines Bürgerlichen Gesetzbuchs ganz allgemein zugelassen, indem nach § 1147 Abs. 3[2]) ein Faustpfandrecht auch dadurch begründet werden kann, daß einem Dritten (hier der Hinterlegungsstelle) die Inhabung für den Pfandgläubiger und den Eigenthümer eingeräumt wird.

Zu Artikel 91.

Der dem Art. 91 entsprechende Art. 74 des Entwurfes erster Lesung lautet:

> Unberührt bleiben die landesgesetzlichen Vorschriften, nach welchem dem Fiskus oder einer anderen juristischen Person das Recht zusteht, zur Sicherung gewisser Forderungen die Eintragung einer Hypothek an den Grundstücken des Schuldners in das Grundbuch verlangen, und nach welchen die Eintragung dieser Hypothek auf das Ersuchen einer bestimmten Behörde zu erfolgen hat. Die Hypothek kann nur als Sicherungshypothek eingetragen werden. Die Vorschriften des § 1130 Abs. 2 und des § 1131 des Bürgerlichen Gesetzbuchs[3]) finden entsprechende Anwendung.

---

[1]) Den §§ 1208, 1211, 311 entsprechen die §§ 1256, 405 der Reichstags-Drucksachen Nr. 87.

[2]) Dem § 1147 Abs. 3 entspricht § 1189 der Reichstags-Drucksache Nr. 87.

[3]) Die die Zwangshypothek betreffenden §§ 1130, 1131 sind bei der zweiten Lesung gestrichen und der Revision der Civilprozeßordnung vorbehalten.

Aus den Motiven (S. 199):

Der Entwurf eines Bürgerlichen Gesetzbuchs kennt weder gesetzliche Pfandrechte an Grundstücken, noch auf Gesetz beruhende Verbindlichkeiten zur Bestellung einer Hypothek — abgesehen von allgemein auf Sicherheitsleistung gehenden Verbindlichkeiten —, noch endlich dasjenige, was unter Hypothekentitel im engeren Sinne verstanden wird und mehr ist, als eine bloße Obligation zur Bestellung einer Hypothek. Es besteht auch im Allgemeinen kein Anlaß, einen Vorbehalt zu Gunsten der landesgesetzlichen Vorschriften aufzunehmen, durch welche derartige Rechtsverhältnisse begründet werden. Die Abschaffung einschlagender Vorschriften ist in vielen Gebieten in neuerer Zeit erfolgt. Andererseits läßt sich nicht leugnen, daß die im Satz 1 bezeichneten, dem bayerischen Hypothekengesetze vom 1. Juni 1822 (§ 12), dem sächsischen Gesetzbuch (§ 393) und anderen Rechten geläufigen Hypothekentitel mit dem öffentlichen Rechte im Zusammenhange stehen und in publizistischen Verhältnissen sich gründen, welche das Bürgerliche Gesetzbuch möglichst unberührt zu lassen hat.

Für diejenigen Staaten, in welchen den Verwaltungsbehörden ohne Mitwirkung der Gerichte das Recht der Zwangsvollstreckung, und zwar auch bezüglich der Ansprüche aus der Verwaltung öffentlichen Gutes, zusteht, ist der entsprechende Vorbehalt nur von geringer praktischer Bedeutung. Bezüglich dieser Staaten möchte es genügen, Fürsorge zu treffen, daß die Grundbuchämter den Requisitionen der zuständigen Behörden um Eintragung von Hypotheken stattzugeben haben. Bezüglich derjenigen Staaten dagegen, in welchen die Verwaltungsexekution nicht oder doch nicht in gleicher Weise anerkannt ist, bedarf es jedenfalls einer Bestimmung, welche die Aufrechterhaltung der auf Landesrecht beruhenden Hypothekentitel nicht allein ausspricht, sondern auch bestimmten Behörden das landesgesetzliche Recht sichert, die wirkliche Eintragung der Hypothek im Wege des Ersuchens herbeizuführen (Satz 1).

Die Vorschrift des Satz 2 stellt fest, daß die dem Hypothekentitel entsprechende Hypothek nur als Sicherungshypothek eingetragen werden kann. Der Satz 3 trägt einerseits durch die Heranziehung des § 1130 Abs. 2 des Entwurfes eines Bürgerlichen Gesetzbuchs Sorge, daß der Hypothekentitel von der Hypothek selbst gehörig geschieden bleibt; andererseits gewährt derselbe durch den für anwendbar erklärten § 1131 des Entwurfes eines Bürgerlichen Gesetzbuchs dem Schuldner ein Mittel, einer übermäßigen Belastung seiner Grundstücke entgegenzutreten.

Aus den Protokollen (S. 8908, 8909):

Die Beschränkung des Vorbehalts auf juristische Personen des öffentlichen Rechts und solche Stiftungen, die unter der Verwaltung einer öffentlichen Behörde stehen, genüge der in den Motiven entwickelten Tendenz des Vorbehalts und habe sich namentlich in Bayern als ausreichend erwiesen.

Zu Artikel 92.

Die Vorschrift ist bei der zweiten Lesung neu aufgenommen worden.

Aus den Protokollen (S. 615 bis 617):

Der Vorbehalt schließe sich den in Preußen, Bayern und Sachsen bestehenden Einrichtungen an und rechtfertige sich im Interesse einer geordneten Kassenführung. Er sei auf Zahlungen aus öffentlichen Kassen zu beschränken. Ein Vorbehalt hinsichtlich der an solche zu leistenden Zahlungen sei nicht erforderlich, da hier die aus den Bedürfnissen einer geordneten Kassenführung hergeleiteten Gründe nicht zuträfen.

Zu Artikel 93.

Der Art. 93 stimmt mit dem Art. 58 des Entwurfes erster Lesung überein.

Aus den Motiven (S. 186):

Die Vorschrift läßt die Grundsätze des Bürgerlichen Gesetzbuchs über die Beendigung des Miethverhältnisses bei der Wohnungsmiethe unberührt und stellt nur außer Zweifel, daß die Bestimmung der im Falle der Beendigung des Miethverhältnisses maßgebenden Räumungsfristen der Landesgesetzgebung zusteht (vergl. preußisches Gesetz vom 30. Juni 1843).

Zu Artikel 94.

Der Art. 94 Abs. 1 stimmt mit dem § 47 des Entwurfes erster Lesung überein. Der Abs. 2 ist bei der zweiten Lesung neu aufgenommen worden.

Aus den Motiven (S. 167, 168):

In einer Reihe von Bundesstaaten sind zur Regelung des Geschäftsbetriebes der gewerblichen Pfandleiher und der Pfandleihanstalten theils Gesetze (vergl. preußisches Gesetz vom 17. März 1880, sächsisches Gesetz vom 21. April 1882 u. s. w.), theils Anordnungen der Centralbehörden (vergl. Gewerbeordnung § 38 Abs. 1) ergangen, welche, im Wesentlichen übereinstimmend, neben Vorschriften über die Verpfändung und die Art des Pfandverkaufes, namentlich Bestimmungen enthalten über die zulässige Zinshöhe, die Berechnung der Zinsen, die Fälligkeit des vom Pfandleiher gewährten Darlehens, über die Prolongation, die Unstatthaftigkeit des Ausbedingens oder Nehmens weiterer Vergütung neben den

Zinsen oder des Vorausnehmens der Zinsen u. s. w. Mitunter sind auch (vergl. preußisches Gesetz) besondere Normen über die dem Inhaber des Pfandscheines zustehenden Rechte aufgestellt. Die Regelung der privatrechtlichen Seite des Geschäftsbetriebes der gewerblichen Pfandleiher und der Pfandleihanstalten muß den Landesgesetzen verbleiben. Dem entspricht der im Artikel aufgestellte Vorbehalt.

Der Vorbehalt umfaßt auch den Geschäftsbetrieb der Rückkaufshändler; eine besondere Erwähnung derselben im Gesetze ist unterblieben, weil nach § 34 Abs. 2 der Gewerbeordnung der gewerbsmäßige Ankauf beweglicher Sachen mit Gewährung des Rückkaufsrechts als Pfandleihgewerbe gilt.

Inwieweit Banken, Kreditanstalten unter den Begriff von Pfandleihanstalten fallen, hängt von deren Geschäftsbetrieb ab.

Aus den Protokollen (S. 8807):

Es bestehe ein dringendes praktisches Bedürfniß, die landesgesetzlichen Vorschriften unberührt zu lassen, nach denen öffentlichen Pfandleihanstalten das Recht zustehe, die ihnen verpfändeten Sachen dem Berechtigten nur gegen Bezahlung des auf die Sache gewährten Darlehens herauszugeben. Die Aufrechterhaltung der landesgesetzlichen Vorschriften folge in dieser Beziehung keineswegs mit Nothwendigkeit aus dem im Abs. 1 getroffenen Vorbehalt. Dagegen fehle es an einem Bedürfnisse, den im Abs. 2 getroffenen Vorbehalt auf Privatleihanstalten zu erstrecken; eine solche Ausdehnung würde auch mit Rücksicht auf die Gefahr einer Förderung der gewerbsmäßigen Hehlerei bedenklich sein.

Zu Artikel 95.

Der dem Art. 95 entsprechende Art. 46 des Entwurfes erster Lesung lautet:

Unberührt bleiben die landesgesetzlichen Vorschriften, welche dem Gesinderechte angehören, unbeschadet der Vorschriften der §§ 64 bis 71, des § 224 Abs. 2, der §§ 564, 711 bis 713, 1277 des Bürgerlichen Gesetzbuchs.[1]) Unberührt bleiben insbesondere auch die Vorschriften der Landesgesetze über die Schadensersatzpflicht desjenigen, welcher Gesinde zum widerrechtlichen Verlassen des Dienstes verleitet oder in Kenntniß eines noch bestehenden Gesindedienstverhältnisses in Dienst nimmt oder welcher ein unrichtiges Gesindedienstzeugniß ertheilt.

---

[1]) Den angeführten Vorschriften entsprechen die §§ 100 bis 111, 127, 272, 615, 815, 825, 1341 der Reichstags-Drucksache Nr. 87.

Aus den Motiven (S. 166, 167):

Eine Regelung des Gesinderechts durch Reichsgesetz ist unausführbar. Die maßgebenden wirthschaftlichen und sozialen Verhältnisse sind in den einzelnen Staaten Deutschlands, vielfach sogar in den einzelnen Theilen desselben Staates so mannigfaltig, daß sie der einheitlichen Regelung sich entziehen. Die überaus zahlreichen Gesindeordnungen, welche in Anpassung an die in den verschiedenen Staaten, Provinzen oder Landschaften bestehenden Verhältnisse und Gewohnheiten ergangen sind, ergeben dies zur Genüge. Auch in Preußen ist von der Erlassung einer einheitlichen Gesindeordnung für den ganzen Umfang der Monarchie abgesehen worden. Bei der Erwägung dieser Frage hat man nicht nur das Vorhandensein eines praktischen Bedürfnisses für eine einheitliche Regelung des Gesindewesens verneint, sondern auch anerkannt, daß eine solche Regelung bei der verschiedenartigen Gestaltung der Verhältnisse zwischen Dienstherrschaft und Gesinde in den verschiedenen Landestheilen auf unüberwindliche Schwierigkeiten stoßen möchte.[2]) Der Entwurf hat demgemäß einen allgemeinen Vorbehalt zu Gunsten der landesgesetzlichen Vorschriften, welche dem Gesinderechte angehören, aufgenommen. Das vorbehaltene Gebiet ist damit so bestimmt, daß Zweifel, welche im Einzelnen sich ergeben können, in dem maßgebenden Prinzipe ihre Lösung finden müssen. Das Prinzip besteht in der Unterstellung des Gesinderechts unter die Zuständigkeit der Landesgesetzgebung. Der Ausdruck „Gesinderecht" zur Be-

---

[2]) Drucksachen des preußischen Herrenhauses 1879/80, I Nr. 5, 45. In Preußen sind heutzutage in Geltung: Allgemeines Landrecht II, 5 §§ 177 bis 186, Gesindeordnung vom 8. November 1810, Gesindeordnung für die Rheinprovinz vom 19. August 1844, diejenige für Neuvorpommern und Rügen vom 11. April 1845, für die Provinz Schleswig-Holstein vom 25. August 1840; in der Provinz Hannover die Dienstbotenorduungen für die Landdrosteibezirke Hannover, Hildesheim, Lüneburg und den Haagbezirk vom 15. August 1844, für den Landdrosteibezirk Osnabrück vom 28. April 1838, für die Herzogthümer Bremen und Verden vom 12. April 1844 und vom 16. Februar 1853, die Verordnung für das Land Hadeln vom 12. Oktober 1853, die Dienstbotenordnung für Ostfriesland und Harlingerland vom 10. Juli 1859; in der Provinz Hessen-Nassau eine Gesindeordnung für die Städte Cassel, Marburg, Rintelen und Hanau vom 15. Mai 1797, eine kurhessische Verordnung vom 29. November 1823, die großherzoglich hessische Verordnung vom 7. Mai 1857, die landgräflich hessen-homburgsche Verordnung vom 9. Oktober 1857, das nassauische Edikt vom 15. Mai 1819, die Gesindeordnung für die Stadt Frankfurt a. M. vom 5. März 1822; in den hohenzollernschen Landen die Dienstbotenordnung von 1843; daneben bestehen noch eine Anzahl von Spezialvorschriften in einzelnen für das Gesindewesen ergangenen Verordnungen und Gesetzen.

zeichnung der in Betracht kommenden Rechtsnormen ist allgemein verständlich. Nach dem Vorbehalte ist die Landesgesetzgebung insbesondere ermächtigt, nicht nur den Dienstvertrag und dessen Inhalt zu regeln, sondern auch den Begriff des Gesindes festzustellen und darüber zu befinden, welche Vorschriften für das Gesinde überhaupt oder für einzelne Kategorien desselben gelten sollen.

Dem Vorbehalte sind gewisse Schranken beigefügt. Die Vorschriften des Bürgerlichen Gesetzbuchs über die Geschäftsfähigkeit (§§. 64 bis 71), über die Haftung für das Verschulden von Gehülfen (§. 224 Abs. 2), über die Maximaldauer des Dienstvertrages (§ 564), über die in den §§ 711 bis 713 festgesetzte Haftpflicht, sowie über die Einwilligung des Ehemannes zu einem Rechtsgeschäfte, durch welches die Ehefrau zu einer in Person zu bewirkenden Leistung sich verpflichtet (§ 1277), sollen auch für das Gebiet des Gesindewesens Geltung haben. Diese Einschränkung des Vorbehaltes ist im Interesse der Rechtseinheit und des praktischen Bedürfnisses geboten und ohne Verletzung beachtlicher Verhältnisse und Interessen durchführbar.

Für räthlich erachtet ist es besonders hervorzuheben, daß auch die landesgesetzlichen Vorschriften über die Schadensersatzpflicht desjenigen, welcher Gesinde zum widerrechtlichen Verlassen des Dienstes verleitet oder in Kenntniß eines noch bestehenden Gesindedienstverhältnisses in Dienst nimmt, oder welcher ein unrichtiges Gesindedienstzeugniß ertheilt, in dem Vorbehalte begriffen sind. Beim Mangel einer ausdrücklichen Vorschrift könnte es zweifelhaft erscheinen, ob die Landesgesetzgebung auf Grund des allgemeinen Vorbehaltes befugt sei, die in dieser Hinsicht einschlagenden Fragen in den Bereich ihrer Regelung zu ziehen. Die Befugniß hierzu muß der Landesgesetzgebung gewahrt bleiben. Dieselbe hat sich vielfach genöthigt gesehen, in den erwähnten Richtungen durch besondere gesetzliche Bestimmungen Vorsorge zu treffen (vergl. preußische Gesindeordnung §§ 174, 175; badisches Gesetz vom 3. Februar 1868 u. s. w.). Es wäre bedenklich, den Vorbehalt in der einen oder der anderen dieser Richtungen zu beschränken.

Soweit es an landesgesetzlichen Vorschriften über die aus dem Gesindedienstvertrage zwischen der Herrschaft und dem Gesinde entstehenden obligatorischen Rechtsbeziehungen fehlt, greifen die allgemeinen Vorschriften des Entwurfes eines Bürgerlichen Gesetzbuchs über den Dienstvertrag (§§ 559 bis 565)[1] Platz.

---

[1]) Den §§ 559 bis 565 entsprechen die §§ 604 ff. der Reichstags-Drucksache Nr. 87.

Aus den Protokollen (S. 2178, 8806):

Unter den reichsgesetzlichen Vorschriften, bezüglich deren der landesgesetzliche Vorbehalt nicht Platz greife, sei auch der bei der zweiten Lesung neu eingestellte § 610 des Entwurfes eines Bürgerlichen Gesetzbuchs[a]) aufzuführen. Denn habe man es aus sozialpolitischen Rücksichten für erforderlich erachtet, durch Aufstellung eines zwingenden Rechtssatzes die Vertragsfreiheit zum Schutze der Dienstverpflichteten einzuschränken, so gehe es nicht an, den Einzelstaaten die Befugniß einzuräumen, diese im öffentlichen Interesse beschlossene Norm auf einem Hauptanwendungsgebiete wieder auszuschließen. Es entspreche dies übrigens bereits einem Theil des geltenden Rechtes (preußische Gesetzordnung für die Rheinprovinz § 94).

Einvernehmen bestand darüber, daß, soweit die partikularrechtlichen Gesindeordnungen Vorschriften über die Verjährung von Lohnansprüchen des Gesindes enthielten, diese Vorschriften von den Bestimmungen des Bürgerlichen Gesetzbuchs über die Verjährung von Lohnansprüchen unberührt blieben.

Zu Artikel 96.

Der dem Art. 96 entsprechende Art. 59 des Entwurfes erster Lesung lautet:

> Unberührt bleiben die landesgesetzlichen Vorschriften, welche für den mit der Ueberlassung eines Gutes in Verbindung stehenden Leibgedingsvertrag, Leibzuchtsvertrag, Altentheilsvertrag oder Auszugsvertrag das Schuldverhältniß zwischen den Vertragschließenden insoweit regeln, als eine besondere Vereinbarung nicht getroffen wird.

Aus den Motiven (S. 186, 187):

Der Vorbehalt beschränkt sich auf diejenigen Verträge, welche in Verbindung mit der Ueberlassung eines Gutes stehen. Nur für Verträge dieser Art ist er Bedürfniß. Fehlt jenes Erforderniß, so handelt es sich um einen nach den allgemeinen Normen des Bürgerlichen Gesetzbuchs zu beurtheilenden Versorgungsvertrag, sollte auch dem Versorgungsberechtigten mit einem Gute in der einen oder anderen Art Sicherheit zu bestellen versprochen oder Sicherheit bestellt sein. Dagegen darf es keinen Unterschied machen, ob das Gut groß oder klein, ein ländliches oder städtisches ist. Kein Bedürfniß besteht zu einer Ausdehnung des Vorbehaltes auf einen mit der Ueberlassung einzelner Parzellen in Verbindung stehenden Leibgedingsvertrag.

---

[a]) Der § 610 hat in der Reichstags-Drucksache Nr. 87 die gleiche Bezifferung.

Der Landesgesetzgebung ist durch den Vorbehalt die Regelung des ganzen Schuldverhältnisses zwischen den Vertragschließenden überlassen, jedoch nur insoweit, als eine besondere Vereinbarung von den letzteren nicht getroffen ist. Es handelt sich hiernach um die Erlassung von Dispositivvorschriften; die Aufstellung von Auslegungsregeln ist dabei nicht ausgeschlossen.

Aus den Protokollen (S. 8874, 8875):

Das Wort „Gut" könne in der Praxis leicht zu dem Mißverständnisse führen, als sei darunter, wenn auch nicht ein geschlossenes Hofgut oder Landgut, doch nur ein größerer, den Unterhalt einer Familie sichernder, zusammenhängender Komplex landwirthschaftlicher oder städtischer Grundstücke zu verstehen, zumal die Motive bemerkten, es bestehe kein Bedürfniß zur Ausdehnung des Vorbehalts auf einen mit der Ueberlassung einzelner Parzellen in Verbindung stehenden Leibgedingsvertrag. Eine Beschränkung des Vorbehalts auf Verträge, welche mit der Ueberlassung eines Grundstücks von einer gewissen Größe oder wirthschaftlichen Beschaffenheit in Verbindung ständen, würde aber den Vorbehalt für Rechtsgebiete mit weit vorgeschrittener Bodenvertheilung nahezu werthlos machen. Deshalb müsse das Wort „Gutes" durch „Grundstücks" ersetzt werden.

Zu Artikel 97.

Der Artikel 97 Abs. 1 entspricht dem Art. 57 des Entwurfes erster Lesung, welcher lautet:

> Unberührt bleiben die landesgesetzlichen Vorschriften, welche die Eintragung gewisser Gläubiger in ein Staatsschuldbuch und die Verpflichtung des Bundesstaates zur Umschreibung der von demselben auf den Inhaber ausgestellten Schuldverschreibungen auf den Namen eines bestimmten Berechtigten [1]) sowie die aus einer solchen Eintragung oder Umschreibung sich ergebenden Rechtsverhältnisse regeln.

Der Abs. 2 des Art. 97 ist bei der zweiten Lesung neu eingestellt.

Aus den Motiven (S. 185, 186):

Das in einigen Bundesstaaten bestehende Institut des Staatsschuldbuchs (vergl. preußisches Gesetz vom 20. Juli 1883, sächsisches Gesetz vom 25. April 1884) ist eine dem Staatskredite dienende Einrichtung des öffentlichen Rechtes, welche von der Kodifikation des bürgerlichen Rechtes unberührt bleibt. In diese Einrichtung darf auch nicht dadurch eingegriffen werden, daß die auf dieselbe bezüg-

---

[1]) Vergl. zu Art. 101 unten S. 81

lichen privatrechtlichen Vorschriften beseitigt oder geändert werden. Soweit die landesgesetzliche Regelung allgemeine Rechtsnormen dispositiver Natur ersetzt, behält dieselbe schon nach dem Grundsatze der rechtsgeschäftlichen Aktionsfreiheit ihre Geltung. Die landesgesetzliche Regelung muß aber auch insoweit aufrecht erhalten werden, als sie mit zwingenden Vorschriften des Bürgerlichen Gesetzbuchs im Widerstreite steht, weil die betreffenden Normen zur zweckmäßigen Durchführung der Staatsschuldbucheinrichtung erforderlich beziehungsweise durch die Rücksicht auf die Finanzverwaltung geboten sind. Dem Vorbehalte zufolge bleiben die landesgesetzlichen Vorschriften über die Eintragung von Gläubigern in das Staatsschuldbuch und über die aus einer solchen Eintragung sich ergebenden Rechtsverhältnisse unberührt. Nicht einbezogen sind die Rechtsverhältnisse zwischen den Staatsgläubigern und dritten Personen; in diese Rechtsverhältnisse ist auch durch die betreffenden Landesgesetze nicht eingegriffen worden.

Aus den Protokollen (S. 8861 ff.):

Nach § 9 des preußischen Gesetzes über das Staatsschuldbuch vom 20. Juli 1883 bestehe für eine Ehefrau die Möglichkeit, auch ohne Genehmigung ihres Mannes vor der Staatsschuldbuchbehörde über die für sie eingetragene Forderung zu verfügen. Diese Vorschrift sei im Interesse einer praktischen Ausführung der Staatsschuldbucheinrichtung gegeben; die Staatsschuldbuchbehörde solle nicht zu der Prüfung der Frage verpflichtet sein, ob eine Ehefrau nach ihrem Güterstande selbständig vor der Staatsschuldbuchbehörde verfügen dürfe oder zu einer solchen Verfügung die Genehmigung des Mannes beibringen müsse. Materiell habe der § 9 in das zur Zeit in Preußen geltende Recht nicht eingreifen wollen. Der praktische Zweck, dem Staatsschuldbuchbeamten die Prüfung der Legitimation der Ehefrau zu selbständiger Stellung von Anträgen abzunehmen, werde auch dann erreicht, wenn man das Recht der Ehefrau für den Fall beseitige, daß ein Vermerk zu Gunsten des Ehemannes im Staatsschuldbuch eingetragen sei. Der Beamte sei alsdann der Prüfung der Legitimation der Ehefrau enthoben; es stehe für ihn fest, daß die Ehefrau nur mit Genehmigung des Mannes Anträge stellen könne. Andererseits werde auf diesem Wege die Gefahr beseitigt, die für den Mann daraus entstehe, daß die Buchbehörde für befugt erklärt werde, Anträgen der Frau stattzugeben, ohne zuvor feststellen zu müssen, ob die Frau nach dem für sie maßgebenden ehelichen Güterrechte zu den durch die Anträge veranlaßten Verfügungen auch berechtigt sei.

Der bezeichnete Vermerk sei einzutragen, wenn die Frau oder

mit ihrer Zustimmung der Mann die Eintragung beantrage. Die Frau müsse aber dem Manne gegenüber für verpflichtet erklärt werden, die Zustimmung zu ertheilen, wenn sie nach dem unter ihrem bestehenden Güterstande über die Buchforderung nur mit Zustimmung des Mannes verfügen könne.

Zu Artikel 98.

Die Vorschrift ist bei der zweiten Lesung neu aufgenommen worden.

Aus den Protokollen (S. 9215):

In Elsaß-Lothringen seien neuerdings durch Gesetz vom 14. Juli 1895 die Verhältnisse der öffentlichen Sparkassen geregelt. Dieses Gesetz enthalte im § 12 auch eine Bestimmung, welche die Sparkassen ermächtige, Ehefrauen und Minderjährigen die von ihnen gemachten Einlagen ohne Zustimmung des Ehemanns oder des gesetzlichen Vertreters zurückzuzahlen. Aus sozialpolitischen Gründen werde Werth darauf gelegt, die Aufrechterhaltung dieser Vorschrift und den Erlaß ähnlicher Vorschriften in anderen Bundesstaaten zu ermöglichen. Ein lediglich dahin gehender Vorbehalt sei indessen zu kasuistisch. Da die Rechtsentwickelung auf dem Gebiete des Sparkassenwesens noch nicht abgeschlossen sei, werde es richtiger sein, in dieser Richtung einen allgemeinen Vorbehalt in das Einführungsgesetz aufzunehmen. Es verlaute, daß in Preußen ebenfalls ein Gesetz über die Sparkassen erlassen werden solle. Ein ähnliches Gesetz, wie das für Elsaß-Lothringen erlassene, sei in Hessen geplant und möglicherweise würden auch andere Bundesstaaten in dieser Richtung gesetzgeberisch vorgehen. Es erscheine daher zweckmäßig, der Landesgesetzgebung die Regelung der Materie vollständig zu überlassen, auch soweit es sich um privatrechtliche Normen handele. Eine Beschränkung sei nur insofern nothwendig, als die Vorschriften des § 793 des Entwurfes eines Bürgerlichen Gesetzbuchs[1]) und die Vorschriften des Bürgerlichen Gesetzbuchs über die Anlegung von Mündelgeld der Abänderung durch die Landesgesetze entzogen werden müßten. Durch einen allgemeinen Vorbehalt der bezeichneten Art werde die Landesgesetzgebung in den Stand gesetzt, die in Rede stehende sozialpolitische Frage sowie andere ähnliche Fragen in zweckentsprechender Weise zu lösen.

Zu Artikel 100.

Die Vorschrift des Art. 100 Nr. 1 ist aus dem § 702 Abs. 4 des Entwurfes eines Bürgerlichen Gesetzbuchs erster Lesung hierher übernommen.

---

[1]) Dem § 793 entspricht der § 792 der Reichstags-Drucksache Nr. 87.

Der § 702 Abs. 4 lautet:

Die Gesetze eines Bundesstaates, welche über die Form der Vollziehung der von dem Bundesstaate ausgestellten Schuldverschreibungen der im ersten Absatze bezeichneten Art (d. h. der auf die Zahlung einer bestimmten Geldsumme lautenden Schuldverschreibungen auf den Inhaber) bestimmen, bleiben unberührt.

Der dem Art. 100 Nr. 2 entsprechende Art. 60 des Entwurfes erster Lesung lautet:

Unberührt bleiben die landesgesetzlichen Vorschriften, nach welchen in Ansehung der von dem Bundesstaate zu Schuldverschreibungen auf Inhaber ausgestellten Zinsscheine oder Rentenkupons der im § 697 Abs. 1 des Bürgerlichen Gesetzbuchs[1]) bezeichnete Anspruch ausgeschlossen ist, auch wenn die Ausschließung in dem Zinsscheine oder Rentenkupon nicht erklärt ist.

Aus den Motiven (S. 187):

Macht die Landesgesetzgebung von der eingeräumten Befugniß, in Ansehung der von dem Bundesstaate zu Schuldverschreibungen auf Inhaber ausgestellten Zinsscheine oder Rentenkupons den in § 697 Abs. 1 des Entwurfes eines Bürgerlichen Gesetzbuchs bezeichneten Anspruch ausschließen, Gebrauch, so wird die Aufnahme des fraglichen Ausschlusses in den Zinsschein oder Rentenkupon § 689)[2]) entbehrlich; das Landesgesetz tritt an die Stelle dieser Aufnahme.

Aus den Protokollen (S. 2693, 8875 ff.):

Der § 702 Abs. 4 des Entwurfes eines Bürgerlichen Gesetzbuchs erster Lesung sei sachlich zu billigen, jedoch wegen seines Zusammenhanges mit Art. 60 des Entwurfes des Einführungsgesetzes in dieses zu verweisen.

Die Ausdehnung der Vorschriften auf solche Schuldverschreibungen auf Inhaber, die von einer dem Bundesstaate angehörenden Körperschaft oder Stiftung des öffentlichen Rechtes ausgestellt sind, wurde von keiner Seite beanstandet.

Zu Artikel 101.

Der Art. 101 entspricht einem Theile des Art. 57 des Entwurfes erster Lesung (vergl. die zu Art 97 mitgetheilte Fassung des Art. 57 oben S. 59).

Aus den Motiven (S. 186):

Die hier und da bestehende Einrichtung der Umschreibung der von dem Bundesstaate auf den Inhaber ausgestellten Schuldver-

[1]) Dem § 697 entspricht der § 788 der Reichstags-Drucksache Nr. 87.
[2]) Dem § 689 entspricht der § 780 der Reichstags-Drucksache Nr. 87.

schreibungen auf den Namen eines bestimmten Berechtigten (vergl. württembergisches Gesetz vom 18. August 1879, betreffend die auf den Inhaber lautenden Staatsschuldscheine) hat einen ähnlichen Zweck wie das Institut des Staatsschuldbuchs. Die einschlagenden landesrechtlichen Normen befassen sich mit der Umwandlung der vom Staate auf den Inhaber ausgestellten Schuldverschreibungen in Schuldverschreibungen auf den Namen eines bestimmten Gläubigers mit der Wiederumwandelung der auf diese Weise umgeschriebenen Schuldtitel in Inhaberpapiere und namentlich mit der Verpflichtung des Staates zu diesen Vornahmen. Die betreffenden Normen haben im Wesentlichen aus den gleichen Gründen in Kraft zu bleiben, wie die Gesetze über das Staatsschuldbuch; auch muß den Bundesstaaten die Möglichkeit offen gehalten werden, das fragliche Institut fernerhin einzuführen und zu regeln. Vom Standpunkte der Reichsgesetzgebung sind beide Einrichtungen von gleicher Bedeutung.

Aus den Protokollen (S. 8865, 8866):

Die Gründe, aus denen es der Landesgesetzgebung gestattet sein solle, die Vorschrift des § 701 Abs. 2 des Entwurfes eines Bürgerlichen Gesetzbuchs[1]) in Ansehung der staatlichen Schuldverschreibungen zu durchbrechen, sprächen dafür, der Landesgesetzgebung die gleiche Befugniß einzuräumen hinsichtlich der von Körperschaften, Stiftungen oder Anstalten des öffentlichen Rechtes ausgestellten Schuldverschreibungen.

Zu **Artikel 102.**

Der dem Art. 102 entsprechende Art. 61 des Entwurfes erster Lesung lautet:

Unberührt bleiben die Vorschriften der Landesgesetze über Kraftloserklärung und Zahlungssperre in Ansehung der in den §§ 702, 703 des Bürgerlichen Gesetzbuchs[2]) bezeichneten Urkunden.

Aus den Motiven (S. 187):

Im Allgemeinen ist für den Privatverkehr die Amortisation der im § 702 des Entwurfes eines Bürgerlichen Gesetzbuchs bezeichneten Billete, Karten u. s. w. sowie der sogenannten qualifizirten Legitimationspapiere (§ 703 des Entwurfes eines Bürgerlichen Gesetzbuchs) entbehrlich. Nach den Vorschriften des Entwurfes eines Bürgerlichen Gesetzbuchs §§ 692 ff., 702, 703[1]) unterliegen solche Urkunden der Amortisation nicht. In einzelnen Bundesstaaten besteht dagegen ein Interesse, gewisse Urkunden der in den §§ 702,

---

[1]) Dem § 701 entspricht der § 779 der Reichstags-Drucksache Nr. 87.

[2]) Den §§ 692 ff., 702, 703 entsprechen die §§ 783 ff., 791, 792 der Reichtags-Drucksache Nr. 87.

703 bezeichneten Art nicht von einer bisher zulässig gewesenen und in Ansehung des Verfahrens besonders geregelten Amortisation beziehungsweise Zahlungssperre (Einführungsgesetz zur Civilprozeßordnung § 11) ausgeschlossen zu sehen. Dieses Interesse verdient Beachtung, weil die Amortisirbarkeit der betreffenden Urkunden des Oefteren mit öffentlichen Einrichtungen in Verbindung steht und insoweit publizistischen Zwecken dient. In Betracht kommen namentlich Urkunden, welche von öffentlichen Verkehrsanstalten oder Kreditanstalten, Sparkassen u. s. w. ausgegeben sind. Eine Beschränkung des Vorbehaltes, welche die von Privatpersonen ausgestellten Urkunden ausschlösse, ist nicht nothwendig, auch nicht wohl möglich.

Aus den Protokollen (S. 8877):

Der Vorbehalt, welcher im Art. 61 hinsichtlich der im § 703 des Entwurfes eines Bürgerlichen Gesetzbuchs erster Lesung[1]) bezeichneten Urkunden getroffen sei, erledige sich dadurch, daß bei der zweiten Lesung die Kraftloserklärung dieser Papiere reichsgesetzlich geregelt worden sei.

Der als Abs. 2 vorgeschlagene Zusatz wurde ohne Widerspruch angenommen.

Zu **Artikel 103.**

Der dem Art. 103 entsprechende Art. 65 des Entwurfes erster Lesung lautet:

> Unberührt bleiben die Vorschriften der Landesgesetze über den Anspruch auf Rückerstattung von öffentlichen Abgaben und Kosten eines Verfahrens, zu deren Entrichtung eine Verpflichtung nicht bestanden hat.

Aus den Motiven (S. 191):

In einer größeren Zahl von Landesgesetzen ist der Anspruch auf Rückerstattung von öffentlichen Abgaben und Kosten eines Verfahrens, zu deren Entrichtung eine Verpflichtung nicht bestanden hat, in verschiedenen Richtungen, im Besonderen hinsichtlich seiner Statthaftigkeit, zeitlichen Dauer und Verjährung, zum Gegenstande besonderer Regelung gemacht. Darüber, ob diese Rückerstattungsansprüche an sich bezw. je nach dem Grunde der Rückforderung dem öffentlichen Rechte oder dem Privatrechte angehören, bestehen Meinungsverschiedenheiten. Zur Vermeidung mißlicher Zweifel ist die dem Landesrechte Raum lassende Vorschrift aufgenommen. Unter den öffentlichen Abgaben sind öffentliche Abgaben jeder Art verstanden, mögen sie an die Staatskasse, an Gemeinden oder

---

[1]) Den §§ 692 ff., 702, 703 entsprechen die §§ 783 ff., 791, 792 der Reichstags-Drucksache Nr. 87.

sonstige Kommunalverbände, an Kirchen, öffentliche Religionsgemeinschaften u. s. w. zu entrichten sein.

Aus den Protokollen (S. 8881 bis 8883):

Die Mehrheit entschied sich für unveränderte Annahme des Art. 65. Gegenüber einem Antrage auf Streichung wurde erwogen: Allerdings würden die öffentlich-rechtlichen Normen der in Rede stehenden Landesgesetze, wenn man den Artikel streiche, ohne Weiteres in Gültigkeit bleiben. Aber es könne immerhin das Mißverständniß entstehen, als wenn die Streichung auch für die öffentlich-rechtlichen Normen Folgen haben müsse. Vor Allem aber entstehe eine höchst unerwünschte Unklarheit darüber, welche Normen als rein privatrechtliche beseitigt seien und welche als öffentlichrechtliche bestehen blieben. Die Kommission sei im Allgemeinen bei denjenigen Materien, bei denen die Normen des öffentlichen Rechtes und des Privatrechts in einander übergehen, die Grenzlinie daher nicht immer leicht festzustellen sei, bestrebt gewesen, diese Feststellung durch Aufnahme ausdrücklicher Vorbehalte, welche sowohl die öffentlich-rechtlichen als auch die privatrechtlichen Vorschriften der bei der Materie in Betracht kommenden Landesgesetze umfaßten, überflüssig zu machen. Daran sei aber gerade im vorliegenden Falle festzuhalten, in welchem die allerdings privatrechtliche Frage nach der Zulässigkeit der Rückforderung von der nur nach öffentlichem Rechte zu entscheidenden Vorfrage abhänge, ob eine ungerechtfertigte Bereicherung vorliege. Dazu komme, daß man es mit einer praktisch wichtigen Materie zu thun habe. Erscheine es danach richtiger, im Gesetze eine ausdrückliche Vorschrift zu geben, so werde man unbedenklich dem Art. 65 zustimmen können, zumal sich Mißstände bei dem Rechtszustande, dessen Aufrechterhaltung durch den Art. 65 ermöglicht werden solle, nicht ergeben hätten.

Zu **Artikel 104.**

Die Vorschrift ist bei der zweiten Lesung neu aufgenommen worden.

Aus den Protokollen (S. 2787, 2788, 8877):

Durch den Vorbehalt werde insbesondere der § 25 des preußischen Eisenbahngesetzes vom 3. November 1838 mit dem ergänzenden Gesetze vom 3. Mai 1869 aufrecht erhalten, wonach eine vom Verschulden unabhängige Haftpflicht wegen der Beschädigung von Sachen anerkannt sei, während das Reichshaftpflichtgesetz von 1871 nur die Beschädigung von Personen betreffe. Es sei nicht angängig, derartige Spezialvorschriften, gegen welche sachlich keine Bedenken vorlägen, stillschweigend zu beseitigen. Wenngleich davon ausgegangen werden dürfe, daß bezüglich der in dem Vorbehalte bezeichneten Unternehmungen im Interesse der Rechtsgleichheit und Einheitlichkeit die Reichsgesetzgebung Normen aufstellen werde, so erscheine es doch nicht zweckmäßig, das Eingreifen der Landesgesetzgebung ganz abzuschneiden, da neue gefährliche Betriebe, wie z. B. elektrische Kraftübertragung, oftmals zuerst in einzelnen Städten oder Gegenden entständen, und bei der mehr lokalen Bedeutung derselben die Reichsgesetzgebung vielleicht nicht sofort einschreiten werde.

Zu **Artikel 105.**

Diese Vorschrift ist bei der zweiten Lesung neu aufgenommen worden.

Aus den Protokollen (S. 2787, 2788, 8877 bis 8879):

Die landesgesetzlichen Vorschriften, welche der Vorbehalt im Auge habe, hingen auf das Engste mit den öffentlichrechtlichen Verhältnissen der dem öffentlichen Gebrauche dienenden Grundstücke (der Landstraßen u. s. w.) zusammen. Wie die Regelung dieser Verhältnisse sei daher der Landesgesetzgebung auch die Regelung der in dem Art. 105 vorgesehenen Ersatzpflicht zu überlassen.

Zu **Artikel 106.**

Der Art. 106 stimmt mit dem Art. 63 des Entwurfes erster Lesung überein.

Aus den Motiven (S. 190, 191):

Der Vorbehalt für die Vorschriften der Landesgesetze über die Schadensersatzpflicht in den Fällen des Zuwiderhandelns gegen die zum Schutze von Grundstücken erlassenen Strafgesetze beruht auf ähnlichen Erwägungen wie der Vorbehalt des Art. 62 (jetzt 89). In erster Linie handelt es sich um den Schutz von Feld- und Forstgrundstücken; der Vorbehalt ist indessen hier so wenig als in Ansehung des Pfändungsrechtes auf diese Grundstücke zu beschränken. Im Uebrigen wird der Zweck des Vorbehaltes nur erreicht, wenn der Landesgesetzgebung die Bestimmung der Schadensersatzpflicht für alle diejenigen Fälle zugestanden wird, in welchen ein Verstoß gegen ein zum Schutze von Grundstücken erlassenes Strafgesetz vorliegt. Bestehen auch nicht in allen Staaten besondere Gesetze der Art (Feld- und Forstpolizeigesetze), so darf die Landesgesetzgebung nicht behindert sein, auf diesem Gebiete thätig zu werden.

Der Vorbehalt ist, wie in anderen Fällen, prinzipiell gehalten, vermeidet deshalb eine Aufzählung oder exemplifikative Aufführung der in den erwähnten Gesetzen geregelten Einzelheiten (z. B. Haftung gewisser Personen, Art der Haftung, Verjährung u. s. w.). Insoweit die fraglichen Gesetze das Pfand- oder Ersatzgeld betreffen, steht der Vorbehalt mit demjenigen des Art. 62 (jetzt 89) in Verbindung.

Zu Artikel 107.

Der Art. 107 stimmt mit dem Art. 64 des Entwurfes erster Lesung überein.

Aus den Motiven (S. 191):

Die sog. Aufruhrgesetze der Bundesstaaten, welche über den Ersatz des bei einer Zusammenrottung, einem Auflaufe oder einem Aufruhre entstandenen Schadens in einer von allgemeinen Grundsätzen mannigfach abweichenden Weise bestimmen[1]), müssen unberührt bleiben. So wünschenswerth an sich eine reichsgesetzliche Regelung sein möchte, ist eine solche doch mit Rücksicht auf die obwaltende Verschiedenheit der öffentlichrechtlichen Einrichtungen, mit welchen die Bestimmungen im Zusammenhange stehen, nicht thunlich.

Zu Artikel 108.

Der dem Art. 108 entsprechende Art. 42 des Entwurfes erster Lesung lautet:

Unberührt bleiben die Vorschriften der Landesgesetze über die Zwangsenteignung.

Ist auf Grund einer landesgesetzlichen Vorschrift dem Eigenthümer einer Sache wegen der im öffentlichen Interesse erfolgenden Entziehung, Beschädigung oder Benutzung der Sache oder wegen Beschränkung des Eigenthums eine Entschädigung zu gewähren, so finden, soweit nicht die Landesgesetze ein Anderes bestimmen, die Vorschriften des Art. 31 Abs. 1, 2 (jetzt 50, 51) entsprechende Anwendung.

Aus den Motiven (S. 162 bis 164):

Die Enteignungsmacht des Staates und die Verpflichtung eines jeden Einzelnen, welche dieser Macht entspricht, sind publizistischer Natur und werden durch die Aufhebung der privatrechtlichen Vor-

---

[1]) Vergl. preuß. Ges. v. 11. März 1850, betr. die Verpflichtung der Gemeinden zum Ersatze des bei öffentlichen Aufläufen verursachten Schadens; preuß. Verordn. v. 17. August 1835 § 11; bayer. Ges. v. 12. März 1850, betr. die Verpflichtung der Gemeinden zum Ersatze des bei Aufläufen diesseits des Rheines verursachten Schadens; württemberg. Ges., betr. das Verfahren bei dem Aufgebote der bewaffneten Macht gegen Zusammenrottung u. s. w., v. 28. August 1849; bad. Ges., betr. die Entschädigungspflicht der Gemeindeangehörigen wegen der bei Zusammenrottungen verübten Verbrechen, vom 18. Februar 1851; franz. Gesetz vom 2. Oktober 1795. Dazu sächsisches G. B. § 1496.

schriften der Landesgesetze nicht berührt. Ein Hinübergreifen der Vorschriften über die Zwangsenteignung in das Gebiet des Privatrechts findet insofern statt, als der Staat bei dem Enteignungsverfahren sich nicht darauf beschränkt, einen Zwang zu einem Thun oder Unterlassen gegen den Einzelnen auszuüben, sondern unmittelbar umgestaltend in die privaten Rechtsverhältnisse eingreift. Ein solches Eingreifen ist nicht bloß in Ansehung des dinglichen Rechtsverhältnisses der Grundstücke denkbar. Auch andere Vermögensgegenstände, insbesondere bewegliche Sachen, können durch die Enteignungswirkung berührt werden. Die Anschauung, daß in anderen Fällen eine Aenderung im Rechte nicht beabsichtigt und nicht herbeigeführt werde, vielmehr der Staat in Ausübung eines Staatsnothrechts auf thatsächliche Eingriffe durch Wegnahme oder Vernichtung von Sachen sich beschränke, ist nicht haltbar. Die Gründe, aus welchen den Landesgesetzen insoweit, als die Vorschriften über die Zwangsenteignung dem Gebiete des Privatrechts angehören, Raum gelassen wird, sind in den Motiven zu dem Entwurf eines Bürgerlichen Gesetzbuchs Bd. 3 S. 5 erörtert.[1])

Der zweite Absatz des Art. 42 (jetzt 108 Satz 2) soll, im Anschlusse an den Art. 31 (jetzt 50, 51), eine in den Landesgesetzen nicht selten sich findende Lücke in geeigneter und mit dem Reichsrecht übereinstimmender Weise ausfüllen.

Nicht wenige Landesgesetze enthalten Vorschriften über die Beschlagnahme und Einziehung der Akten, Register, Dienstsiegel und anderer Dienstgegenstände der Notare und Gerichtsvollzieher sowie der von Beamten unter Benutzung amtlicher Kenntnißnahme hergestellten Schriften, Zeichnungen, Modelle und dergleichen. In den meisten Notariatsgesetzen ist vorgesehen, daß bei dem Ausscheiden, dem Tode oder der Versetzung eines Notars in einen anderen Amtsbezirk alle das Amt desselben betreffenden Papiere (Abschriften, Register u. s. w.) und das Dienstsiegel von der zuständigen Behörde in Besitz zu nehmen und aufzubewahren seien. Dasselbe ist in

---

[1]) An dieser Stelle wird ausgeführt:

Mit dem Enteignungsrechte verhält es sich ähnlich (wie mit dem Bergrecht; vergl. bezüglich des letzteren die oben S. 34 Anm. 1 abgedruckte Stelle der Motive). Zwar sind die dasselbe betreffenden Vorschriften entfernt nicht so umfangreich wie die bergrechtlichen Bestimmungen, so daß ihre Unterbringung in dem Gesetzbuche kaum auf besondere Schwierigkeiten stoßen würde. Dafür aber spielt bei der Enteignung das Verfahren eine vielleicht noch wichtigere Rolle als im Bergrechte, und daß Verfahrensvorschriften nicht in eine Kodifikation des materiellen Rechtes gehören, wenn nicht ausnahmsweise zwingende Gründe für ihre Aufnahme vorliegen, folgt aus ihrer formalen Natur ohne Weiteres.

den meisten Bundesstaaten in Ansehung der Dienstsiegel, Dienstregister und sonstigen dienstlichen Papiere eines verstorbenen, entlassenen, suspendirten oder verhafteten Gerichtsvollziehers vorgeschrieben. In Preußen hat das öffentliche Interesse an der Erlangung von Zeichnungen, Plänen, Schriften und dergleichen, zu deren Herstellung die dienstliche Stellung Anlaß und Gelegenheit bot, zu mehrfachen Verwaltungsmaßregeln geführt (Reskript vom 8. Juli 1822 und 22. Mai 1818); vergl. ferner mecklenburgische Verordnung vom 25. Okt. 1800. Landesgesetzliche Vorschriften dieser Art müssen in Kraft bleiben. Soweit deren Fortbestand sich nicht schon aus der öffentlichrechtlichen Natur derselben ergiebt, wird der allgemeine Vorbehalt des Enteignungsrechts genügen.

Es finden sich landesgesetzliche Vorschriften, welche im öffentlichen Interesse den Besitz gewisser Sachen untersagen oder deren Beschlagnahme und Vernichtung verfügen. Eine vollständige Außerverkehrssetzung, deren im Allgemeinen im preußischen Allgemeinen Landrecht (I, 8 § 4), im sächsischen Gesetzbuch (§ 58), im österreichischen Gesetzbuch (§§ 311, 878) Erwähnung geschieht, wird kaum vorkommen. Die einzelnen Verbotsgesetze sind ihrem Inhalte nach zu prüfen. Sie werden dem Vorbehalte des Enteignungsrechts oder dem Vorbehalte zu Gunsten derjenigen landesgesetzlichen Vorschriften, durch welche das Eigenthum in Ansehung thatsächlicher Verfügungen im öffentlichen Interesse beschränkt wird (Art. 66, jetzt 110), sich unterstellen lassen. Jedenfalls genügen diese Vorbehalte, zumal der Zweck der betreffenden Verbotsgesetze in vielen Fällen auch durch Vorschriften polizeilicher Natur sich erreichen läßt. Für eine landesgesetzliche Außerverkehrssetzung, welche die Gültigkeit der auf die Sache sich beziehenden Rechtsgeschäfte berührt, darf kein Raum gelassen werden; derartige Vorschriften würden zu weitgehenden und störenden Eingriffen in den Rechtsverkehr führen können.

Aus den Protokollen (S. 8960, 8961):

Die Mehrheit war darüber einig, daß unter Zwangsenteignung jede im öffentlichen Interesse erfolgende Entziehung, Beschädigung oder Benutzung einer Sache oder Beschränkung des Eigenthums zu verstehen sei.

Zu Artikel 109.

Der Art. 109 stimmt mit dem Art. 77 des Entwurfes erster Lesung überein.

Aus den Motiven (S. 202):

Einige Gesetze sehen den Fall vor, daß nach der Zerstörung von Gebäuden durch Brand der Wiederaufbau auf einer anderen

Fläche aus polizeilichen Rücksichten vorgeschrieben wird, und übertragen solchenfalls die Rechte, welche die alten Baustellen belasten, auf die neuen Baustellen (vergl. württembergisches Pfandgesetz vom 15. April 1825 Art. 26 und Gesetz vom 14. März 1853 Art. 35; hessisches Pfandgesetz vom 15. September 1858 Art. 64, 150; sachsen-weimarisches Pfandgesetz vom 6. Mai 1839 §§ 172, 321). Ein derartiger Eingriff in die privaten Rechtsverhältnisse läßt sich zwar unter Umständen dem Vorbehalte zu Gunsten der Vorschriften über die Zwangsenteignung (Art. 42, jetzt 108) und vielleicht noch passender dem Vorbehalte zu Gunsten der Vorschriften über die Zusammenlegung von Grundstücken (Art. 41, jetzt 112) unterstellen; es bleibt jedoch eine Verdeutlichung und eine für alle Umstände passende Bestimmung wünschenswerth. Auch empfiehlt sich eine Fassung des Vorbehaltes, welche nicht verlangt, daß die Zerstörung gerade durch Brand oder auch nur unmittelbar durch Naturgewalt herbeigeführt ist.

Zu Artikel 110.

Der Art. 110 stimmt mit dem Art. 66 des Entwurfes erster Lesung überein.

Aus den Motiven (S. 192, 193):

Der Art. 66 gestattet die landesgesetzliche Durchbrechung der im § 848 des Entwurfes eines Bürgerlichen Gesetzbuchs[1]) enthaltenen Rechtsnorm, welche dem Eigenthümer die thatsächliche Herrschaft über die Sache zuspricht. Voraussetzung ist, daß die den Eigenthümer beschränkende landesgesetzliche Vorschrift im öffentlichen Interesse ergeht. Diese Voraussetzung ist nicht in dem weiteren Sinne zu verstehen, daß sie auch bei solchen Vorschriften als vorliegend angenommen werden könnte, welche, wie die nachbarrechtlichen Vorschriften, durch Beschränkung des privaten Rechtes der einen Person das private Recht einer anderen Person erweitern. In dieser Richtung besitzt die Landesgesetzgebung nur die ihr im § 866 des Entwurfes eines Bürgerlichen Gesetzbuchs[2]) ertheilte Ermächtigung.

Wenn auch die Behandlung der im Privateigenthume stehenden Sachen im Allgemeinen dem Belieben des Berechtigten freizugeben ist, so wird doch durch eine unzweckmäßige Benutzung oder eine ungenügende Bekämpfung der von der Sache ausgehenden Gefahren das Staatsinteresse in Mitleidenschaft gezogen. Wieweit der Staat in seiner Aufsicht über die private Sachherrschaft im Interesse der öffentlichen Verwaltung gehen soll, ist eine je nach der Zeitrichtung

[1]) Dem § 848 entspricht der § 887 Abs. 1 der Reichstags-Drucksache Nr. 87.
[2]) Dem § 866 entspricht der Art. 123, vgl. unten S. 77.

und den örtlichen Verhältnissen verschieden zu beantwortende Frage. Der einzelne Eingriff rechtfertigt sich durch Zweckmäßigkeitsgründe, welche nach Zeit und Ort wechseln. Eine einheitliche Regelung ist deshalb von vornherein ausgeschlossen. Man könnte nur in Frage stellen, ob die im öffentlichen Interesse ergehenden Vorschriften, wie der Einzelne mit seiner Sache verfahren oder nicht verfahren solle, privatrechtlicher Natur seien, und ob es deshalb überhaupt eines Vorbehaltes bedürfe. Es mag schwierig sein, festzustellen, welche Vorschriften der Kulturedikte, Forstordnungen, Bauordnungen u. s. w. über die Behandlung der im Privateigenthume stehenden Sachen civilrechtlicher Natur sind; jedenfalls beseitigt die Aufnahme eines Vorbehaltes alle Zweifel. Zwischen beweglichen Sachen und Grundstücken ist nicht unterschieden, wenn auch das öffentliche Interesse an der Behandlung der Grundstücke ein weitaus stärkeres ist.

Der Vorbehalt bezieht sich nur auf solche Vorschriften, durch welche das Eigenthum in Ansehen thatsächlicher Verfügungen beschränkt wird. Dahin gehören namentlich die Beschränkungen rücksichtlich des Bauens und der Waldkultur. Der Landesgesetzgebung auch die Macht einzuräumen, den rechtlichen Inhalt des Eigenthumes im öffentlichen Interesse zu beschränken, würde zu weit gehen und ist durch das publizistische Bedürfniß der Einzelstaaten nicht geboten. Durch eine solche Ausdehnung des Vorbehaltes würden die Landesgesetze zu Eingriffen in den privaten Rechtsverkehr ermächtigt werden, deren Gestattung mit Rücksicht auf die nothwendige Einheitlichkeit des bürgerlichen Rechtes unzulässig erscheint. Die Beschränkung der rechtlichen Verfügungsmacht hat Einfluß nicht nur auf den zunächst betroffenen Eigenthümer, sondern auch auf andere Personen, deren Rechtserwerb gehindert wird. Bei der bezeichneten Ausdehnung des Vorbehaltes würde der Landesgesetzgebung nicht verwehrt sein, ganze Rechtsinstitute, wie Pfandrecht, Nießbrauch u. s. w., für ihren Bereich zu unterdrücken und, bis zum Aeußersten fortschreitend, das Eigenthum in der Hand des gegenwärtigen Eigenthümers unveräußerlich zu machen, wenn dies im öffentlichen Interesse als angemessen erachtet werden sollte. Inwieweit die Landesgesetze in einzelnen Beziehungen das Eigenthum auch in Ansehung rechtlicher Verfügungen beschränken können, ist im Art. 70 (jetzt 114, 115, 116, 118) bestimmt.

Zu Artikel 111.

Die Vorschrift ist bei der zweiten Lesung neu aufgenommen worden.

Aus den Protokollen (S. 9102):

Der Vorbehalt sei nöthig, um die besonderen privatrechtlichen Vorschriften des preußischen Gesetzes vom 19. August 1895, betreffend das Pfandrecht an Privateisenbahnen und Kleinbahnen und die Zwangsvollstreckung in dieselben, aufrecht zu erhalten, und auch der Landesgesetzgebung anderer Bundesstaaten die Erlassung ähnlicher Vorschriften zu ermöglichen.

Zu **Artikel 112.**

Der dem Art. 112 entsprechende Art. 41 Abs. 1 des Entwurfes erster Lesung lautet:

> Unberührt bleiben die landesgesetzlichen Vorschriften, welche die Gemeinheitstheilung, die Zusammenlegung von Grundstücken, die Regulirung der gutsherrlich-bäuerlichen Verhältnisse und die Ablösung von Dienstbarkeiten und Reallasten betreffen, insbesondere auch insoweit, als die Vorschriften auf die Erwerbung des Eigenthumes, die Begründung und Aufhebung von anderen Rechten an Grundstücken und die Berichtigung des Grundbuches zu beziehen.

Aus den Motiven (S. 162):

Die Ausscheidung des Agrarrechts von der Regelung durch das Bürgerliche Gesetzbuch hat ihre Begründung in den Motiven zum Entwurf eines Bürgerlichen Gesetzbuchs Band 3 S. 5 gefunden.[1])

Unter den Vorschriften über die Ablösung von Dienstbarkeiten und Reallasten sind auch solche Vorschriften zu verstehen, welche das Rechtsverhältniß der in Folge der Ablösung begründeten Renten, z. B. das denselben beigelegte Vorzugsrecht oder im Falle der Theilung des belasteten Grundstückes die Vertheilung der Rentenlast auf die Besitzer der Trennstücke, sei es im Verhältnisse zu einander, sei es im Verhältnisse zu dem Berechtigten, betreffen (vergl. dazu Art. 76, jetzt 119, 120).

Aus den Protokollen (S. 8793 ff. und Prot. der 455. Sitzung):

Unter der Zusammenlegung von Grundstücken sei auch die Separation, Konsolidation, Verkoppelung, die Feld- und Flurbereinigung sowie die Verlegung und Neueintheilung von Grundstücken durch Aenderung oder Umlegung der Grenzen zu verstehen. Auch beziehe sich der Artikel nicht lediglich auf das sogenannte Agrarrecht, sondern er finde auf Grundstücke Anwendung, die in Städten oder Dörfern belegen seien, umfasse mithin auch die Bau-

[1]) An dieser Stelle wird ausgeführt: Bei der Gemeinheitstheilung und den übrigen agrarrechtlichen Prozeduren überwiegt der Charakter des Verfahrens. Auch handelt es sich hier, wenn man von dem Zusammenlegungs- und Ablösungsverfahren absieht, meist nur um die Befriedigung vorübergehender Bedürfnisse, weil die Verhältnisse, auf welche jene Prozeduren berechnet sind, sich in Zukunft nicht häufig von Neuem bilden werden.

fluchtregulirung. Ferner sei der Ausdruck „Gemeinheitstheilung" im weitesten Sinne aufzufassen; es sei gleichgültig, ob es sich um Eigenthum einer politischen Gemeinde- oder einer Realgemeinde oder um sogenanntes Interesseneigenthum handele.

Die besondere Erwähnung der landesgesetzlichen Vorschriften über die Regulirung der Wege sei nur als eine redaktionelle Verdeutlichung des Entwurfes anzusehen.

Für den Beschluß, neben den landesgesetzlichen Vorschriften über die Ablösung von Dienstbarkeiten und Reallasten auch die Vorschriften über die Umwandlung und Einschränkung solcher Rechte besonders hervorzuheben, war folgende Erwägung maßgebend:

Wenn der Landesgesetzgebung das weitergehende Recht der Ablösung von Dienstbarkeiten und Reallasten zustehe, so müsse sie auch befugt sein, eine Quasiablösung vorzunehmen, die in der Umwandlung und Beschränkung liege. Es könnte sich fragen, ob die Rechtsprechung nicht schon auf Grund dieser Erwägung ohne einen besonderen Zusatz im Gesetze zu demselben Ergebnisse gelangen würde. Im Interesse der Deutlichkeit sei indessen die Aufnahme des Zusatzes geboten.

Zu Artikel 113.

Die Vorschrift ist bei der zweiten Lesung neu aufgenommen worden.

Aus den Protokollen (S. 8793, 8794):

Nach dem bayerischen Hypothekengesetz (§ 22 Nr. 5 in der Fassung des Gesetzes vom 29. Mai 1886) seien die Reallasten der Eintragung unterworfen. Die Ausnahme, die das angeführte Gesetz für die Grundgefälle des Staates und der Ablösungskasse und die an deren Stelle getretenen Leistungen mache (vergl. die Finanzministerialentschließung vom 3. Juli 1886, Justiz-Ministerial-Blatt S. 186), wolle der Entwurf des Einführungsgesetzes nach den Motiven S. 193[1]) aufrechterhalten, indem er diese Lasten als solche des öffentlichen Rechtes betrachte. In Bayern käme ihnen aber

---

[1]) An dieser Stelle ist ausgeführt:

Als dem Besteuerungsrecht angehörend sind auch die landesgesetzlichen Vorschriften anzusehen, nach welchen die auf Grund der Ablösung von Grundlasten öffentlichen Rechtes oder der Ablösung der staatlichen Oberlehnsherrlichkeit an den Fiskus oder an vermittelnde Institute (Rentenbanken) zu entrichtenden Ablösungsrenten und Allodifikationsgelder das Vorrecht der Steuern haben und zu ihrer Begründung oder zur Erhaltung der Wirksamkeit gegen Dritte der Eintragung in das Grundbuch nicht bedürfen.

diese Eigenschaft nicht zu (Entscheidungen des Obersten Landesgerichts XI S. 178). Das Gleiche gelte hinsichtlich der aus der Ablösung der Oberlehnsherrlichkeit des Staates sich ergebenden Reallasten.

Zu Artikel 114.

Der dem Art. 114 entsprechende Art. 70 Abs. 1 Nr. 2 des Entwurfes erster Lesung lautet:

Unberührt bleiben:

. . . . . .

2. die landesgesetzlichen Vorschriften, nach welchen die Belastung eines Grundstückes mit gewissen Grunddienstbarkeiten oder beschränkten persönlichen Dienstbarkeiten oder mit Reallasten ausgeschlossen oder beschränkt oder in Ansehung gewisser Grunddienstbarkeiten oder beschränkter persönlicher Dienstbarkeiten Inhalt und Maß derselben näher bestimmt sind;

. . . . . .

Aus den Motiven (S. 194 ff.):

Die im Abs. 1 unter Nr. 2 enthaltenen Vorbehalte zu Gunsten derjenigen landesgesetzlichen Vorschriften, welche Einschränkungen der Belastung der Grundstücke mit gewissen Dienstbarkeiten oder Reallasten bestimmen, rechtfertigen sich durch die Erwägung, daß solche Einschränkungen von wirthschaftlichen, nach Art und Zeit wechselnden Rücksichten abhängen; vergl. die Motive zum Entwurfe eines Bürgerlichen Gesetzbuchs Bd. 3 S. 480, 481.[1])

---

[1]) An dieser Stelle wird ausgeführt:

Die Bestimmung des Servituteninhalts durch die Privatwillkür innerhalb weit gezogener Grenzen verbunden mit der unbegrenzten Dauer der Servitutenbelastung können zu volkswirthschaftlichen Nachtheilen führen und haben in vielen Gebieten den Erlaß repressiver Vorschriften veranlaßt, welche sich besonders gegen die Wald- und Weideservituten richten. Da es sich um eine Frage wirthschaftlicher Natur handelt, bei deren Lösung die Verschiedenheit der lokalen Verhältnisse und Bedürfnisse zu berücksichtigen ist, so greift der Entwurf nicht ein; für das Einführungsgesetz ist die Bestimmung in Aussicht genommen, daß die Landesgesetze unberührt bleiben, welche die Begründung gewisser Grunddienstbarkeiten für unzulässig erklären oder beschränken.

Ueber den Vorbehalt zu Gunsten der landesgesetzlichen Vorschriften, nach welchen die Belastung eines Grundstücks mit Reallasten ausgeschlossen oder beschränkt ist, bemerken die Motive a. a. O. S. 579:

Die Reichsgesetzgebung kann gegenüber dem bestehenden Rechtszustande nicht davon ausgehen, daß in Zukunft Reallasten jeden Inhaltes in allen deutschen Staaten sollten begründet werden dürfen. Die volkswirthschaftlichen Rücksichten, durch welche die Landesgesetzgebung bisher bestimmt worden ist, die Befugniß der Privaten zur Neuerrichtung von Reallasten auszuschließen

Durch die unter Nr. 2 gleichfalls vorbehaltenen landesgesetzlichen Vorschriften, welche den Inhalt und das Maß gewisser Grunddienstbarkeiten und beschränkter persönlicher Dienstbarkeiten regeln, werden die vertragsmäßigen Festsetzungen der Betheiligten ergänzt. Wenn auch eine zur Zeit des Inkrafttretens des Bürgerlichen Gesetzbuchs bereits bestehende Servitut ihren vermöge der Ergänzung des begründeten Rechtsgeschäftes durch das Gesetz erlangten Inhalt nicht deshalb verliert, weil das Bürgerliche Gesetzbuch solche ergänzende Vorschriften nicht enthält, so würde die Aufhebung der in dieser Hinsicht zur Zeit bestehenden Vorschriften doch zu einem Uebelstande führen. Bei der Eintragung von Dienstbarkeiten ist zwar die nähere Bezeichnung des Inhalts in der Eintragung selbst nicht erforderlich, vielmehr kann auf die Eintragungsbewilligung Bezug genommen werden (§§ 969, 1048 der Bürgerlichen Gesetzbuchs)[1]. Aber auch bei dieser Erleichterung würden erhebliche Unzuträglichkeiten hervortreten, wenn bei der Eintragung bereits bestehender Dienstbarkeiten stets der aus dem bisherigen Rechtszustande sich ergebende Inhalt der Dienstbarkeit angegeben werden sollte. Ueberdies schließen die Landesgesetze, indem sie den Inhalt einer Dienstbarkeit bestimmen, damit nicht selten zugleich einen weitergehenden Inhalt als unzulässig aus, und, soweit dies der Fall ist, bleibt die Landesgesetzgebung schon nach dem auf die Einschränkung der Belastung eines Grundstückes mit Dienstbarkeiten sich beziehenden Vorbehalte maßgebend. Bei der Aufrechterhaltung der Landesgesetze in der einen Richtung und deren Aufhebung in der anderen könnte leicht Verwirrung entstehen. Die gleichen Erwägungen sprechen für die Anerkennung der maßgebenden Bedeutung der einschlagenden landesrechtlichen Vorschriften auch in Ansehung der neu zu begründenden Dienstbarkeiten, wennschon die Rücksicht auf diese allein zu einem besonderen Vorbehalte vielleicht nicht geführt haben würde. Man ist allerdings nicht in der Lage gewesen, für das ganze Gebiet des Reiches Vorschriften der bezeichneten Art aufzunehmen; dies hindert jedoch nicht, den Landesgesetzgebungen freie Hand zu geben, mit Rücksicht auf die örtlichen Bedürfnisse und Anschauungen ergänzend einzugreifen.

---

oder einzuschränken, müssen ihr Gewicht behalten. Diese Rücksichten sind aber verschieden je nach der Verschiedenheit der thatsächlichen Verhältnisse, welche in den einzelnen Gebieten das praktische Bedürfniß bedingen. Die ihnen entsprechenden Vorschriften müssen deshalb mit dem sog. Agrarrechte, dem sie grundsätzlich angehören, der Landesgesetzgebung vorbehalten bleiben.

[1]) Die angeführten Bestimmungen des Entwurfes erster Lesung sind ersetzt durch den § 858 der Reichstags-Drucksache Nr. 87.

Zu Artikel 115.

Der Art. 115 entspricht dem Art. 41 Abs. 2 und dem Art. 70 Abs. 2 des Entwurfes erster Lesung.

Der Art. 41 Abs. 2 (vergl. den Abs. 1 oben zu Art. 112) lautet:

Die auf die Ablösung sich beziehenden landesgesetzlichen Vorschriften finden keine Anwendung auf die in den §§ 857 bis 860, 863 und im § 971 Abs. 3 des Bürgerlichen Gesetzbuchs bezeichneten Rechte.[1])

Der Art. 70 Abs. 2 (vergl. den Abs. 1 Nr. 2 oben zu Art. 114) lautet:

Die Vorschrift des ersten Absatzes unter Nr. 2 findet keine Anwendung auf die in den §§ 857 bis 860, 863 und im § 971 Abs. 3 des Bürgerlichen Gesetzbuchs bezeichneten Rechte.[1])

Aus den Motiven (S. 162, 195):

Zu Art. 41 Abs. 2 wird bemerkt:

Gegenüber dem hinsichtlich der Ablösung ganz allgemein lautenden Vorbehalte des Abs. 1 ist zur Vermeidung von Mißverständnissen klargestellt, daß die durch das Bürgerliche Gesetzbuch begründeten Rechte nicht darunter fallen.

Zu Art. 70 Abs. 2 wird ausgeführt:

Ein jeder spezielle Vorbehalt zu Gunsten der Landesgesetze ist dahin zu verstehen, daß denselben gestattet wird, Ausnahmevorschriften gegenüber gewissen Normen des Bürgerlichen Gesetzbuchs aufzustellen. Diejenigen Normen, deren Durchbrechung den Landesgesetzen durch den Vorbehalt des Art. 70 Abs. 1 Nr. 2 gestattet wird, finden sich in den Abschnitten über Dienstbarkeiten und Reallasten. Eine Durchbrechung anderer Vorschriften des Bürgerlichen Gesetzbuchs, insbesondere der Vorschriften der §§ 857 bis 860, 863 und des § 971 Abs. 3, hat nicht gestattet werden sollen. Der Abs. 2 stellt dies klar.

Zu Artikel 116.

Der dem Art. 116 entsprechende Art. 70 Abs. 1 Nr. 3 des Entwurfes erster Lesung lautet:

Unberührt bleiben:

. . . .

3. die landesgesetzlichen Vorschriften, nach welchen die Belastung eines Grundstückes mit einer unkündbaren Hypothek oder

---

[1]) Den angeführten Vorschriften entsprechen die §§ 896, 900, 901, 1005, 1006 der Reichstags-Drucksache Nr. 87.

Grundschuld oder die Ausschließung des Kündigungsrechtes über eine bestimmte Zeit hinaus untersagt ist.

In den Motiven (S. 194) wird der Vorbehalt durch die Erwägung gerechtfertigt, daß die in der Nr. 3 vorgesehenen Einschränkungen gleichfalls vom wirthschaftlichen, nach Art und Zeit wechselnden Rücksichten abhängen.

Aus den Protokollen (S. 8900 bis 8902):

Die Ausdehnung der Vorschrift des Art. 70 Abs. 1 Nr. 3 auf die Rentenschuld wurde gebilligt.

Zu **Artikel 117.**

Der dem Art. 117 entsprechende Art. 75 des Entwurfes erster Lesung lautet:

Unberührt bleiben die landesgesetzlichen Vorschriften, nach welchen, wenn eine öffentliche Kreditanstalt zur Verbesserung eines Grundstückes ein Darlehen gegeben hat, der wegen dieses Darlehens an dem Grundstücke begründeten Geldrente, Hypothek oder Grundschuld der Vorrang vor anderen Belastungen des Grundstückes zustehen soll, sofern der Vorrang in das Grundbuch eingetragen ist, und nach welchen, wenn durch die Aenderung des Ranges eine Briefhypothek oder eine Grundschuld betroffen wird, zu der Eintragung die Vorlegung des Hypothekenbriefes oder Grundschuldbriefes nicht erforderlich ist.

Aus den Motiven (S. 199, 200):

Der Vorbehalt ist veranlaßt namentlich durch das preußische Gesetz, betreffend die Einrichtung von Landeskultur-Rentenbanken, vom 13. Mai 1879 §§ 6, 11, 13, 14, das bayerische Gesetz, betreffend die Landeskultur-Rentenanstalt, vom 21. April 1884 Art. 7, 12 und das sächsische Gesetz, die Errichtung einer Landeskultur-Rentenbank betreffend, vom 26. November 1861 nebst Ergänzungsgesetz vom 1. Juni 1872.

Eine Begünstigung der zu Meliorationszwecken gegebenen Darlehen in den Grenzen des Vorbehaltes ist unbedenklich und kann das allgemeine Wohl fördern. Die im Range zurückgesetzten Berechtigten erhalten durch die Melioration eine Ausgleichung der Minderung ihrer Sicherheit und werden somit nicht beeinträchtigt. Eine Beschränkung der Begünstigung auf zeitlich begrenzte Rentenbelastungen, um die Zurücksetzung im Range zu einer vorübergehenden zu machen, erscheint nicht erforderlich; auch würde ein solcher Eingriff in das geltende Recht leicht störend wirken. Die Berücksichtigung des Zweckes einer solchen Beschränkung bleibt besser den Landesgesetzgebungen überlassen.

Die Rangänderung trifft die zur Zeit des Eintrittes derselben Berechtigten, ohne daß es einer rechtsgeschäftlichen Bewilligung der in ihrem Range Beeinträchtigten bedarf. Das aufgestellte Erforderniß der Eintragung des Vorranges hat mithin für die zunächst Betroffenen keine besondere Bedeutung; Kenntniß von dem Vorgange werden dieselben nach den landesgesetzlichen Verfahrensvorschriften ohnehin erlangen. Es ist indessen wünschenswerth, daß die mit der Rangänderung verbundene Schwächung der eingetragenen Rechte im Grundbuche ersichtlich gemacht wird, damit spätere Erwerber dieser Rechte von dem wirklichen Rangverhältnisse Kenntniß erlangen können. Im Falle der Briefhypothek und der Grundschuld enthält eine derartige Eintragung allerdings keine vollständige Kundbarmachung. Eine solche könnte vielmehr nur durch gleichzeitige Vermerkung auf dem Hypothekenbriefe oder Grundschuldbriefe erfolgen; das Bürgerliche Gesetzbuch geht der Regel nach davon aus, daß eine Eintragung in das Grundbuch ohne gleichzeitige Berichtigung des vorgelegten Briefes nicht zulässig ist. Soweit darf indessen hier nicht gegangen werden, weil sonst das Erforderniß der Eintragung störend wirken würde.

Aus den Protokollen (S. 8909, 8910):

Durch die veränderte Fassung des Art. 75 solle, abgesehen von der Erwähnung der Rentenschuld, die nach der Fassung des Entwurfes mögliche Auffassung ausgeschlossen werden, als ob der Vorrang nur gleichzeitig mit der Geldrente u. s. w. eingetragen werden könne. Die Eintragung des Vorrangs könne nur die Bedeutung haben, daß derjenige, der nach der Entstehung des dinglichen Rechtes der Kreditanstalt eine diesem gegenüber zurückgetretene Post oder ein Recht an einer solchen erwerbe, durch den öffentlichen Glauben des Grundbuchs geschützt werde. Für die Wirkung des Vorranges gegenüber den zur Zeit der Entstehung des Rechtes der Kreditanstalt schon eingetragenen Berechtigten sei die Eintragung des Vorranges bedeutungslos, sie könne daher insoweit auch nachträglich erfolgen.

Der Vorbehalt zu Gunsten derjenigen in Art. 75 bezeichneten landesgesetzlichen Vorschriften, nach welchen, wenn durch die Aenderung des Ranges eine Briefhypothek oder eine Grundschuld betroffen wird, zu der Eintragung die Vorlegung des Hypotheken- oder Grundschuldbuchs nicht erforderlich ist, wurde in der Voraussetzung gestrichen, daß eine entsprechende Vorschrift in die Grundbuchordnung Aufnahme finden werde.

Zu Artikel 118.

Der dem Art. 118 entsprechende Art. 70 Abs. 1 Nr. 1 des Entwurfes erster Lesung lautet:

Unberührt bleiben:

1. Die landesgesetzlichen Vorschriften, welche die Theilung von Grundstücken untersagen oder beschränken;

. . . .

Aus den Motiven (S. 194):

Die in verschiedenen Staaten bestehenden Verbote oder Beschränkungen der Dismembration von Grundstücken dienen volkswirthschaftlichen Zwecken und müssen unberührt bleiben (vergl. Motive zum Entwurf eines Bürgerlichen Gesetzbuchs Band 3 S. 59, 60)[1]). Da die einschlagenden Bestimmungen die Vorschriften des Bürgerlichen Gesetzbuchs über die Veräußerung und Belastung der Grundstücke durchbrechen, so bedarf es eines Vorbehaltes zu ihrer Erhaltung.

Aus den Protokollen (S. 8902, 8976 bis 8978):

Gegen die Vorschrift des Art. 70 Abs. 1 Nr. 1 selbst erhob sich kein Widerspruch.

Während der Vorbehalt des Entwurfes sich nur auf die Theilung solcher Grundstücke bezieht, welche rechtlich zu einer Einheit verbunden sind, beschloß die Kommission, den Vorbehalt auf die landesgesetzlichen Vorschriften auszudehnen, welche die getrennte Veräußerung von Grundstücken, die bisher zusammen bewirthschaftet worden sind, untersagen oder beschränken. Bei dem Beschlusse wurde erwogen, daß es ein wenig angemessenes Ergebniß sei, wenn für den Fall der oft zufälligen rechtlichen, d. h. grundbuchmäßigen, Vereinigung mehrerer Grundstücke die landesgesetzlichen Theilungsbeschränkungen, die doch in

---

[1]) An dieser Stelle wird bemerkt:

Der Eigenthümer kann kraft seines Eigenthums das Grundstück theilen, d. h. einen im Flurbuche unter einer besonderen Nummer aufzuführenden bezw. bereits aufgeführten Flächenabschnitt im Grundbuche abschreiben und als selstständiges Grundstück buchen lassen. In einigen Bundesstaaten bestehen jedoch gesetzliche Vorschriften, durch welche die Zertheilung gewisser Grundstücke verboten oder erschwert wird; so namentlich in Anhalt, Altenburg, Hamburg, Reuß j. L., Lippe-Detmold, Waldeck, Schaumburg-Lippe und dem oldenburgischen Fürstenthume Lübeck. Der Entwurf hat keine Veranlassung, die Aufnahme derartiger Vorschriften in das Bürgerliche Gesetzbuch vorzuschlagen. Die privatrechtlichen Zertheilungsverbote fallen daher insoweit weg, als sie nicht in Rechtsinstituten sich gründen, deren Regelung den Landesgesetzgebungen vorbehalten bleibt. Soweit dagegen die Zertheilungsbefugniß des Eigenthümers im öffentlichen Interesse beschränkt ist, bedingt der Zweck des Gesetzbuches einen Eingriff in die betreffenden Landesrechte nicht. Das Einführungsgesetz wird daher bestimmen, daß die Landesgesetze unberührt bleiben, welche die Zertheilung gewisser Grundstücke im öffentlichen Interesse untersagen oder beschränken.

erster Linie wirthschaftlichen Zwecken dienten, aufrecht erhalten würden, für den Fall einer nur wirthschaftlichen Vereinigung aber nicht.

Zu Artikel 119.

Der dem Art. 119 entsprechende Art. 76 Abs. 1 des Entwurfes erster Lesung lautet:

Unberührt bleiben die landesgesetzlichen Vorschriften, nach welchen

1. im Falle der Veräußerung eines Theiles eines Grundstückes dieser Theil von den Belastungen des Grundstückes befreit wird,
2. im Falle der Theilung eines mit einer Reallast belasteten Grundstückes die Reallast auf die einzelnen Theile des Grundstückes vertheilt wird,
3. im Falle des Verzichtes auf ein dem jeweiligen Eigenthümer eines Grundstückes zustehendes Recht an einem anderen Grundstücke dieses Grundstück von der Belastung auch ohne Einwilligung derjenigen befreit wird, für welche das erstere Grundstück belastet ist,
4. im Falle des Artikels 31 (jetzt 50, 51) der dem Eigenthümer zustehende Entschädigungsanspruch von dem einem Dritten in Ansehung desselben zustehenden Rechte befreit wird,

wenn von der zuständigen Behörde festgestellt wird, daß die Befreiung den Berechtigten unschädlich ist, und nach welchen in solchen Fällen zur Löschung einer Briefhypothek oder Grundschuld die Vorlegung des Hypothekenbriefes oder Grundschuldbriefes nicht erforderlich ist.

Aus den Motiven (S. 200 bis 202):

1. Die Gründe, auf welchen der im Abs. 1 Nr. 1 bestimmte Vorbehalt beruht, sind in den Motiven zum Entwurf eines Bürgerlichen Gesetzbuchs Bd. 3 S. 58 ff.[1]) dargelegt. Vornehmlich kommen

---

[1]) An dieser Stelle wird ausgeführt:

Verfügungen des Eigenthümers über einzelne Flächentheile des Grundstückes sind an sich nur mit der Wirkung zulässig, daß darunter die Rechte Dritter an dem Ganzen nicht leiden. Wenn daher von dem Grundstücke ein Theil abgetrennt beziehungsweise auf dem Grundbuchblatte abgeschrieben und auf ein anderes Blatt übertragen wird, so müssen die bisherigen Belastungen, weil sie an dem Trennstücke sich fortsetzen, auf dessen Blatt mit übertragen werden, sofern nicht die Berechtigten in die lastenfreie Abschreibung willigen. Das geltende Recht hat indessen diese aus dem Wesen der dinglichen Rechte sich ergebende Folgerung nicht ausnahmslos durchgeführt.

In Bayern konnte schon nach dem Hypothekengesetze vom 1. Juni 1822

die Belastungen mit Reallasten, Hypotheken und Grundschulden in Betracht. Bei diesen Rechten beschränkt das Interesse des Berechtigten sich auf das Bestehenbleiben der Sicherheit und trifft nicht den individuellen Fortbestand des Gegenstandes der Belastung. Es erscheint indessen nicht gerathen, den Vorbehalt auf die Belastung mit derartigen Rechten zu begrenzen, da eine ähnliche Unschädlichkeit einer Parzellenveräußerung auch mit Rücksicht auf andere Rechte, bei Grenzregulirungen u. s. w., vorkommen kann und jedenfalls unbillige Rechtsverletzungen nicht zu besorgen sind.

---

§ 37 im Falle des Tausches von Grundstücken bei Grenzregulirungen die fehlende Einwilligung der Gläubiger durch das zuständige Gericht ergänzt werden. Für den größten Theil Preußens gestattete das Gesetz vom 13. April 1841 dem Grundeigenthümer ganz allgemein den Austausch einzelner Gutsparzellen gegen andere Grundstücke und machte das Ausscheiden des Trennstückes aus dem bisherigen Realverbande ohne Zustimmung der dinglich Berechtigten ꝛc. nur davon abhängig, daß die Unschädlichkeit des Austausches für dieselben bei landschaftlich beliehenen Grundstücken von der Kreditdirektion, bei anderen Grundstücken von der Auseinandersetzungsbehörde bezeugt würde. Ein Gesetz vom 3. März 1850 hat den Verkauf kleinerer Parzellen den nämlichen Grundsätzen unterworfen und die Befugniß dazu auch den Lehns- und den Fideikommißbesitzern beigelegt. Im Einklange hiermit steht das Gesetz vom 27. Juni 1860, betreffend die Abänderung des Gesetzes vom 13. April 1841. Auf Grund des Unschädlichkeitszeugnisses werden nach der Grundbuchordnung vom 5. Mai 1872 § 71 im Grundbuche die Trennstücke unbelastet abgeschrieben oder der Umtausch vermerkt. Nach der oldenburgischen Grundbuchordnung vom 3. April 1876 § 58 wird das Zeugniß von dem zuständigen Verwaltungsamte ertheilt. Das sächsische Recht gestattet die Abtrennung eines Theiles von einem mit Hypotheken belasteten Grundstücke nur mit Einwilligung der Gläubiger. Das Gesetz, die Grund- und Hypothekenbücher ꝛc. betreffend, vom 6. November 1843 bestimmte indessen unter §§ 56 bis 64: Die Einwilligung kann von dem Richter ergänzt werden, wenn nach dessen pflichtmäßigem Ermessen eine Gefährdung der Gläubiger aus der Abtrennung offenbar nicht entstehen kann. Die Ergänzung ist in der Regel unstatthaft, wenn ihr von dem Berechtigten widersprochen wird. Die erklärte oder ergänzte Einwilligung wirkt als Verzicht auf das dingliche Recht an dem Trennstücke. Diese Sätze sind inhaltlich mit der Abweichung, daß die Einwilligung von der „zuständigen Behörde" ergänzt wird, in das sächsische Gesetzbuch §§ 419, 420 sowie in das Immobiliengesetz für Reuß ä. L. §§ 59 ff. übergegangen.

Diesen Bestimmungen gegenüber fragt es sich, ob auch das Bürgerliche Gesetzbuch eine entsprechende Vorschrift geben soll. Gewiß ist, daß eine solche im Allgemeinen für die gedachten Gebiete in hohem Grade zweckmäßig sein würde, um die im wirthschaftlichen Interesse oftmals nothwendige Abtrennung kleiner Parzellen von Grundstücken nicht an dem Eigensinn oder gar der Chikane der dinglich Berechtigten oder auch nur den mit der Einholung der Genehmigung derselben verbundenen kostspieligen Weiterungen scheitern zu

2. Der Vorbehalt in Abs. 1 Nr. 2 bezielt für den Fall, daß das Grundstück, welches getheilt werden soll, mit einer Reallast belastet ist, die Parzellirung noch in anderer Weise als durch die Ermöglichung der lastenfreien Abschreibung der veräußerten Parzelle zu erleichtern. Auch eine theilweise Entlastung des Stammgrundstückes soll durch das landesgesetzlich zu regelnde Verfahren herbeigeführt werden können. Da ein volkswirthschaftliches Interesse an einer solchen Erleichterung bestehen kann, so ist es gerechtfertigt, den Landesgesetzen die zur Wahrnehmung dieses Interesses erforderliche Freiheit zu lassen. Ob hierbei vorzusehen ist, daß jedenfalls eine aushülfsweise Haftung des Stammgrundstückes fortbesteht, bleibt gleichfalls besser der landesgesetzlichen Regelung überlassen.

3. Der Verzicht auf ein dem jeweiligen Eigenthümer eines Grundstückes zustehendes Recht an einem anderen Grundstücke (Vorkaufsrecht, Grunddienstbarkeit, Reallast) kann in Bezug auf die Entbehrlichkeit der Einwilligung der an dem ersteren Grundstücke

---

lassen. Sieht man dagegen auf andere Gebiete, namentlich solche, in welchen die Bodenzersplitterung weit vorgeschritten ist, so ergiebt sich vielleicht, daß für dieselben das Bedürfniß einer von den allgemeinen Rechtsgrundsätzen abweichenden Vorschrift nicht besteht und die Angemessenheit einer solchen bestritten werden kann. Wenn aber das Bürgerliche Gesetzbuch die lastenfreie Abschreibung eines Trennstückes zuließe, falls die Unschädlichkeit der Veräußerung oder des Austausches für die Berechtigten von der zuständigen Behörde bezeugt würde, so stände reichsrechtlich fest, daß die Bundesstaaten, für welche hierin eine Neuerung läge, einerseits gezwungen wären, Behörden zu bezeichnen, welche die Unschädlichkeit der Abtrennung zu bezeugen hätten, andererseits aber hierauf sich beschränken könnten. Dann wäre die lastenfreie Abveräußerung von Parzellen ohne Weiteres zulässig, wenn nur das Unschädlichkeitszeugniß dem Grundbuchamte eingereicht würde. Dies wäre aber überaus bedenklich. Das Interesse des Realkredites fordert dringend, daß die Unschädlichkeit einer Abtrennung nicht in das freie Ermessen einer Behörde gestellt, sondern an bestimmte, die Rechte der Betheiligten schützende Voraussetzungen geknüpft wird; namentlich wird es kaum zu umgehen sein, das Verhältniß des abzuveräußernden Theiles zu dem Restgrundstücke möglichst zu begrenzen und eventuell die Verwendung des für den Theil erlangten Aequivalentes zur Werthausgleichung sicher zu stellen. In Preußen sind diese und andere Punkte durch die erwähnten Gesetze geregelt. Auch das Bürgerliche Gesetzbuch würde Vorschriften in der angedeuteten Richtung geben müssen, wenn es überhaupt auf die Sache eingehen wollte. Dies erscheint aber nicht räthlich. Denn sachgemäß kann die erforderliche Regelung nur im Wege der Landesgesetzgebung erfolgen, weil die thatsächlichen Verhältnisse, an welche sie sich anzupassen hat, in den einzelnen Staaten sehr verschieden sind. Es bedarf deshalb eines entsprechenden Vorbehaltes, der aber nicht in das Bürgerliche Gesetzbuch, sondern in das Einführungsgesetz gehört.

Berechtigten unbedenklich der Veräußerung eines Theiles dieses Grundstückes selbst gleichgestellt werden. Der entsprechende Vorbehalt des Abs. 1 Nr. 3 gewinnt selbstverständlich nur dann Bedeutung, wenn nicht schon nach den Vorschriften des Bürgerlichen Gesetzbuchs die Einwilligung der Berechtigten um deswillen entbehrlich ist, weil das Recht derselben durch den Verzicht auf die subjektiv-dingliche Berechtigung nicht berührt wird (vergl. § 960 Abs. 2, § 977 Abs. 2, § 1061 Abs. 2 des Entwurfes eines Bürgerlichen Gesetzbuchs).[1])

4. Die Bestimmung der für die Ertheilung des Unschädlichkeitszeugnisses zuständigen Behörde und der Voraussetzungen, von welchen die Befreiung von der Belastung abhängt, bleibt bei der allgemeinen Fassung des Vorbehaltes den Landesgesetzen überlassen und braucht dies nicht besonders erwähnt zu werden. Spezielle Vorschriften über die Art und Weise, wie die Befreiung einer veräußerten Parzelle sich zu vollziehen hat, werden richtiger vermieden. Einer Befreiung ohne gleichzeitige Berichtigung des Grundbuches stehen besondere Bedenken nicht entgegen. Die Richtigstellung des Grundbuches ist sowohl in der Weise ausführbar, daß die Uebertragung der Belastungen auf das Grundbuchblatt der veräußerten Parzelle unterbleibt, als auch in der Weise, daß die übertragenen Belastungen nachträglich gelöscht werden.

Das Erforderniß der Vorlegung des Briefes zu dem Zwecke, um die Löschung einer Briefhypothek oder Grundschuld herbeiführen zu können, würde störend wirken. Es ist deshalb den Landesgesetzen die Freiheit eingeräumt, in Fällen der fraglichen Art von diesem Erfordernisse abzusehen.

Das preußische Gesetz vom 27. Juni 1860 behandelt als besonderen Fall der Unschädlichkeit denjenigen, in welchem an Stelle des veräußerten und zu befreienden Grundstückstheiles ein anderes Grundstück dem belasteten Grundstücke hinzugefügt wird. An sich ist die in der Hinzufügung liegende Vergrößerung des belasteten Grundstückes ebenso wie eine Verbesserung desselben als eine der verschiedenen Voraussetzungen für Ertheilung des Zeugnisses der Unschädlichkeit anzusehen. Eigenthümlich ist diesem Falle nur, daß das hinzugefügte Grundstück, wenn die Abtrennung sämmtlichen Betheiligten unschädlich sein soll, allen Belastungen des Hauptgrundstückes nach Maßgabe der bei diesem bestehenden Rangordnung unterliegen muß; das erwähnte Gesetz enthält deshalb hierauf bezügliche Vorschriften. Für das Bürgerliche Gesetzbuch ergiebt sich die entsprechende Belastung der zugeschriebenen Parzelle schon aus

---

[1]) D. i. § 860 der Reichstags-Drucksache Nr. 87.

dem Grundsatze, daß der hinzugefügte Theil in dem Hauptgrundstücke aufgeht (§ 787)[1]), sowie aus den Vorschriften über die Haftung des Grundstückes für Hypotheken, Grundschulden und Reallasten in seinem jeweiligen Bestande (§§ 1051, 1067 Nr. 1, §§ 1071, 1108, 1136)[2]). Eine besondere Vorschrift oder ein Vorbehalt ist daher in dieser Beziehung nicht erforderlich.

5. In dem im Art. 31 (jetzt 50, 51) geregelten reichsrechtlichen Falle der Zwangsenteignung stehen den Realberechtigten nicht selbstständige Enschädigungsansprüche, sondern nur Rechte an dem Entschädigungsanspruche zu, welche den Eigenthümer in der Verfügung über diesen Anspruch mehr oder weniger beschränken. Dabei ist es möglich, daß die Entziehung, Beschädigung oder Benutzung der Sache oder die Beschränkung des Eigenthumes materiell die Realberechtigten überall nicht beeinträchtigt. Diese Unschädlichkeit ist leicht von der zuständigen Behörde festzustellen. Es empfiehlt sich, den Landesgesetzen die Freiheit zu lassen, dem von der Enteignung betroffenen Eigenthümer in einer die schnelle Erledigung der Entschädigungsfrage befördernden Weise zu Hülfe zu kommen. Eine Beschränkung des Vorbehaltes auf den Fall, wenn der staatliche Eingriff ein Grundstück und nicht eine bewegliche Sache betroffen hat, erscheint nicht geboten.

Aus den Protokollen (S. 8910, 8911):

Der Art. 76 wurde sachlich gebilligt. Die Frage, ob den einschlägigen Vorschriften auch gegenüber der Ueberbaurente (§§ 897 bis 901 des Entwurfes eines Bürgerlichen Gesetzbuchs)[3]) Wirksamkeit zukomme, werde, da die an anderen Stellen des Einführungsgesetzes (Art. 41 Abs. 2, Art. 70 Abs. 2, jetzt 115) für jene Rente gemachte Ausnahme im Art. 76 nicht wiederholt sei, zu bejahen sein, zumal nach der Zulassung eines dinglich wirkenden Verzichts auf die Ueberbaurente kein innerer Grund mehr bestehe, diese hinsichtlich des Unschädlichkeitsattestes abweichend von anderen Belastungen zu behandeln.

Der Vorbehalt zu Gunsten der landesgesetzlichen Vorschriften, nach welchen in den im Art. 76 Nr. 1 bis 4 bezeichneten Fällen zur Löschung einer Briefhypothek oder Grundschuld die Vorlegung des Hypotheken- oder Grundschuldbriefs nicht erforderlich ist, wurde

---

[1]) Dem § 787 entspricht der § 874 Abs. 2 der Reichstags-Drucksache Nr. 87.

[2]) Den angeführten Bestimmungen entsprechen die §§ 1114, 1090, 1175, § 1183 Abs. 1 der Reichstags-Drucksache Nr. 87.

[3]) Den §§ 897 bis 901 entsprechen die §§ 896 bis 900 der Reichstags-Drucksache Nr. 87.

in der Voraussetzung gestrichen, daß eine entsprechende Vorschrift in die Grundbuchordnung Aufnahme finden werde.

Zu Artikel 120.

Der dem Art. 120 entsprechende Art. 76 Abs. 2 des Entwurfes erster Lesung lautet:

Unberührt bleiben die landesgesetzlichen Vorschriften, nach welchen im Falle der Theilung eines für den Fiskus mit einer Reallast belasteten Grundstückes nur ein Theil des Grundstückes mit der Reallast belastet bleibt und die übrigen Theile des Grundstückes mit Reallasten für den jeweiligen Eigenthümer des ersteren Theiles belastet werden.

Aus den Motiven (S. 202):

Der Art. 76 Abs. 2 trägt den Vorschriften des sächsischen Rechtes (Verordnung vom 15. Februar 1841 § 7, Gesetz vom 26. November 1861 § 4) Rechnung, nach welchen bei der Dismembration eines landrenten- oder landeskulturrentenpflichtigen Grundstückes das Hauptgrundstück die volle Rentenlast behält, während der Erwerber des Trennstückes mit der Entrichtung des darauf ausfallenden Rentenantheiles, unter entsprechender Belastung des Trennstückes, an das Hauptgrundstück verwiesen wird.

Aus den Protokollen (S. 8911):

Bei dem Beschluß, auch die für eine öffentliche Anstalt mit einer Reallast belasteten Grundstücke zu erwähnen, wurde erwogen:

Der Art. 76 Abs. 2 sei ausweislich der Motive namentlich mit Rücksicht auf eine bei der sächsischen Landrentenbank und Landeskulturrentenbank bestehende entsprechende Einrichtung aufgenommen worden. Neuerdings werde in der sächsischen Jurisprudenz die Ansicht vertreten, daß diese Banken nicht gewöhnliche Staatsanstalten, sondern selbständige juristische Personen seien. Gehe man hiervon aus, so würde ohne den Zusatz die Vorschrift für Sachsen werthlos sein.

Zu Artikel 121.

Der dem Art. 121 entsprechende Art. 67 des Entwurfes erster Lesung lautet:

Unberührt bleiben die landesgesetzlichen Vorschriften, durch welche die Rechte des Eigenthümers des einem Waldgrundstücke benachbarten Grundstückes in Ansehung der auf der Grenze oder auf dem Waldgrundstücke stehenden Bäume und Sträucher anders als im § 855 Abs. 2 und im § 861 des Bürgerlichen Gesetzbuchs[1]) bestimmt werden.

---

[1]) Den §§ 855 Abs. 2, 861 entsprechen der § 894 und der § 907 Abs. 2, 3 der Reichstags-Drucksachen Nr. 87.

Aus den Motiven (S. 193):

Auf Grund des Vorbehaltes im § 866 des Entwurf eines Bürgerlichen Gesetzbuchs[2]) würden die Landesgesetze nicht in der Lage sein, diejenigen Rechte, welche dem Eigenthümer des einem Waldgrundstücke benachbarten Grundstückes in Ansehung der auf der Grenze oder auf dem Waldgrundstücke stehenden Bäume und Sträucher im § 855 Abs. 2 und im § 861 des Entwurfes eines Bürgerlichen Gesetzbuchs zugestanden sind, abzuändern, da eine Aenderung dieser Rechte, mögen dieselben verkürzt oder erweitert werden, nicht als die Auferlegung anderer oder weitergehender Beschränkungen des einen Theiles, sondern als eine abweichende Regelung eines im Bürgerlichen Gesetzbuche besonders geordneten Rechtsverhältnisses erscheint. Die gegenwärtige Vorschrift soll, soweit die Bestimmungen des § 855 Abs. 2 und des § 861 den bei der Waldkultur obwaltenden Besonderheiten nicht genügende Rechnung tragen, den Landesgesetzen die Möglichkeit gewähren, das Erforderliche vorzusehen.

Aus den Protokollen (S. 3576, 3582, 3583, 8890):

Die zu § 861 in zweiter Lesung beschlossenen Vorschriften gewährten den Baumbesitzern einen wesentlichen Schutz, indem sie die Duldung des Ueberhanges und der Ueberwurzelung vorschrieben, falls dadurch die Benutzung des Nachbargrundstücks nicht beeinträchtigt werde. Regelmäßig werde dieser Schutz auch für den Wald genügen. Wo aber in Folge besonderer Verhältnisse sich für die bestehenden Wälder eine weitergehende Duldungspflicht der Nachbarn herausgebildet habe oder sich etwa in der Zukunft ein Bedürfniß dafür herausstellen sollte, werde man das bestehende Recht aufrecht zu erhalten und auch für die Zukunft ein Einschreiten der Landesgesetzgebung zu ermöglichen haben.

Einverständniß herrschte darüber, daß die Landesgesetzgebung diejenigen Beschränkungen, welche durch das Bürgerliche Gesetzbuch den Nachbargrundstücken im Interesse der Baumkultur auferlegt seien, nicht beseitigen, sondern nur noch andere Beschränkungen hinzufügen dürfe, welche einen weitergehenden Schutz des Waldes bezweckten.

Zu Artikel 123.

Der Art. 123 ist zum Ersatze des § 866 des Entwurfes eines Bürgerlichen Gesetzbuchs erster Lesung bei der zweiten Lesung neu aufgenommen worden.

---

[1]) Vergl. unten zu Art. 123.

Der § 866 lautet:

Die Landesgesetze, welche das Eigenthum an Grundstücken zu Gunsten der Nachbarn noch anderen oder weiter gehenden Beschränkungen unterwerfen, bleiben unberührt.

Zur Begründung dieser Vorschrift wird in den Motiven zum Entwurf eines Bürgerlichen Gesetzbuchs Band 3 S. 259 bemerkt:

Der Entwurf verfolgt nicht das Ziel, in der dem Zwecke des privaten Rechtsverkehres dienenden Begrenzung des Inhaltes des Eigenthumes an Grundstücken vollständig zu sein und dem Partikularrechte keinen Raum zu lassen. In dem Entwurfe wird nur ein solches Maß von Eigenthumsbeschränkungen bestimmt, welches für alle lokalen Verhältnisse paßt. Insoweit eine Beschränkung nicht aufgestellt wird, gilt das Prinzip, das der Eigenthümer als solcher zu jeder thatsächlichen Verfügung über das Grundstück, deren Wirkung die Grenzen desselben nicht überschreitet, mit Ausschluß aller anderen Personen berechtigt ist; mithin entsteht keinerlei Lücke. Die Berücksichtigung der besonderen lokalen Bedürfnisse überläßt der Entwurf den Landesgesetzgebungen (§ 866).

Aus den Protokollen (S. 3613, 3614, 8890):

Die Kommission beschloß, die Vorschrift unter Streichung der Worte „oder weiter gehenden" in das Einführungsgesetz zu verweisen. Erwogen wurde:

Der § 866 wolle gegenüber den im Bürgerlichen Gesetzbuche normirten Beschränkungen des Eigenthums zu Gunsten der Nachbarn der Landesgesetzgebung einen gewissen Spielraum lassen. Die Vorschrift gehöre in das Einführungsgesetz. Der Umfang des zu Gunsten der Landesgesetzgebung zu treffenden Vorbehalts sei in Uebereinstimmung mit den Motiven zu Art. 67 des Einführungsgesetzes[1]) dahin zu normiren, daß die Landesgesetzgebung zwar andere als die im Bürgerlichen Gesetzbuche getroffenen Beschränkungen vorschreiben dürfe, nicht aber befugt sein solle, die durch das Gesetzbuch geregelten Beschränkungen zu verschärfen. Um dies klarzustellen, seien die Worte „oder weitergehende" zu streichen. In den Entwurf hätten diese Worte nur Aufnahme gefunden, weil man hinsichtlich der Normirung gewisser Eigenthumsbeschränkungen, insbesondere hinsichtlich der Beschränkungen des Eigenthümers eines Waldes, der Landesgesetzgebung freien Spielraum lassen wollte. In dieser Beziehung sei durch die zu den §§ 855, 861, 864[2]) beschlossenen Zusätze sowie durch die Vorschrift des

[1]) Dieselben sind oben zu Art. 121 mitgetheilt.

[2]) Den §§ 855, 861, 864 entsprechen die §§ 891, 894, 907 der Reichs-Drucksache Nr. 87.

Art. 66 (jetzt 110) des Einführungsgesetzes das Erforderliche bestimmt. Ueber diese Vorschriften hinaus noch weitergehende Vorbehalte zu machen, sei durch ein Bedürfniß nicht gerechtfertigt. In den praktisch wichtigsten Fällen werde es sich um solche Beschränkungen des Eigenthümers in Ansehung thatsächlicher Verfügungen handeln, welche im öffentlichen Interesse bestimmt seien, und bezüglich dieser greife die Vorschrift des Art. 66 (jetzt 110) Platz. Soweit dies nicht der Fall sei, erscheine es mißlich, nach dem Inkrafttreten des Bürgerlichen Gesetzbuchs noch eine Erörterung darüber zuzulassen, ob das Landesrecht bezüglich der einzelnen vom Bürgerlichen Gesetzbuche geregelten Arten von Beschränkungen nicht noch weitergehe; die betreffenden, auf das Nachbarrecht sich beziehenden Vorschriften seien vielfach, wie z. B. in Bayern, in alten, zum Theil absoleten Statuten enthalten, und es erscheine deshalb im Interesse der Rechtssicherheit und der praktischen Handhabung des Rechtes geboten, die Möglichkeit bei der Beurtheilung des Umfanges der im Bürgerlichen Gesetzbuche geregelten Eigenthumsbeschränkungen auf alte statutarische Vorschriften zurückzugreifen, ein für alle Male abzuschneiden.

Zu Artikel 124.

Die Vorschrift ist bei der zweiten Lesung neu aufgenommen worden.

Aus den Protokollen (S. 4047):

Gegenüber den in der Vorschrift bezeichneten Unternehmungen würde, wenn sie z. B. durch übermäßige Rauchzuführung oder durch das Hinüberfliegen von Funken das Eigenthum an den Nachbargrundstücken beeinträchtigen, nach § 943 (verbunden mit §§ 848, 850)[1]) den Grundstücknachbarn unter Umständen der Anspruch auf Einstellung des Betriebs zustehen. Ein solcher Anspruch widerstreite jedoch dem öffentlichen Interesse an dem Fortbestande des Betriebs. Den Landesgesetzen müsse daher freistehen, den negatorischen Anspruch gegen die fraglichen Unternehmungen nach dem Vorbilde des § 26 der Gewerbeordnung zu beschränken.

Zu Artikel 125.

Der Art. 125 stimmt mit dem Art. 68 des Entwurfes erster Lesung überein.

Aus den Motiven (S. 193, 194):

Die im Art. 68 bezeichneten Eigenthumsübertragungen sind eine innere, den Privatverkehr nicht interessirende Angelegenheit der be-

---

[1]) Diesen Vorschriften entsprechen in der Reichstags-Drucksache Nr. 87 der § 988, der § 887 Abs. 1 und der § 890.

theiligten öffentlichen Gemeinwesen. Im Allgemeinen können partikulare Individualgesetze die privaten Rechtsverhältnisse nicht ändern. Für den vorliegenden Fall erscheint indessen die Zulassung einer Ausnahme zweckmäßig, um unnöthige und oft beschwerliche Weiterungen zu ersparen. Hierher gehörende Beispiele sind das preußische Gesetz, betr. die Ausführung des Gesetzes vom 30. April 1873 wegen Dotation der Provinzial- und Kreisverbände, vom 8. Juli 1875, § 18 Abs. 2, sowie das preußische Gesetz, betr. die Aufhebung der kommunalständischen Verbände in der Provinz Pommern, vom 18. Januar 1881, § 2.

Zu **Artikel 126.**

Die Vorschrift ist bei der zweiten Lesung neu aufgenommen worden.

Aus den Protokollen (S. 8887 bis 8889):

Weder das Bürgerliche Gesetzbuch noch das Einführungsgesetz enthalte eine besondere Bestimmung, wie die Eigenthumsübertragung von Grundstücken vorzunehmen sei, die nach den Vorschriften der Grundbuchordnung von der Eintragungspflicht befreit seien. Es greife also die allgemeine Bestimmung des § 858 des Entwurfes eines Bürgerlichen Gesetzbuchs[1]) Platz. Danach müsse, sobald ein nicht dem Buchungszwang unterworfenes Grundstück veräußert oder belastet werden solle, zunächst ein Blatt im Grundbuche für das betreffende Grundstück angelegt und hierauf nach § 858 des Entwurfes eines Bürgerlichen Gesetzbuchs verfahren werden, und zwar gelte dies auch dann, wenn der Erwerber selbst ebenfalls von der Eintragungspflicht befreit sei. Dem letzteren stehe aber die Möglichkeit offen, auf Grund seines Privilegiums das Grundstück nach erfolgtem Eigenthumsübergange wieder ausbuchen zu lassen, vorausgesetzt, daß nicht inzwischen für einen Dritten Rechte eingetragen seien. Die Buchung des Grundstücks erscheine unter solchen Umständen lediglich als eine Formalität. Die Erledigung dieser Formalität sei aber unter Umständen mit großen Weitläufigkeiten verbunden. Es müsse eine Vermessung des Grundstücks vorgenommen werden und alsdann eine Verhandlung vor dem Grundbuchamte stattfinden. Namentlich wenn es sich um die Uebertragung einer größeren Anzahl von Grundstücken handle, wenn etwa eine Eisenbahn vom Staate erworben werde, wenn eine größere Landstraße von einem öffentlichen Verband auf einen anderen übertragen werden solle u. s. w., könne, falls man bei jeder einzelnen Parzelle nach § 858 verfahren

---

[1]) Der § 858 führt in der Reichstags-Drucksache Nr. 87 die Bezeichnung „§ 857".

müsse, ein großer Aufwand von Zeit und Arbeit nothwendig werden. In Mecklenburg habe man sich genöthigt gesehen, die Vorschrift des mecklenburgischen Rechtes, wonach die Eigenthümer einer Eisenbahn erst durch eine auf sie erfolgende Eintragung in das Grundbuch das Recht erlangen, das Eigenthum an den zu der Eisenbahn gehörigen, von der Buchungspflicht befreiten Grundstücken auf einen Anderen zu übertragen, für den Fall der „Veräußerung eines ganzen Eisenbahnunternehmens" außer Kraft zu setzen (Verordnung vom 3. September 1890).

Zu Artikel 128.

Die Vorschrift ist bei der zweiten Lesung neu aufgenommen worden.

Aus den Protokollen (S. 3663, 3664):

Da, wo die Rechtsentwickelung oder lokale Bedürfnisse zu einem Aneignungsrechte bestimmter anderer Personen als des Fiskus, insbesondere der Ortsgemeinden, geführt hätten, werde man den bestehenden Rechtszustand aufrecht zu erhalten und auch für die Zukunft der Landesgesetzgebung den nöthigen Spielraum zu lassen haben. Dabei seien auch die noch vereinzelt vorkommenden Verhältnisse zu berücksichtigen, in welchen nicht eine öffentlich-rechtliche Korporation, sondern eine bestimmte andere Person, z. B. der Besitzer eines Ritterguts, der frühere Landesherr u. s. w., ein Aneignungsrecht habe.

Zu Artikel 129.

Der Art. 129 stimmt mit dem Art. 69 des Entwurfes erster Lesung überein.

Aus den Motiven (S. 194):

Neben Vorschriften polizeilicher Natur dient zur Abwehr der Beschädigung fremder Grundstücke durch Tauben in einzelnen Staaten auch die privatrechtliche Bestimmung, daß Tauben, welche im Freien betroffen werden, dem freien Zueignungsrechte selbst dann unterliegen, wenn dieselben nicht herrenlos sind; vergl. u. A. preußische Feldpolizeiordnung vom 1. November 1847 § 40 (nicht aufgehoben durch das Feld- und Forstpolizeigesetz vom 1. April 1880). Der Artikel sorgt dafür, daß dieser Weg, welcher zum Schutze der Felder sich als zweckmäßig erwiesen hat, durch das Inkrafttreten des Bürgerlichen Gesetzbuchs nicht abgeschnitten wird.

Zu Artikel 130.

Der dem Art. 130 entsprechende Art. 73 des Entwurfes erster Lesung lautet:

Unberührt bleiben die landesgesetzlichen Vorschriften, nach welchen bei einem im Miteigenthume stehenden, mit einem Gebäude versehenen Grundstücke die Antheile der Miteigenthümer in der Weise belastet werden können, daß einem Jeden der jeweiligen Miteigenthümer das Recht zusteht, bestimmte Theile des Gebäudes ausschließlich zu benutzen, und durch welche für den Fall einer solchen Belastung die Anwendung der Vorschriften des § 767 Abs. 2, 3 des Bürgerlichen Gesetzbuchs[1]) ausgeschlossen und das Gemeinschaftsverhältniß der Miteigenthümer näher bestimmt wird.

Aus den Motiven (S. 197, 198):

Die Theilung eines Gebäudes nach Gebäudetheilen, insbesondere Stockwerken, mit dinglicher Berechtigung der Betheiligten kommt partikularrechtlich nicht selten vor. Nach den Vorschriften des Bürgerlichen Getzbuchs ist ein Sondereigenthum an den Bestandtheilen eines Gebäudes ausgeschlossen (§§ 782, 783)[2]) und die Begründung eines Erbbaurechts an einem Theile eines Gebäudes nicht zugelassen (§ 961 Abs. 2)[3]). Benutzungsrechte, welche auf einzelne Theile eines Gebäudes sich beziehen, sind nur als Grunddienstbarkeiten und als beschränkte persönliche Dienstbarkeiten denkbar. Als vererbliche und veräußerliche Rechte können mithin derartige Benutzungsrechte künftig nicht begründet werden. Wenn aber auch ein allgemeines Bedürfniß, die Begründung solcher Rechte zuzulassen, nicht anerkannt werden kann, so ist doch die vererbliche und veräußerliche Stockwerksgerechtigkeit auch noch gegenwärtig für das partikulare Rechtsleben von Bedeutung und befriedigt praktische Bedürfnisse, wie insbesondere die für Bayern nachgewiesene größere Anzahl von Neubegründungen aus den letztverflossenen Jahren ergiebt. Es ist demgemäß den Landesgesetzen insoweit Raum gelassen, dabei aber Bedenken getragen, auch die Konstruktion jenes Rechtes völlig freizugeben. Die Bindung an eine gewisse Konstruktion verhindert, daß in Vorschriften des Bürgerlichen Gesetzbuchs eingebrochen wird, welche gewahrt werden müssen, und führt zu größerer Klarheit. Als am geeignetsten erweist sich die Konstruktion als Miteigenthum mit dinglicher Regelung der Benutzung und Zulassung der Ausschließung des Rechtes, die Aufhebung dieses Rechtsverhältnisses durch Theilung nach den Vorschriften über Gemeinschaft zu verlangen, ohne die im § 767 Abs. 2, 3 des Entwurfes eines Bürgerlichen Gesetzbuchs[1]) vorgesehenen Beschränkungen.

---

[1]) Diesen Vorschriften entsprechen in der Reichstags-Drucksache Nr. 87 die §§ 736 bis 738.

[2]) Den §§ 782, 788 entsprechen die §§ 89, 90 der Reichstags-Drucksache Nr. 87.

[3]) Dem § 961 Abs. 2 entspricht der § 998 der Reichstags-Drucksache Nr. 87.

Aus den Protokollen (S. 3839, 3840, 8907):

Der Vorbehalt wurde bei der zweiten Lesung sachlich gebilligt.

Zu Artikel 132.

Der Art. 132 stimmt mit dem Art. 32 des Entwurfes erster Lesung überein.

Aus den Motiven (S. 196):

Berechtigungen der in diesem Artikel bezeichneten Art (vergl. unter anderen preußisches Allgemeines Landrecht II, 11 §§. 676 bis 685) sind ungeachtet ihrer privatrechtlichen Seite von öffentrechtlichen (kirchlichen, polizeilichen) Einrichtungen dergestalt abhängig und beeinflußt, daß es nicht angemessen sein würde, sie ohne Weiteres den sachenrechtlichen Vorschriften des Bürgerlichen Gesetzbuchs zu unterwerfen. Ihre Regelung wird deshalb der Landesgesetzgebung überlassen.

Zu Artikel 133.

Der den §§. 1508, 1658 des Entwurfes eines Bürgerlichen Gesetzbuchs erster Lesung entsprechende Art. 133 ist bei der zweiten Lesung neu aufgenommen worden.

Der §. 1508 lautet:

In welchem religiösen Bekenntnisse das Kind zu erziehen ist, bestimmt sich nach den Landesgesetzen.

Der § 1658 lautet:

In welchem religiösen Bekenntnisse der Mündel zu erziehen ist, bestimmt sich nach den Landesgesetzen.

Aus den Motiven zum Entwurf eines Bürgerlichen Gesetzbuchs Bd. 4 S. 757 ff.:

Der Rechtszustand in Deutschland in Betreff der religiösen Erziehung der Kinder ist ein außerordentlich bunter. Die Landesgesetze befolgen in dieser Beziehung die abweichendsten Grundsätze. Theils stellen sie feste, sowohl den Vater als die Mutter absolut bindende Normen auf, theils geben sie dem Vater ein mehr oder weniger ausgedehntes Bestimmungsrecht, theils erklären sie Verträge der Eltern über die religiöse Erziehung für zulässig und gestatten eine Abweichung von der gesetzlichen Regel nur durch einen solchen Vertrag. Nach dem Tode des Vaters ist regelmäßig die Mutter auch nach solchen Rechten, welche prinzipiell zunächst dem Erziehungsberechtigten die Entscheidung überlassen, nicht berechtigt, kraft des ihr zustehenden Erziehungsrechts eine Aenderung in der religiösen Erziehung eintreten zu lassen. Vielfach leiden aber die landesgesetzlichen Bestimmungen an Unklarheit und Unvollständigkeit, an Unvollständigkeit insofern, als sie größtentheils nur die religiöse Erziehung der Kinder aus konfessionell gemischten Ehen regeln und selbst innerhalb dieser Begrenzung zum Theil nur den Fall ins Auge fassen, wenn die Ehegatten bestimmten, in dem Gesetze näher bezeichneten Konfessionen angehören. Hingesehen auf diese Verschiedenheit und Lückenhaftigkeit des bestehenden Rechtes und hingesehen auf die Uebelstände, welche sich in denjenigen Rechtsgebieten, in welchen es, wie in einem Theile des gemeinrechtlichen und des französisch-rechtlichen Gebietes, an besonderen Bestimmungen über die religiöse Erziehung der Kinder überhaupt fehlt, daraus ergeben können, daß beim Schweigen des Gesetzes der Wille des zeitigen Erziehungsberechtigten über die Frage der religiösen Erziehung der Kinder entscheidet, die Entscheidung daher möglicher weise wechselt, lassen sich erhebliche Gründe dafür geltend machen, die religiöse Erziehung der Kinder als einen Ausdes elterlichen Erziehungsrechts, mithin, von diesem Gesichtspunkte aus betrachtet, als einen Bestandtheil des bürgerlichen Rechtes im Bürgerlichen Gesetzbuche durch besondere Bestimmungen einheitlich zu regeln, um den angedeuteten Uebelständen thunlichst entgegenzutreten. Gegen eine solche Regelung fällt indessen entscheidend ins Gewicht, daß die landesgesetzlichen Bestimmungen vorwiegend dem öffentlichen Rechte, nämlich dem interkonfessionellen Kirchenstaatsrechte angehören, und daß dieselben vorwiegend von diesem Standpunkte aus die religiöse Erziehung der Kinder geregelt, namentlich das Recht des erziehungsberechtigten Elterntheiles, die religiöse Erziehung des Kindes zu bestimmen, in verschiedener Weise bald mehr, bald weniger beschränkt haben. Auf der anderen Seite ist es aber auch bedenklich, die in Rede stehende Frage im Gesetze ganz mit Stillschweigen zu übergehen, weil alsdann Zweifel darüber hervorgerufen werden könnten, inwieweit eine Beschränkung des Erziehungsberechtigten in Ansehung der religiösen Erziehung der Kinder durch die Landesgesetze zulässig bleibt.

Aus den Protokollen (S. 6562, 6563):

Die Bundesregierungen hätten sich ganz überwiegend gegen die reichsgesetzliche Regelung dieser Materie ausgesprochen. Weiterhin sei mit Sicherheit anzunehmen, daß jede Regelung, wie sie auch versucht werden möge, zur lebhaftesten Erörterung der in dieser Richtung zwischen den Konfessionen bestehenden grundsätzlichen Verschiedenheiten führen werde. In den Kreisen der katholischen Bevölkerung werde namentlich nur eine Regelung auf der Grundlage des freien Bestimmungsrechts der Mutter Anklang finden, während umgekehrt in den Kreisen der evangelischen Bevölkerung in dem Bestimmungsrechte der Mutter eine Gefahr für die Gewissensfreiheit erblickt werden würde. Daraus aber könne sich leicht eine Gefahr für das Zustandekommen des Gesetzgebungswerks selbst ergeben, und diese Gefahr sei um so weniger zu unterschätzen, als aus der Stellungnahme der Bundesregierungen sich ergebe, daß sie in dem Rechtszustande der einzelnen Territorien ein dringendes Bedürfniß für die reichsgesetzliche Regelung nicht finden.

Endlich sei mit Bestimmtheit vorherzusehen, daß eine Normirung, die einfach in der Anwendung der allgemeinen Grundsätze des Entwurfes bestehen würde, nicht Billigung finden werde; wenn dies aber der Fall sei, so bilde der Zusammenhang mit der Gesammtkodifikation mehr ein Hemmniß als eine Förderung für die Erzielung einer Einigung.

Aus allen diesen Gründen sei es richtiger, auf eine reichsgesetzliche Regelung der Frage zu verzichten.

Zu **Artikel 134.**

Der Art. 134 ist bei der zweiten Lesung neu aufgenommen worden.

Aus den Protokollen (S. 6114 bis 6118, 8913, 8914):

Nach dem § 56 des Strafgesetzbuchs müsse im Falle der Freisprechung eines Angeschuldigten, welcher zu einer Zeit, als er das zwölfte, aber nicht das achtzehnte Lebensjahr vollendet habe, eine strafbare Handlung begangen habe, im Urtheil bestimmt werden, ob der Angeschuldigte seiner Familie überwiesen oder in eine Erziehungs- oder Besserungsanstalt gebracht werden solle. In der Anstalt solle der Angeschuldigte so lange behalten werden, als die der Anstalt vorgesetzte Verwaltungsbehörde es für erforderlich erachte, jedoch nicht über das zwanzigste Lebensjahr hinaus. Diese reichsrechtliche Vorschrift müsse jedenfalls auch nach Einführung des Bürgerlichen Gesetzbuchs in Kraft bleiben. Abgesehen hiervon sei aber im Interesse der Rechtseinheit zu bestimmen, daß die öffentliche Zwangserziehung eines Minderjährigen nur stattfinden dürfe, wenn das Vormundschaftsgericht sie auf Grund des § 1546 des Entwurfes eines Bürgerlichen Gesetzbuchs[1]) für erforderlich erklärt habe. Die Landesgesetze seien mithin nicht in der Lage, die elterliche Gewalt in noch weiterem Umfange zu beschränken, als dies durch den § 1546 geschehen sei. Dagegen müßten im Uebrigen die Landesgesetze über Zwangserziehung in Kraft bleiben, insbesondere, soweit sie die Mitwirkung der Verwaltungsbehörden, die Aufbringung der Kosten und die Bestimmung der Altersgrenze betreffen, bis zu welcher, vorbehaltlich der Vorschrift des § 56 des Strafgesetzbuchs, Zwangserziehung zulässig sei.

---

[1]) Dem § 1546 entspricht der § 1643 der Reichstags-Drucksache Nr. 87.

Für den Abs. 2 des Art. 134 waren folgende Erwägungen maßgebend:

In den meisten Fällen seien weder die Kinder selbst noch die Eltern im Stande, die Kosten der Zwangserziehung zu tragen. Der Staat und die Ortsarmenverbände seien deswegen lebhaft an der praktischen Ausführung des Beschlusses des Vormundschaftsgerichts interessirt. Der Verwaltungsbehörde stehe in der Regel die Verfügung über diejenigen Mittel zu, die zur Ausführung des Beschlusses erforderlich seien. Die Ermittelung einer geeigneten Familie, die eine Gewähr für eine ersprießliche Erziehung gewähre, bereite der Verwaltungsbehörde zum Mindesten keine größeren Schwierigkeiten, als dem Vormundschaftsgericht. Der § 55 des Strafgesetzbuchs weise gleichfalls dem Vormundschaftsgerichte nur die Entscheidung zu, daß die Unterbringung zulässig sei, während die Anordnung und Ausführung einschließlich der Wahl der Anstalt Sache der Verwaltung sei (Oppenhoff zu § 55 Nr. 17). Ebenso habe im Falle des § 56 des Strafgesetzbuchs das Urtheil des Strafrichters nur zu bestimmen, ob der freigesprochene jugendliche Angeschuldigte seiner Familie überwiesen oder ob er in eine Erziehungs- oder Besserungsanstalt gebracht werden solle, während die Wahl der Anstalt zur Zuständigkeit der Verwaltungsbehörde gehöre (Oppenhoff zu § 56 Nr. 14). Auch das preußische Gesetz vom 13. März 1878 bestimme im § 2:

> Die Unterbringung zur Zwangserziehung erfolgt, nachdem das Vormundschaftsgericht durch Beschluß den Eintritt der Voraussetzungen des § 1 unter Bezeichnung der für erwiesen erachteten Thatsachen festgestellt und die Unterbringung für erforderlich erklärt hat.

In den Kommentaren zu diesem Gesetze werde hervorgehoben, daß das Vormundschaftsgericht nur die Unterbringung im Allgemeinen für erforderlich zu erklären habe; ob dieselbe in einer Anstalt oder in einer Familie zu erfolgen habe, entscheide nicht das Gericht, sondern die Verwaltungsbehörde. Ganz unzweifelhaft sei dies endlich der Standpunkt des badischen Gesetzes vom 4. Mai 1886 (§ 2, § 6 Abs. 1).

Zu **Artikel 135.**

Der dem Art. 135 entsprechende Art. 79 des Entwurfes erster Lesung lautet:

> Unberührt bleiben die landesgesetzlichen Vorschriften, nach welchen der Vorstand einer unter Verwaltung des Staates oder einer Gemeindebehörde stehenden Verpflegungsanstalt in Ansehung eines in die Anstalt aufgenommenen Minderjährigen die Rechte

und Pflichten eines Vormundes bis zur Volljährigkeit des Mündels hat, unbeschadet der Befugniß des Vormundschaftsgerichts, statt des Vorstandes einen Anderen zum Vormunde zu bestellen, und nach welchen im Falle einer solchen Bevormundung durch den Anstaltsvorstand ein Gegenvormund nicht zu bestellen ist und dem Anstaltsvorstande die nach den Vorschriften des § 1690 des Bürgerlichen Gesetzbuchs zulässigen Befreiungen zustehen.

Aus den Motiven (S. 203):

Die Gründe, welche zur Aufnahme des an den § 13 der preußischen Vormundschaftsordnung vom 5. Juli 1875 anknüpfenden Vorbehalts geführt haben, sind in den Motiven zum Entwurf eines Bürgerlichen Gesetzbuchs Bd. 4 S. 1038 ff. im Allgemeinen dargelegt.[1])

---

[1]) An der bezeichneten Stelle wird ausgeführt:

Im Anschlusse an ähnliche Vorschriften des französischen Rechtes (vergl. auch österreichisches Hofdekret vom 17. August 1822; hamburgische Vormundschaftsordnung Art. 9) hat die preußische Vormundschaftsordnung § 13 ferner die Bestimmung aufgenommen, daß über einen Mündel, welcher in eine unter Verwaltung des Staates oder einer Gemeindebehörde stehende Verpflegungsanstalt aufgenommen ist, bis zu dessen Großjährigkeit der Vorstand der Anstalt die Rechte und Pflichten eines gesetzlichen Vormundes hat, solange das Vormundschaftsgericht nicht einen anderen Vormund bestellt. Es läßt sich in Zweifel ziehen, ob eine derartige Vorschrift überhaupt durch ein Bedürfniß geboten ist. Auch die Angemessenheit einer solchen Vorschrift läßt sich namentlich von dem Gesichtspunkte aus bestreiten, daß dadurch anomaler Weise eine Behörde die Stellung eines Vormundes erlangt und damit der Aufsicht des Vormundschaftsgerichtes unterstellt wird. Auf der anderen Seite muß indessen zugegeben werden, daß mit jener Vorschrift auch praktische Vortheile verbunden sind. Insbesondere ist es als ein Gewinn anzusehen, daß dieselbe die Bestellung besonderer Vormünder für die in eine Verpflegungsanstalt der hier fraglichen Art aufgenommenen Minderjährigen unnöthig macht und dadurch die anderweite Verwendung einer großen Zahl von Privatpersonen im Vormundschaftsdienste ermöglicht. Auch kann die Vorschrift insofern wohlthätig wirken, als dadurch der Einfluß der hier fraglichen Anstalten auf ihre Zöglinge, namentlich für die Zeit nach dem Austritte derselben aus der Anstalt, gestärkt und die Verbindung der Anstalt mit ihren Zöglingen auch für jene Zeit in wirksamer Weise aufrechterhalten wird. Gegen die gänzliche Unterdrückung der Bestimmung fällt ferner besonders ins Gewicht, daß dieselbe in dem großen Gebiete der preußischen Vormundschaftsordnung geltendes Recht und auf ihre Aufnahme in die letztere sowohl von Seiten der hier in Rede stehenden Anstalten als von Seiten des preußischen Landtages Werth gelegt worden ist, Uebelstände aber, soviel bekannt, in Preußen aus jener Vorschrift sich nicht ergeben haben. Unter diesen Umständen muß man Bedenken tragen, jene Vorschrift da, wo dieselbe gegenwärtig zu Recht besteht, zu beseitigen. Andererseits ist es aber auch

Im Einzelnen ist Folgendes hervorzuheben.

Die Vormundschaft des Anstaltsvorstandes kann nur dann eintreten, wenn die allgemeinen Voraussetzungen der Vormundschaft über Minderjährige (§ 1633 des Entwurfes eines Bürgerlichen Gesetzbuchs)[1]) vorliegen. In Ansehung eines unter elterlicher Gewalt stehenden Pfleglings erlangt daher der Anstaltsvorstand die Pflichten und Rechte eines Vormundes nur dann, wenn die elterliche Gewalt auf die elterliche Nutznießung beschränkt ist.

Der Landesgesetzgebung ist insofern eine Schranke gezogen, als die Befugniß des Vormundschaftsgerichtes, statt des Vorstandes einen Anderen zum Vormunde zu bestellen, nicht ausgeschlossen werden kann. Diese mit dem § 13 der preußischen Vormundschaftsordnung im Einklange stehende Schranke ist im Interesse der Sicherheit des Mündels gegenüber einer etwaigen mißbräuchlichen Ausübung der Vormundschaft von Seiten des Anstaltsvorstandes geboten.

Die vormundschaftlichen Pflichten und Rechte des Anstaltsvorstandes bestimmen sich nach den Vorschriften des Bürgerlichen Gesetzbuchs. Der Landesgesetzgebung wird aber, im Anschlusse an die preußische Vormundschaftsordnung § 26 Abs. 4, §§ 39, 41, die Macht eingeräumt, dem Anstaltsvorstande insofern eine bevorzugte Stellung zu gewähren, als bestimmt werden kann, daß im Falle der Bevormundung durch ihn ein Gegenvormund nicht zu bestellen ist und dem Anstaltsvorstande die nach den Vorschriften

---

bedenklich, dieselbe in solche Gebiete, welchen eine derartige Bestimmung gegenwärtig fremd ist, reichsgesetzlich neu einzuführen, da sich nicht übersehen läßt, ob die Einrichtungen der hier fraglichen Anstalten in allen Bundesstaaten der Art sind, daß die Uebertragung der vormundschaftlichen Pflichten und Rechte auf den Anstaltsvorstand einerseits ohne Gefährdung des Interesses der Mündel, andererseits im Hinblicke auf die sonstigen dem Anstaltsvorstande obliegenden amtlichen Geschäfte ohne Gefährdung des öffentlichen Interesses, des öffentlichen Dienstes erfolgen kann. Dazu kommt, daß die Einrichtungen der Anstalten und die Bestimmung der Art und des Umfanges der den Beamten derselben zu überweisenden Geschäfte dem öffentlichen Rechte angehören, ohne zwingende praktische Gründe aber ein Eingreifen in das öffentliche Recht der einzelnen Bundesstaaten sich nicht rechtfertigen läßt. Bei dieser Sachlage erscheint es als der passendste Ausweg, den Landesgesetzgebungen durch einen, den Bestimmungen der preußischen Vormundschaftsordnung §§ 13, 26 Abs. 4 verbunden mit § 41, § 62 Abs. 2 sich anschließenden Vorbehalt im Einführungsgesetze Raum zu lassen. Die nähere Begründung der betreffenden Vorschrift im Einzelnen ist den Motiven zum Einführungsgesetze vorbehalten.

[1]) Dem § 1633 entspricht der § 1749 der Reichstags-Drucksache Nr. 87.

des § 1690 des Entwurfes eines Bürgerlichen Gesetzbuchs[1]) zulässigen Befreiungen zustehen sollen. Die Verhältnisse liegen in der Regel so, daß der Mündel Vermögen überhaupt nicht oder doch nur in geringer Höhe besitzt und deshalb die Vorschriften der §§ 1647, 1666, 1669 des Entwurfes eines Bürgerlichen Gesetzbuchs[2]) über die Bestellung des Gegenvormundes und über das Erforderniß der Genehmigung desselben zu Rechtsgeschäften des Vormundes thatsächlich ohnehin nur selten Anwendung finden würden. Dazu kommt, daß der Anstaltsvorstand vermöge seiner öffentlichen Stellung schon an sich größere Garantien bietet. Außerdem hat das Vormundschaftsgericht es stets in der Hand, in geeigneten Fällen, insbesondere wenn dem Mündel ein erhebliches Vermögen zufallen sollte, einen Anderen zum Vormunde zu bestellen.

Aus den Protokollen (S. 6328, 6329):

Wegen der in den Motiven hervorgehobenen Verschiedenheit der einschlägigen Verhältnisse in den einzelnen deutschen Bundesstaaten und mit Rücksicht darauf, daß man die Zwangserziehung in gewissem Umfange der Landesgesetzgebung überlassen habe, sei es geboten, von einer reichsgesetzlichen Regelung der Vormundschaft des Anstaltsvorstandes abzusehen. Aus demselben Grunde empfehle es sich aber, den Vorbehalt für die Landesgesetzgebung soweit wie möglich zu fassen, um den in den einzelnen Staaten theils schon bestehenden, theils noch in der Entwickelung begriffenen Verhältnissen Raum zu geben. Es werde deshalb der Vorbehalt nicht auf die unter der Verwaltung des Staates oder der Gemeindebehörden stehenden Anstalten zu beschränken, sondern auf alle unter der Aufsicht des Staates stehenden Anstalten zu erstrecken sein, damit auch die Privatanstalten mit eingeschlossen würden. Man dürfe zu der Landesgesetzgebung das Vertrauen haben, daß sie die nothwendigen Vorsichtsmaßregeln nicht außer Acht lassen werde. Da jedoch bei den Privatanstalten die staatliche Aufsicht nicht immer ausreichen werde, auf die Persönlichkeit des Leiters der Anstalt den wünschenswerthen Einfluß auszuüben, so erscheine es zweckmäßig, auch solche landesgesetzlichen Vorschriften zu gestatten, nach welchen der Anstaltsvorstand nicht kraft Gesetzes Vormund über die Zöglinge sei, sondern nur vor den nach dem Bürgerlichen Gesetzbuch (§ 1635)[3]) Berufenen als Vormund bestellt werden könne.

---

[1]) Dem § 1690 entsprechen die §§ 1828, 1831 der Reichstags-Drucksache Nr. 87.

[2]) Den §§ 1647, 1666, 1669 entsprechen die §§ 1768, 1785, 1786, 1788, 1789 der Reichstags-Drucksache Nr. 87.

[3]) Dem § 1635 entspricht der § 1752 der Reichstags-Drucksache Nr. 87.

Durch die Erweiterung des Vorbehalts dahin, daß an Stelle des Anstaltsvorstandes auch „einem Beamten" die gleichen Befugnisse in Ansehung der Vormundschaft über die Zöglinge der Anstalt eingeräumt werden könne, solle den Einrichtungen Rechnung getragen werden, die an verschiedenen Orten, namentlich in Leipzig, beständen. Durch diese Einrichtung werde der Geschäftsverkehr zwischen den Vormündern und dem Vormundschaftsgericht vereinfacht und eine größere Energie in der Wahrnehmung der Rechte unehelicher Kinder gegenüber ihren Vätern gewährleistet. Insbesondere aus dem letzteren Grunde empfehle es sich auch, den Vorbehalt bei unehelichen Kindern auf den Fall auszudehnen, daß sie nicht in einer Anstalt oder einer fremden Familie, sondern in ihrer eignen mütterlichen Familie erzogen und verpflegt würden.

Man war einverstanden, daß der Vorbehalt nur für Minderjährige gelten solle und nicht etwa auf Grund des § 1728[1]) entsprechend auch auf Volljährige angewendet werden dürfe.

Zu Artikel 136.

Die Vorschrift ist bei der zweiten Lesung neu aufgenommen worden.

Aus den Protokollen (S. 8718, 8724, 8924, 8925):

Für diejenigen Fälle, in welchen nach dem Entwurfe des Bürgerlichen Gesetzbuchs der Ertragswerth eines Landgutes für maßgebend erklärt sei, nämlich für die Fälle des § 1500 Abs. 2, 3 und den §§ 2026, 2286 daselbst,[2]) müsse der Landesgesetzgebung vorbehalten bleiben, besondere Grundsätze über die Ermittelung des Ertragswerthes aufzustellen.

Zu Artikel 137.

Der dem Art. 137 entsprechende Art. 82 des Entwurfes erster Lesung lautet:

> Unberührt bleiben die landesgesetzlichen Vorschriften, nach welchen das gesetzliche Erbrecht des Fiskus anderen Personen als dem Fiskus zusteht.

Aus den Motiven (S. 205):

Nach dem preußischen Allgemeinen Landrecht II, 16 § 20 steht das Erbrecht des Staates auf erledigte Verlassenschaften nur insofern moralischen oder anderen Privatpersonen zu, als sie nachweisen können, dasselbe vom Staate auf eine rechtsgültige Weise erworben

---

[1]) Dem § 1728 entspricht der § 1873 der Reichstags-Drucksache Nr. 87.

[2]) Den §§ 1500, 2026, 2286 entsprechen die §§ 1408, 2024, 2285 der Reichstags-Drucksache Nr. 87.

zu haben. Wieweit danach Gemeinden oder andere juristische Personen im Falle der Ermangelung anderer Erben statt des Fiskus noch erbberechtigt sind, ist nicht überall unbestritten; jedenfalls bestehen solche Verhältnisse noch.

In dieser Hinsicht in das Landesrecht einzugreifen, fehlt es an jedem Anlasse.

Aus den Protokollen (S. 8923, 8924):

Die Vorschrift des Art. 82 wurde mit der Einschränkung gebilligt, daß das gesetzliche Erbrecht des Fiskus an Stelle des letzteren nicht auch einer Privatperson solle gewährt werden können. Es handle sich nicht blos um eine Vergünstigung, man brauche vielmehr zur Liquidirung des Nachlasses einen Erben. Die besonderen Rechte und Pflichten, welche insoweit dem Fiskus im Bürgerlichen Gesetzbuche zugewiesen seien, könnten wohl einer juristischen Person des öffentlichen Rechtes, etwa einer Stadtgemeinde, übertragen, nicht aber von einer Privatperson wahrgenommen werden.

Zu Artikel 138.

Der Art. 138 stimmt mit dem Art. 81 des Entwurfes erster Lesung überein.

Aus den Motiven (S. 204):

Nach verschiedenen Partikularrechten haben gewisse Armenversorgungs-, Heil-, Straf-, Besserungs- und Erziehungsanstalten ein Erbrecht gegenüber den in die Anstalt aufgenommenen oder sonst von ihnen unterstützten Personen. Das Erbrecht ist bald ein subsidiäres, bald ein konkurrirendes, bald ein ausschließliches, mitunter auch ein Pflichttheilserbrecht. Bald steht dasselbe gegenüber allen Verwandten, bald nur gegenüber gewissen Verwandten zu; bald kann es durch Zahlung von Pflegegeldern abgewendet werden, bald greift es schlechthin Platz; bald hat es zur Voraussetzung, daß die betreffende Person beziehungsweise deren gesetzlicher Vertreter bei der Aufnahme entsprechend verständigt worden ist, bald tritt es auch ohne diese Voraussetzung ein. Zuweilen beschränkt das Recht sich auf die eingebrachten Sachen, und es ist solchenfalls nicht immer klar, ob das Recht einen erbrechtlichen Charakter hat. Einschlagende Bestimmungen enthalten namentlich das preußische Allgemeine Landrecht II, 19 §§ 50 bis 75, II, 16 § 22, das sächsische Gesetzbuch §§ 2057 bis 2060, 2617, die sächsische Armenordnung vom 22. Oktober 1840 § 68, verschiedene thüringische Erbrechtsgesetze, so das sachsen-weimarische Gesetz vom 6. April 1833 §§ 110, 113, das sachsen-altenburgische Gesetz vom 6. April 1841 § 118, das schwarzburg-sondershausensche Gesetz vom 8. Dezember 1829 §§ 163 bis 166 u. s. w. Aehnliches findet sich auch in einzelnen bayerischen Statuten, im württembergischen, braunschweigischen, schleswig-holsteinschen, französischen Rechte sowie in den Rechten von Hamburg, Lübeck und Frankfurt.

Eine Beseitigung der bezeichneten Berechtigungen ist durch das Interesse der Rechtseinheit nicht geboten und wegen der denselben mehr oder minder zu Grunde liegenden finanzpolitischen Gesichtspunkte nicht räthlich. Die Fassung des Vorbehaltes dürfte alle in Betracht kommenden Fälle decken; die Anstalten gehören entweder dem Staate oder kommunalen Verbänden oder selbständigen Stiftungen. Nach dem Wortlaute kann kein Zweifel sein, daß die Verpflegung oder Unterstützung der Person, welcher gegenüber das Recht bestehen soll, von der betreffenden Anstalt ausgegangen sein muß. Besondere Schranken sind der Landesgesetzgebung nicht gezogen. Selbst die Einschränkung beziehungsweise Beseitigung der nach den Vorschriften des Bürgerlichen Gesetzbuchs anderen Personen an sich zustehenden Pflichttheilsrechte kann unbedenklich nachgelassen werden, zumal es fast durchgängig um geringfügige Vermögenswerthe sich handelt. Soweit die Landesgesetze besondere Bestimmungen in Ansehung der betreffenden Erbberechtigung u. s. w. nicht enthalten, greifen die allgemeinen Vorschriften des Bürgerlichen Gesetzbuchs ein.

Zu **Artikel 139.**

Der dem Art. 139 entsprechende Art. 88 des Entwurfes erster Lesung lautet:

> Unberührt bleiben die landesgesetzlichen Vorschriften, nach welchen das Nachlaßgericht auch unter anderen Voraussetzungen als unter den im § 2058 Abs. 1 des Bürgerlichen Gesetzbuchs[1]) bezeichneten, unbeschadet der Vorschrift des § 2058 Abs. 2, die Anfertigung eines Nachlaßverzeichnisses sowie bis zu dessen Vollendung die erforderlichen Sicherungsmaßregeln, insbesondere die Anlegung von Siegeln, von Amtswegen anordnen kann.

Aus den Motiven (S. 230, 231):

Dem Bürgerlichen Gesetzbuche zufolge tritt ein Einschreiten in Erbfällen von Amtswegen nur ein, wenn die Voraussetzungen des § 2058 Abs. 1[1]) vorliegen. Auch dieses Einschreiten unterbleibt jedoch, wenn ein Testamentsvollstrecker vorhanden ist, welcher nach den Anordnungen des Erblassers zur Sorge für den Nachlaß berufen ist; nach § 2058 Abs. 2 hat solchenfalls das Nachlaßgericht dem Vollstrecker die Sorge für den Nachlaß zu überlassen. In Abweichung hiervon wird nach einer Richtung ein Vor-

[1]) Dem § 2058 Abs. 1 entspricht der § 1936 der Reichstags-Drucksache Nr. 87.

behalt für das Landesrecht, insbesondere in Württemberg, gewünscht. Die Königliche Staatsregierung für Württemberg hat einen solchen Wunsch ausgesprochen und zur Kenntniß gebracht, daß die württembergische Kammer der Abgeordneten in den Verhandlungen von 1887/88, 75. Sitzung (Prot. S. 1328 bis 1340), einstimmig eine Resolution dahin beschlossen hat, es möchten die dort bestehenden Einrichtungen, nach welchen der Nachlaß stets amtlich inventarisirt wird und bis zur Vollendung des Nachlaßverzeichnisses die erforderlichen Sicherungsmaßregeln, insbesondere die Anlegung von Siegeln, von Amtswegen erfolgen, erhalten werden. Es wird die Ansicht vertreten, die württembergischen Einrichtungen, welche mit der Zuständigkeit der Gemeindebehörden in Sachen der nichtstreitigen Gerichtsbarkeit sowie mit der Gestaltung des Notariatsinstitutes in Württemberg im Zusammenhange ständen, funktionirten zur vollsten Zufriedenheit aller Betheiligten und belästigten die letzteren nicht in dem Maße, wie es scheinen möchte, verursachten geringe Kosten, beseitigten die Meinungsverschiedenheiten der Betheiligten in einfacher und sicherer Weise und beugten Rechtsstreitigkeiten in ausreichendem Maße vor. Auf Grund der Erwägung, daß es sich nicht um eine Abweichung in Ansehung des materiellen Privatrechts, sondern nur um ein vermehrtes Thätigwerden der Behörden auf dem Gebiete der nichtstreitigen Rechtspflege handelt, ist es für unbedenklich erachtet, in dieser Hinsicht den im Art. 88 enthaltenen Vorbehalt aufzunehmen. Der Vorbehalt ist allgemein gehalten, um auch anderen Landesgesetzen ein gleiches Vorgehen offen zu lassen, falls ähnliche Voraussetzungen zutreffen sollten. Für das geltend gemachte Bedürfniß wird es ausreichen, wenn die Nachlaßbehörde zur Ergreifung von Sicherheitsmaßregeln nur im Interesse der Anfertigung des Nachlaßverzeichnisses ermächtigt wird. Die Siegelung ist lediglich als eine besondere Art solcher Sicherungsmaßregeln erwähnt.

Aus den Protokollen (S. 8931).

Der Art. 88 wurde unter Weglassung der Worte „unbeschadet der Vorschrift des § 2058 Abs. 2 des Bürgerlichen Gesetzbuchs" sachlich gebilligt. Der in Bezug genommene § 2058 Abs. 2 ist bei der zweiten Lesung gestrichen worden.

Zu **Artikel 140.**

Die Vorschrift ist bei der zweiten Lesung neu aufgenommen worden.

Aus den Protokollen (S. 7208, 8930):

Zur Begründung des Vorbehaltes wurde geltend gemacht: Einzelne Bundesstaaten hätten eine spezielle diplomatische Vertretung im Auslande. Soweit landesgesetzlich den Angehörigen einer solchen Vertretung die gleichen Privilegien behufs der Errichtung letztwilliger Verfügungen im Ausland eingeräumt seien, wie den diplomatischen und konsularischen Vertretern des Reiches, müsse die Reichsgesetzgebung diese Privilegien respektiren. Es könnte sonst nach Außen hin leicht der falsche Anschein erweckt werden, als seien die diplomatischen Vertretungen der Bundesstaaten gegenüber den entsprechenden Vertretungen des Reiches als minderwerthig anzusehen.

Die Kommission war der Ansicht, daß der Vorbehalt, wenn die betheiligten Bundesstaaten auf dessen Annahme Werth legten, aufzunehmen sei.

Zu Artikel 141.

Der Art. 141 stimmt mit dem Art. 91 Abs. 3 des Entwurfes erster Lesung überein.

In den Motiven (S. 235) wird zur Begründung auf die Motive zum Entwurf eines Bürgerlichen Gesetzbuchs Bd. 1 S. 186 Bezug genommen.[1])

Zu Artikel 142.

Die Vorschrift ist bei der zweiten Lesung neu aufgenommen worden.

Aus den Protokollen (S. 8870, 8883, 8884):

Nach dem § 307 des Entwurfes eines Bürgerlichen Gesetz-

---

[1]) An der angeführten Stelle wird bemerkt:

Im Entwurf ist im Allgemeinen festgehalten, daß das dem Gebiete der freiwilligen Gerichtsbarkeit angehörende Beurkundungswesen, soweit nicht besondere Vorschriften eingreifen, dem Landesrechte verbleibt. Sowohl die Zuständigkeit zur Aufnahme öffentlicher Urkunden beziehungsweise zur Vornahme öffentlicher Beglaubigungen als die bei diesen Akten zu beobachtende Form bestimmt sich demnach in der Regel nach den Landesgesetzen. Aus dem gleichen Grunde ist den Landesgesetzen unbenommen, in den Fällen, in welchen der Entwurf zwischen mehreren Beurkundungsarten die Wahl läßt, die eine oder die andere Beurkundungsart für die innerhalb ihres Gebietes zu errichtenden Rechtsgeschäfte auszuschließen, insbesondere bei geforderter gerichtlicher oder notarieller Beurkundung bezw. Beglaubigung zu bestimmen, daß die Beurkundung oder Beglaubigung nur durch Gerichte oder nur durch Notare zu erfolgen habe. Letzteres ist schon deshalb unumgänglich, weil nicht in allen Theilen des Reiches Notare vorhanden sind und wieder in anderen Theilen es an Gerichten fehlt, zu deren Geschäftskreise die Beurkundung von Rechtsgeschäften der Privatpersonen gehört. Ebenso behält die Landesgesetzgebung in Ansehung der Beurkundung und Beglaubigung durch andere Behörden freie Hand, dieselbe auszuschließen oder zu gestatten. Nur insoweit als der Entwurf die Abgabe einer Erklärung vor einer bestimmten Behörde vorschreibt, ist für landesgesetzliches Eingreifen kein Raum.

buchs[1]) bedürfe der dort bezeichnete Vertrag der gerichtlichen oder notariellen Beurkundung. Das Erforderniß dieser Form sei aber für diejenigen Theile Deutschlands, in welchen die Zerstückelung des Grundbesitzes weit vorgeschritten sei, mit Unzuträglichkeiten verbunden. Dort würden obligatorische Veräußerungsverträge über Grundstücke in sehr großer Zahl geschlossen; häufig handelte es sich dabei um Parzellen von sehr geringem Werth. Man könne nicht umhin, den Parteien die Möglichkeit zu eröffnen, solche Verträge ohne erheblichen Aufwand von Kosten und Zeit abzuschließen. Um dies zu erreichen, werde man der Landesgesetzgebung gestatten müssen, außer den Gerichten und Notaren auch andere Behörden und Beamte für zuständig zu erklären, insbesondere Gemeindebeamte, da diese mit den einschlägigen Verhältnissen vertraut, besondere juristische Kenntnisse für die in Frage stehende Beurkundung aber nicht erforderlich seien.

Aus den gleichen Gründen müsse es der Landesgesetzgebung unbenommen bleiben, auch für die nach § 858 Abs. 2 des Entwurfes eines Bürgerlichen Gesetzbuchs[2]) zur Bindung der Betheiligten erforderliche Beurkundung außer den Gerichten und Notaren auch andere Behörden und Beamte für zuständig zu erklären.

Zu Artikel 143.

Die Vorschrift ist bei der zweiten Lesung neu aufgenommen worden.

Aus den Protokollen (S. 8883, 8884):

Die allgemeinen Erwägungen, welche zur Aufnahme der Vorschrift des Art. 142 geführt haben, sind auch für die Aufnahme des Art. 143 Abs. 1 maßgebend gewesen.

Bezüglich der Vorschrift des Art. 143 Abs. 2 ist in den Protokollen (S. 8884 bis 8887) ausgeführt:

Am Rhein finde die notarielle Versteigerung kleinerer Grundstücke regelmäßig in der Weise statt, daß der Notar für den Verkauf einer größeren Anzahl von Grundstücken einen gemeinsamen Termin ansetze und in diesem hintereinander die einzelnen Parzellen versteigere. Es sei nicht gebräuchlich, die Auflassung sofort nach der Versteigerung einer jeden einzelnen Parzelle zu erledigen; vielfach behalte sich auch der Verkäufer den Zuschlag bis zum Ende des Termins vor. Der Bieter pflege sich, nachdem festgestellt sei, daß er das Höchstgebot abgegeben habe und nachdem er beantragt

---

[1]) Die Bestimmung hat in der Reichstags-Drucksache Nr. 87 die gleiche Bezifferung.

[2]) Dem § 858 entspricht § 857 der Reichstags-Drucksache Nr. 87.

habe, das Grundstück auf seinen Namen zu schreiben, vor Beendigung des Termins zu entfernen. Dieses Verfahren würde nach dem Inkrafttreten des Bürgerlichen Gesetzbuchs nicht aufrecht zu erhalten sein, da die Auflassung nach § 910[1]) bei gleichzeitiger Anwesenheit beider Theile erklärt werden müsse. Die daraus sich ergebende Aenderung des jetzigen durchaus praktischen Verfahrens werde aber zu großen Störungen führen und von der Bevölkerung als eine innerlich nicht gerechtfertigte Belästigung empfunden werden. Nach der Einführung der preußischen Grundbuchgesetze in der Rheinprovinz hätten sich auf Grund einer dem § 910 entsprechenden Bestimmung in diesem Punkte solche Unzuträglichkeiten herausgestellt, daß durch besondere Novelle (Gesetz vom 14. Juli 1893 Art. III § 5 a) eine Bestimmung vorgesehen habe, derzufolge „die in einem Versteigerungsprotokoll abgegebenen Auflassungserklärungen als gleichzeitig auch dann anzusehen sind, wenn die Vollziehung der Verhandlung von beiden Theilen zu verschiedenen Zeiten bewirkt wird“. Man müsse es thunlichst vermeiden, eingebürgerte und praktisch bewährte Gebräuche zu beseitigen, die aus den besonderen Bedürfnissen des Grundstücksverkehrs bei stark zersplittertem Grundbesitz entstanden seien.

Zu **Artikel 144.**

Der dem § 280 Abs. 1 des Entwurfes des Bürgerlichen Gesetzbuchs erster Lesung entsprechende Art. 144 ist bei der zweiten Lesung hier eingestellt worden. Der § 280 Abs. 1 lautet:

> Die Bestimmung der Stellen, bei welchen die öffentliche Hinterlegung erfolgt, und die Abgrenzung der örtlichen Zuständigkeit derselben bleibt den Landesgesetzen vorbehalten.

Aus den Motiven zum Entwurf eines Bürgerlichen Gesetzbuchs Bd. 2 S. 92, 97:

Die Bestimmungen des Bürgerlichen Gesetzbuchs über die Hinterlegung setzen voraus, daß landesgesetzlich eingesetzte und organisirte öffentliche Hinterlegungsstellen in jedem Bundesstaate vorhanden sind. Wo solche noch nicht bestehen, ist es Sache der Landesgesetzgebung, sie einzusetzen. Letztere ist nicht gehindert, auch die Gerichte oder gewisse Gerichte als Hinterlegungsstellen zu bezeichnen. Auch die Hinterlegung des gemeinen Rechtes ist eine öffentliche oder gerichtliche. Die neueren Gesetze haben gleichfalls, soweit sie nicht geradezu Hinterlegung bei Gericht vorschreiben, gesetzlich bestimmte und geordnete Hinterlegungsstellen im Auge oder zur Voraussetzung. Der Landesgesetzgebung ist insbesondere auch die Abgrenzung der örtlichen Zuständigkeit der öffentlichen Hinterlegungsstellen vorbehalten.

---

[1]) Dem § 910 entspricht der § 909 der Reichstags-Drucksache Nr. 87.

Aus den Protokollen (S. 8947, 8948):

Die Landesgesetzgebung müsse befugt sein, auch die sachliche Zuständigkeit der Hinterlegungsstellen ihrer Zweckbestimmung entsprechend in der Weise zu regeln, daß die Hinterlegung gewisser Gegenstände nur bei dieser Hinterlegungsstelle, die Hinterlegung gewisser anderer Gegenstände nur bei jener Hinterlegungsstelle stattfinden dürfe. In Bayern bestehe eine solche Abgrenzung der sachlichen Zuständigkeit bereits seit dem 1. Oktober 1879.

Einverständniß bestand ferner darüber, daß auch die Bestimmung darüber, ob die Anlegung von Mündelgeld nach § 1786 des Entwurfes eines Bürgerlichen Gesetzbuchs[1]) bei den Hinterlegungsstellen solle erfolgen können, der Landesgesetzgebung zu überlassen sei.

Zu Artikel 145.

Der Art. 145 ist bei der zweiten Lesung neu aufgenommen worden. Der Abs. 1 entspricht dem § 280 Abs. 3, der Abs. 2 entspricht dem § 273 Abs. 2 des Entwurfes eines Bürgerlichen Gesetzbuchs erster Lesung.

Der § 280 Abs. 3 lautet:

Sie können über die öffentliche Hinterlegung nähere Bestimmung treffen und insbesondere nicht allein den Nachweis der Empfangsberechtigung regeln, sondern auch vorschreiben, daß der Fiskus oder eine als Hinterlegungsstelle bestimmte Anstalt Eigenthümer der hinterlegten Gelder und Banknoten gegen die Verpflichtung wird, einen dem hinterlegten Betrage gleichkommenden Betrag zu zahlen, daß der Verkauf der hinterlegten Sachen von Amtswegen angeordnet werden kann, daß die Ansprüche auf Zurückzahlung oder Zurückgabe nach Ablauf einer gewissen Zeit und unter sonstigen Voraussetzungen zu Gunsten des Fiskus oder der Hinterlegungsanstalt erlöschen und daß die Wirkungen der Hinterlegung schon mit dem Zeitpunkte der Absendung an die Hinterlegungsstelle eintreten.

Der § 273 Abs. 2 lautet:

Eine vorgängige gerichtliche Anordnung der Hinterlegung ist nicht erforderlich.

Aus den Motiven zum Entwurf eines Bürgerlichen Gesetzbuchs Bd. 2 S. 97:

Der Landesgesetzgebung ist die Einsetzung und Organisation der öffentlichen Hinterlegungsstellen zugewiesen. Es muß der Landesgesetzgebung auch vorbehalten werden, nähere Bestimmungen über die Hinterlegung bei den öffentlichen Hinterlegungsstellen zu treffen.

[1]) Dem § 1786 entspricht der § 1784 der Reichstags-Drucksache Nr. 87.

Die Hinterlegung selbst sowie der Eintritt der sich daran kraft Reichsrecht knüpfenden Wirkung ist nach dem Entwurf eines Bürgerlichen Gesetzbuchs unabhäng von einem Vorverfahren, insbesondere von einer Anordnung oder Zulassung seitens des Gerichtes oder der Hinterlegungsstelle. Der Schuldner schreitet zur Hinterlegung selbständig und die Wirkung tritt ein, wenn die Hinterlegung rechtmäßig erfolgt und nicht zurückgenommen worden ist. Entsteht zwischen dem Schuldner und dem Gläubiger Streit über die Rechtmäßigkeit der Hinterlegung und demzufolge über die Befreiungswirkung derselben, so entscheidet hierüber das Gericht im ordentlichen Prozeßverfahren. Jede nur vorläufige Entscheidung könnte dem Rechte des Schuldners zu nahe treten, und sie würde, wenn die Hinterlegung zugelassen wird, nur unnütze Kosten verursachen.

Aus den Protokollen (S. 8848, 8849):

Die Vorschriften des § 273 Abs. 2 und des § 280 Abs. 3 des Entwurfes eines Bürgerlichen Gesetzbuchs erster Lesung wurden sachlich gebilligt, jedoch unter Weglassung der Schlußworte im § 280 Abs. 3 „und daß die Wirkungen der Hinterlegung schon mit dem Zeitpunkte der Absendung an die Hinterlegungsstelle eintreten". Insoweit war der Vorbehalt durch den bei der zweiten Lesung beschlossenen § 369 des Entwurfes eines Bürgerlichen Gesetzbuchs[1]) erledigt.

Der Zusatz im Art. 145 Abs. 1 Satz 2 beruhte auf folgenden Erwägungen:

Nach den §§ 376, 1155, 1254 des Entwurfes eines Bürgerlichen Gesetzbuchs[2]) könnten die Gläubiger ihr Recht auf den hinterlegten Betrag während dreißig Jahren geltend machen. Im Wege der Landesgesetzgebung könne den Gläubigern dieses Recht weder entzogen noch beschränkt werden. Sei die dreißigjährige Frist abgelaufen, so erscheine es angemessen, dem Schuldner oder Hinterleger nach Ablauf der Frist noch eine gewisse Zeit zu lassen, innerhalb deren er den freigewordenen Betrag zurückfordern könne. Die Regelung des Entwurfes des Bürgerlichen Gesetzbuchs, nach welcher dem Schuldner auch dann, wenn er hinterlegt habe, die Vortheile der Verjährung zu gute kommen sollten, enthalte eine Neuerung, die es wünschenswerth mache, durch die Bestimmung einer Minimalfrist die Landesgesetzgebung besonders darauf hinzuweisen, daß dieses Recht des Schuldners durch die landesgesetzliche Ordnung des Hinterlegungswesen nicht beeinträchtigt werden dürfe.

[1]) Der § 369 hat in der Reichstags-Drucksache Nr. 87 die gleiche Bezifferung.

[2]) Die §§ 376, 1155, 1254 entsprechen den §§ 376, 1154, 1252 der Reichstags-Drucksache Nr. 87.

Zu Artikel 146.

Der Art. 146 ist aus dem § 280 Abs. 2 des Entwurfes eines Bürgerlichen Gesetzbuchs erster Lesung hierher übernommen worden: Der § 280 Abs. 2 lautet:

Die Landesgesetze können bestimmen, daß die Hinterlegungsstellen auch noch andere Sachen als Geld und Werthpapiere anzunehmen haben, und daß auf die Schuldverhältnisse, bei welchen der Leistungsgegenstand in solchen anderen Sachen besteht, die Vorschriften des § 272 Anwendung finden.

Aus den Motiven zum Entwurf eines Bürgerlichen Gesetzbuchs Bd. II S. 93 ff.:

Der Entwurf (§ 272)[1]) läßt die öffentliche Hinterlegung nur bei Schuldverhältnissen zu, welche die Leistung von Geld oder Werthpapieren zum Gegenstande haben, und zwar sind hier Werthpapiere im weiteren Sinne verstanden; vorbehaltlich der Befugniß der Landesgesetzgebung, zu bestimmen, daß die öffentlichen Hinterlegungsstellen auch noch andere (bewegliche) Sachen als Geld- oder Werthpapiere anzunehmen haben, und daß auf die Schuldverhältnisse, bei welchen der Leistungsgegenstand in solchen anderen Sachen besteht, der § 272 Anwendung finden solle, also rücksichtlich desselben dem Schuldner unter den dort bezeichneten Voraussetzungen das Recht der Hinterlegung mit befreiender Wirkung zustehe (§ 280 Abs. 2). In Ermangelung solcher landesgesetzlichen Vorschriften ist die Depositionsbefugniß des Schuldners (reichsgesetzlich, §§ 272, 278)[1]) auf Geld und Werthpapiere beschränkt, indem insbesondere auch das nach § 278 dem Schuldner einer zur öffentlichen Hinterlegung nicht geeigneten beweglichen Sache unter bestimmter Voraussetzung zustehende Verkaufsrecht dem Zwecke dient, an Stelle jener Sache eine reichsgesetzlich depositalmäßige Sache, nämlich Geld zu schaffen, dem Schuldner einer unbeweglichen Sache aber kein Ersatz für die ihm verschlossene Hinterlegung gegeben ist.

Gemeinrechtlich ist die Befugniß zur eigentlichen Deposition an sich bei allen beweglichen Sachen zugelassen. Soweit sich dieselben nach ihrer besonderen Beschaffenheit nicht zur Deposition eignen, greift das Verkaufsrecht behufs Preishinterlegung Platz; aber auch das Recht, die Sache auf- oder preiszugeben, wird dem Schuldner noch zugesprochen. Nach preußischem Rechte (Allgemeines Landrecht I, 16 § 213, Hinterlegungsordnung § 1) sind ordentliche Gegenstände hinsichtlich der Befugniß des Schuldners zur öffent-

[1]) Den §§ 272, 278 entsprechen die §§ 366, 372, 377, 378 der Reichstags-Drucksache Nr. 87.

lichen Deposition bei den öffentlichen Hinterlegungsstellen: Geld, Werthpapiere auf Inhaber, Werthpapiere auf Namen, auf welche die Zahlung dem Inhaber geleistet werden kann, und Kostbarkeiten. Für unbewegliche und nicht depositalmäßige bewegliche Sachen ersetzt die Uebergabe zur gerichtlichen Aufsicht und Verwahrung die eigentliche Deposition (Allgemeines Landrecht I, 16 § 234, I, 14 §§ 98 ff., Hinterlegungsordnung §§ 87 ff.). Ist die Sache der Gefahr des Verderbens ausgesetzt, so kann sie auf gerichtliche Anordnung öffentlich versteigert werden. Der Erlös wird in das Depositum genommen (Allgemeines Landrecht I, 14, §§ 101 ff., vergl. auch I, 11 §§ 99, 217 bis 220). Das österreichische Gesetzbuch § 1425, das sächsische Gesetzbuch §§ 756, 757, 759, das schweizerische Bundesgesetz Art. 107, 108 und der bayerische Entwurf 177 unterscheiden, ob der Gegenstand der Leistung sich zur (gerichtlichen) Hinterlegung oder Niederlegung eignet oder nicht. Für das österreichische Recht ist hier die Verordnung vom 16. November 1850 maßgebend, wonach die Depositenämter nur Geld, öffentliche Obligationen, Privatschuldverschreibungen, andere einen Geldwerth repräsentirende Urkunden und Pretiosen anzunehmen haben; ist der Gegenstand der Leistung hiernach zur Hinterlegung nicht geeignet, insbesondere eine unbewegliche Sache, so greift gerichtliche Verwahrung ein. Das sächsische Gesetzbuch gewährt dem Schuldner eines zur Niederlegung bei dem Gerichte nicht geeigneten Gegenstandes ein Mittel, sich von der Schuld zu befreien, nur unter der Voraussetzung, daß der Berechtigte im Verzuge ist **und** die Aufbewahrung ohne Kosten und Unbequemlichkeit nicht möglich ist. Ein Grundstück kann der Schuldner solchenfalls nach vorgängiger Anzeige bei dem Gerichte der gelegenen Sache verlassen; der Schuldner eines beweglichen Gegenstandes kann denselben zum Verkaufe bringen und im Falle der Unthunlichkeit des Verkaufes preisgeben. Das schweizerische Bundesgesetz giebt dem Schuldner, wenn die geschuldete Sache zur Hinterlegung nicht geeignet oder dem Verderben ausgesetzt ist oder Unterhaltungskosten erheischt, das Verkaufsrecht behufs der Hinterlegung des Erlöses. Der bayerische Entwurf gewährt, falls eine Hinterlegung nicht thunlich ist, insbesondere bei unbeweglichen Sachen, das Recht auf gerichtliche Beschlagnahme; ebenso der hessische Entwurf. Falls aber eine bewegliche Sache zur Hinterlegung deshalb nicht geeignet ist, weil sie dem Verderben ausgesetzt ist oder Unterhaltungskosten erheischt, so ist dem Schuldner das Verkaufsrecht zu dem erwähnten Zwecke gegeben (bayerischer Entwurf Art. 177 Abs. 9, hessischer Entwurf Art. 301, 302.) Der dresdener Entwurf Art. 358 sieht von Gewährung einer Hülfe für den Schuldner einer unbeweglichen Sache ab. Eignet sich eine geschuldete bewegliche Sache nicht zur Hinterlegung, insbesondere, weil sie dem Verderben ausgesetzt ist oder Unterhaltungskosten verlangt, so hat der Schuldner das Recht, dieselbe zu verkaufen und den Erlös zu hinterlegen, oder, wenn die Versteigerung erfolglos geblieben ist, die Sache preiszugeben. Der Code civil endlich (Art. 1257 ff.) giebt bei Geldzahlungen dem Schuldner, wenn der Gläubiger sich weigert, die Zahlung anzunehmen, nach erfolgloser reeller Darbietung der Zahlung das Recht der Hinterlegung bei der gesetzlichen Behörde. Ist die geschuldete Sache aber ein genau bestimmter Gegenstand, welcher an dem Orte überliefert werden muß, wo er sich befindet, und holt der ordnungsmäßig aufgeforderte Gläubiger die Sache nicht ab, so kann der Schuldner, falls er des Ortes, wo sich die Sache befindet, bedarf, vom Gericht die Erlaubniß auswirken, sie an einem anderen Orte zur Verwahrung niederzulegen (Art. 1264). Handelt es sich um ein Immobile, so kann der Schuldner dessen gerichtliche Sequestration erlangen (Zachariä a. a. O. II § 323 Anm. 20). Die Verkaufsselbsthülfe kennt der Code civil nicht.

Das Institut der öffentlichen Hinterlegung besteht hiernach für Geld wohl allgemein und läßt sich für Werthpapiere, soweit für sie ein Gleiches hin und wieder noch nicht gilt, ohne Schwierigkeit einführen. Den Landesgesetzen kann und muß dagegen überlassen werden, ob das Institut noch auf andere (bewegliche) Sachen, insbesondere auf Kostbarkeiten auszudehnen sei.

Aus den Protokollen (S. 720, 721, 723, 8949):

Nachdem bei der zweiten Lesung des Entwurfes eines Bürgerlichen Gesetzbuchs auch Urkunden und Kostbarkeiten reichsrechtlich für hinterlegbar erklärt worden seien, bedürfe der Vorbehalt für die Landesgesetzgebung einer entsprechenden Einschränkung. Man war ferner einverstanden, daß, wenn die Landesgesetzgebung andere als die im Bürgerlichen Gesetzbuch bezeichneten Sachen für hinterlegbar erkläre, auf Schuldverhältnisse, die auf Leistung derartiger Sachen gerichtet seien, die Vorschriften der §§ 366 bis 376 des Entwurfes eines Bürgerlichen Gesetzbuchs[1]) Anwendung finden müßten.

Zu Artikel 147.

Die Vorschrift ist bei der zweiten Lesung neu eingestellt.

Aus den Protokollen (S. 7916, 8943):

Bezüglich des Abs. 1 des Art. 147 wurde bemerkt:

[1]) Dieselben haben in der Reichstags-Drucksache Nr. 87 die gleiche Bezifferung.

Es sei nicht angängig, durch Versagung des Vorbehalts die Behörden- und Beamtenorganisation der einzelnen Bundesstaaten, wie sie sich auf dem Gebiete der freiwilligen Gerichtsbarkeit herausgebildet habe, wenigstens theilweise außer Kraft zu setzen. Nach Lage der Verhältnisse würde es zu großen Unzuträglichkeiten führen, wenn man im Einzelnen der Landesgesetzgebung bestimmte Schranken setzen wollte. Man müsse vertrauen, daß die Landesgesetzgebung von den ihr überwiesenen Befugnissen einen zweckentsprechenden Gebrauch machen werde.

Der Abs. 2 des Art. 147 wurde von keiner Seite beanstandet.

Zu **Artikel 149**.

Der Art. 149 ist bei der zweiten Lesung neu aufgenommen worden. Er ersetzt den § 1915 Abs. 1, Satz 3, zum Theil auch den Abs. 2 des Entwurfes eines Bürgerlichen Gesetzbuchs erster Lesung.

Der § 1915 Abs. 1, 2 lautet:

> Die Errichtung einer letztwilligen Verfügung in gerichtlicher Form erfolgt vor einem Richter. Der Richter muß bei der Errichtung einen Gerichtsschreiber oder zwei Zeugen zuziehen. Den Landesgesetzen bleibt vorbehalten, zu bestimmen, daß an Stelle der zwei Zeugen eine Person zugezogen werden könne, welche zum Zwecke einer solchen Zuziehung als Urkundsperson angestellt ist.
>
> Bei der Errichtung einer letztwilligen Verfügung in notarieller Form muß der verhandelnde Notar einen zweiten Notar oder zwei Zeugen zuziehen.

Aus den Motiven zum Entwurfe des Bürgerlichen Gesetzbuchs erster Lesung (Bd. 5 S. 261):

Die Mehrzahl der Rechte verlangt die Zuziehung eines vereideten Protokollführers, vergl. z. B. preußisches Allgemeines Landrecht I, 12 § 82; Allerhöchste Kabinetsordre vom 24. März 1839; österreichisches Gesetzbuch § 589; sächsisches Gesetzbuch § 2093; bayerisches Landesrecht III, 4 § 2 Nr. 6, 7; hessischer Entwurf Art. 86 Abs. 2; Mommsen § 60 Abs. 2. Dem vereideten Protokollführer entspricht bei der gegenwärtigen Einrichtung der Behörden der Gerichtsschreiber im Sinne des Gerichtsverfassungsgesetzes (§ 154). Allerdings ist derselbe nach Reichsrecht nur mit Angelegenheiten der streitigen Gerichtsbarkeit betraut. Allein in wohl allen Staaten wird derselbe auch in Angelegenheiten der freiwilligen Gerichtsbarkeit, soweit solche den Gerichten übertragen sind, thätig. Deshalb ist es für angemessen erachtet, den Gerichtsschreiber als die Person zu bezeichnen, welche zur Testamentserrichtung zugezogen werden kann, obwohl es sich, streng genommen, um eine dem Landesrechte unterstehende Frage des Behördenorganismus in Ansehung der freiwilligen Gerichtsbarkeit handelt.

Schon das preußische Allgemeine Landrecht I, 12 §§ 83, 84 bestimmt, daß an Stelle des Protokollführers zwei vereidete Schöppen und, falls beständige Gerichtsschöppen nicht vorhanden sind, in schleunigen und dringenden Fällen andere Personen, welche lediglich zu dieser Handlung vereidet werden, zugezogen werden können. Nach dem Gesetz vom 3. März 1879 § 9 Abs. 2, 3 kann in Preußen die Vertretung eines behinderten Gerichtsschreibers für einzelne dringende Fälle durch eine jede von dem Richter berufene Person erfolgen, welche den allgemeinen Dienstеid geleistet hat, oder dahin beeidigt ist, daß sie die Pflichten eines Gerichtsschreibers getreulich erfüllen wolle. Nach dem österreichischen Gesetzbuch § 589 kann die zweite Gerichtsperson durch zwei Zeugen vertreten werden.

Die Einrichtung, wie sie in Preußen das Gesetz vom 3. März 1879 getroffen hat, besteht nicht überall, — und selbst bei dieser Gestaltung ist nicht ausgeschlossen, daß die Errichtung des Testamentes, wenn nicht zugelassen wird, daß der Gerichtsschreiber durch Zeugen ersetzt werde, unmöglich wird, weil eine zu der Funktion als Gerichtsschreiber geeignete Person sich nicht alsbald findet oder zu der Mühewaltung nicht bereit ist. Der Entwurf läßt deshalb zu, daß statt des Gerichtsschreibers zwei Zeugen zugezogen werden.

Endlich trägt der Entwurf der in einzelnen Staaten, namentlich in Sachsen, bestehenden Einrichtung Rechnung, nach welcher die Znziehung einer der dort in jedem Orte unter dem Namen „Gerichtsschöppe" oder „Gerichtsbeisitzer" als Urkundspersonen angestellten Personen an Stelle des Protokollführers genügt (zu vergl. sächsisches Gesetzbuch § 2093; Mommsen § 60 Abs. 2). Das sächsische Gesetzbuch geht davon aus, daß in einem solchen Falle das Amt des Richters und des Protokollführers in einer Person vereinigt seien, daß also der Richter selbst das Protokoll führt.

Daß eine solche Person zugezogen werden kann (Satz 3), erscheint angemessen, da kein Grund vorliegt, der mit der Behördenorganisation im Zusammenhange stehenden Einrichtung entgegenzutreten. Da es jedoch in anderen Staaten an einer entsprechenden Einrichtung fehlt, so genügt ein Vorbehalt für das Landesrecht.

Für die Errichtung in notarieller Form wird bestimmt, daß ein zweiter Notar oder zwei Zeugen von dem verhandelnden Notare zuzuziehen seien (Abs. 2), im Wesentlichen übereinstimmend mit den Rechten, in welchen das notarielle Testament in neuerer Zeit zugelassen ist. Die braunschweigische Notariatsordnung § 18 erfordert noch die Mitwirkung von vier Zeugen oder von zwei Notaren und zwei Zeugen. Ebenso der Code civil Art. 971 ff. Das gemeine Recht und alle älteren Gesetze verlangen eine größere Zahl der Mitwirkenden, z. B. das württembergische Recht. Die Zuziehung eines Richters an Stelle des zweiten Notars zu gestatten, erscheint aus denselben Gründen bedenklich, aus welchen für das gerichtliche Testament die Zuziehung eines Notares nicht zugelassen ist

Aus den Protokollen (S. 7176, 8928):

Mit der Verweisung des Vorbehaltes betreffs der Urkundsperson in das Einführungsgesetz erklärte man sich einverstanden, nachdem die Beibehaltung dieses für die Landesgesetzgebung gemachten Vorbehaltes mit Rücksicht auf die in einigen Staaten, z. B. in Sachsen, bestehende Einrichtung als wünschenswerth bezeichnet worden war. Man beschloß ferner, auch die Zuziehung eines zweiten Notares an Stelle von zwei Zeugen bei der notariellen Testamentseinrichtung den Landesgesetzen zu überlassen und diesen Vorbehalt in das Einführungsgesetz aufzunehmen.

Zu Artikel 150.

Die Vorschrift ist bei der zweiten Lesung neu eingestellt worden.

Aus den Protokollen (S. 8929):

Im Großherzogthum Hessen bestehe die Einrichtung, daß in jeder Gemeinde neben der politischen Behörde eine besondere Behörde eingerichtet sei, die als Hülfsorgan der Gerichte für die Akte der freiwilligen Gerichtsbarkeit diene. Nach dem § 2221 des Entwurfes eines Bürgerlichen Gesetzbuchs[1]) könne das Nothtestament nur vor dem „Vorsteher der Gemeinde", in der sich der Erblasser aufhalte, errichtet werden. Es sei aber wünschenswerth, daß das Nothtestament auch vor dem für den Bezirk der Gemeinde bestellten Beamten der freiwilligen Gerichtsbarkeit errichtet werden könne. In der Regel werde zwar das Amt des Gemeindevorstehers und das Amt des Vorstehers der gerichtlichen Hülfsbehörde von derselben Person bekleidet; seien aber die beiden Funktionen nicht in einer Person vereinigt, so könne angenommen werden, daß der Vorsteher der gerichtlichen Hülfsbehörde eine geeignetere Persönlichkeit für die Beihülfe bei der Errichtung des Testaments sei. Dem Publikum werde es unverständlich erscheinen, weshalb man sich bei diesem einzelnen Akte der freiwilligen Gerichtsbarkeit ausnahmsweise an den politischen Gemeindevorsteher wenden müsse. Es könne auf diese Weise leicht kommen, daß Testamente demnächst wegen der Unzuständigkeit des Beamten für nichtig erklärt werden

[1]) Dem § 2221 entspricht § 2219 der Reichstags-Drucksache Nr. 87.

müßten. Eine ähnliche Einrichtung wie in Hessen bestehe auch in Sachsen. Bei der Fassung des Vorbehaltes werde aber zu berücksichtigen sein, daß in Sachsen der betreffende Beamte nicht „Gemeindebeamter" sei.

Zu Artikel 151.

Der Art. 151 ist bei der zweiten Lesung neu aufgenommen worden. Er soll den § 1924 des Entwurfes eines Bürgerlichen Gesetzbuchs erster Lesung ersetzen. Der § 1924 lautet:

> Durch die Vorschriften der §§ 1915 bis 1925[1]) werden die allgemeinen Vorschriften der Landesgesetze über die Errichtung der gerichtlichen oder notariellen Urkunden nicht berührt; durch die Nichtbefolgung einer solchen landesgesetzlichen Vorschrift wird jedoch die Gültigkeit der letztwilligen Verfügung nicht beeinträchtigt.

Aus den Motiven zum Entwurfe des Bürgerlichen Gesetzbuchs erster Lesung (Bd. 5 S. 280):

Der Entwurf hat in den §§ 1915 ff. im Einzelnen dasjenige bestimmt, was zur Erfüllung der Erfordernisse der ordentlichen Testamentsform nöthig und genügend ist, abweichend von dem Verfahren, welches sonst beobachtet ist, wenn ausgesprochen wird, daß gerichtliche oder notarielle Form erforderlich sei. Damit sind alle auf den gleichen Gegenstand sich beziehenden landesgesetzlichen Vorschriften, einschließlich derjenigen, welche nur einen Befehl enthalten, an dessen Nichtbefolgung die Nichtigkeit nicht geknüpft ist, beseitigt und durch die vollständige reichsgesetzliche Regelung ersetzt. Ein Zweifel kann sich jedoch erheben in Ansehung derjenigen Vorschriften der Landesgesetze, welche, wie z. B. diejenigen über die Feststellung der Identität oder Geschäftsfähigkeit des Verfügenden, Verbesserungen, Rasuren, Zusätze, Aenderungen, Zwischenschreibungen, Beifügung von Siegeln und dergleichen, sich nicht auf die Testamentserrichtung im Besonderen, sondern auf Errichtung von gerichtlichen oder notariellen Urkunden im Allgemeinen beziehen. Diesen allgemeinen Vorschriften die Bedeutung als Ordnungsvorschriften zu wahren, entspricht dem praktischen Bedürfnisse. Sonst könnte leicht eine fühlbare Lücke sich sich ergeben, solange es an einer reichsgesetzlichen Regelung des Verfahrens bei der Aufnahme gerichtlicher oder notarieller Urkunden fehlt.

Selbstverständlich wird in keiner Weise die Befugniß der Landesregierungen berührt, Gerichte oder Notare mit Instruktionen, insbesondere in Ansehung des Verfahrens bei Aufnahme von Testamenten, zu versehen.

---

[1]) Die §§ 1915 bis 1923 entsprechen den §§ 2205 bis 2217 der Reichstags-Drucksache Nr. 87.

Im § 1915 ist nichts über die Zuständigkeit der Richter, Notare und Gerichtsschreiber bestimmt, insbesondere nicht, daß eine jede unter die Kategorie der Richter, Notare oder Gerichtsschreiber fallende Person zuständig sein soll. Der Behördenorganismus bestimmt sich auf dem Gebiete der nicht streitigen Rechtspflege nach wie vor nach Landesrecht. Dem Landesrechte muß daher die Befugniß verbleiben, in dieser Hinsicht die Voraussetzung für die gültige Errichtung einer letztwilligen Verfügung zu bestimmen. Dies stellt die dem Einführungsgesetze vorbehaltene Vorschrift (Art. 91 Abs. 2 des Entwurfes erster Lesung) klar. Die landesrechtlichen Vorschriften über die Zuständigkeit können sich sowohl auf die Abgrenzung der Arten der zuständigen Richter (Amtsrichter, Landrichter 2c.) und Notare sowie Gerichtsschreiber aus der allgemeinen Kategorie derartiger Urkundspersonen beziehen, als auch auf die Abgrenzung der örtlichen Zuständigkeit. Der Entwurf hat sich einer Entscheidung über die Folgen der Nichtbeobachtung solcher Vorschriften zu enthalten. Das Landesrecht ist nicht behindert, Vorschriften zu erlassen, welche die Gültigkeit des Aktes von der Beobachtung der Zuständigkeitsvorschriften abhängig machen (vergl. einerseits preußisches Allgemeines Landrecht I, 12 § 73; sächsisches Gesetzbuch § 2093; Mommsen § 70; andererseits österreichisches Gesetzbuch § 589).

In dieser Richtung einen Vorbehalt in den Entwurf selbst aufzunehmen, ist nicht für erforderlich erachtet.

Aus den Protokollen (S. 7196, 8929):

Bei der zweiten Lesung wurde der Grundgedanke des § 1924 gebilligt und die Vorschrift auf alle Verfügungen von Todeswegen erstreckt.

Im Uebrigen wurde bemerkt:

Die sachliche Zuständigkeit der Behörden und Beamten sei so wesentlich, daß der Landesgesetzgebung vorbehalten bleiben müsse, an einen Verstoß gegen die darüber handelnden Vorschriften Richtigkeit zu knüpfen. Unzuträglichkeiten seien von einer solchen Regelung nicht zu befürchten. Die in Betracht kommenden Bestimmungen seien übersichtlich und für alle Betheiligten leicht erkennbar. Anders dagegen stehe es mit der örtlichen Zuständigkeit. Die Grenzen der einzelnen Bezirke gingen vielfach in einander über, so daß sowohl seitens des Publikums als auch seitens der Behörden und Beamten leicht Irrthümer vorkommen könnten. Es würde mißlich sein, wenn ein Verfahren dieser Art die Richtigkeit der Verfügung zur Folge hätte. Da selbstverständlich die Disziplinarbestimmungen der Landesgesetze für die Beamten und Notare neben den privatrechtlichen Ordnungsvorschriften bestehen blieben, so sei nicht zu be=

fürchten, daß sich bei einer Einschränkung des Vorbehaltes im Sinne des Antrags Mißstände entwickeln könnten.

Zu Artikel 152.

Der Artikel 152 stimmt mit dem Art. 52 des Entwurfes erster Lesung überein.

Aus den Motiven (S. 179):

Die Vorschrift des Art. 52 trägt dem Umstande Rechnung, daß die Klagerhebung einen bestimmten, in der Civilprozeßordnung geregelten, den partikularen Verfahrensordnungen mitunter unbekannten Akt bildet und daß auch die sonstigen den Eintritt der Rechtshängigkeit begründenden Vorgänge im Zusammenhange mit den Verfahrensvorschriften in der Civilprozeßordnung geordnet sind. Sollen Dunkelheiten und Schwierigkeiten vermieden werden, so muß für die nach landesrechtlichen Verfahrensvorschriften zu erledigenden Rechtsstreitigkeiten den Landesgesetzen auch in Ansehung der den Vorschriften des Bürgerlichen Gesetzbuchs unterstehenden Ansprüche die Entscheidung darüber entnommen werden, welche Vorgänge der Klageerhebung der Civilprozeßordnung und den sonstigen von dieser anerkannten Fällen der Rechtshängigkeit gleichzuachten sind und von welchen demgemäß die nach den Vorschriften des Bürgerlichen Gesetzbuchs an die Klagerhebung und an die Rechtshängigkeit geknüpften Wirkungen abhängen. Es wird dies um so unbedenklicher sein, als die Voraussetzung begründet ist, daß das Landesrecht der Civilprozeßordnung möglichst sich anschließende oder doch sonst angemessene Vorschriften in der fraglichen Richtung enthält (vergl. preußisches Gesetz vom 18. Februar 1880 §§ 37 bis 39). Soweit einschlagende Vorschriften in dem Landesrechte fehlen, erübrigt allerdings nichts, als, unbeschadet eines künftigen landesgesetzlichen Eingreifens, die Bestimmungen der Civilprozeßordnung über Klagerhebung und Rechtshängigkeit als entsprechend anwendbar zu behandeln.

Druck von A. W. Hayn's Erben, Potsdam.

FSC
www.fsc.org
MIX
Papier | Fördert
gute Waldnutzung
FSC® C083411

Kolibri 360 GmbH
Ferdinand-Jühlke-Straße 7
99095 Erfurt, Deutschland
produktsicherheit@kolibri360.de